**DUMONT
RICHTIG WANDERN**

Toscana

Christoph Hennig

Titelbild: Landschaft bei Pienza, Südtoscana
Titelvignette oben: Mohn- und Kornblumen
Titelvignetten unten: Colle di Val d'Elsa; am
Golf von Baratti; die Crete südlich von Siena
Vignette S. 1: Zypressen

Über den Autor: Christoph Hennig, geb.
1950, ist Soziologe und Publizist. Er veranstaltet und leitet Wanderreisen in Frankreich
und Italien. Zahlreiche Buchveröffentlichungen, darunter bei DuMont: Richtig Reisen
Mittelitalien, Kunst-Reiseführer Latium,
Reise-Taschenbuch Florenz.

Die Deutsche Bibliothek –
CIP-Einheitsaufnahme:
Hennig, Christoph:
Toscana / Christoph Hennig
Köln: DuMont, 1996
  [Richtig Wandern]
  ISBN 3-7701-3626-8

© 1996 DuMont Buchverlag, Köln
Alle Rechte vorbehalten
Druck und buchbinderische
Verarbeitung: Boss-Druck, Kleve

Printed in Germany ISBN 3-7701-3626-8

Inhalt

Natur und Kultur der Toscana

Landschaften und Lebensformen	12
Geformte Natur: Toscanische Landschaft	14
Pflanzen und Tiere	17
Bäume am Wege: Die Zypresse	19
Geschichte und Kunst	22
Pecorino, Kräuter, Öl und Wein	27
Hinweise und Tips fürs Wandern	29

Die Wanderungen

Zypressen und Ölbäume – Im Hügelland bei Florenz

1 Der Blick auf die Stadt
Von Fiesole nach Settignano — 34

2 In den florentinischen Hügeln
Von Settignano über Ontignano nach Compiobbi — 40

3 Über dem Tal des Arno
Von Bagno a Ripoli nach San Donato in Collina — 43

4 Leonardos Weg
Bei Vinci — 46
Bäume am Wege: Der Ölbaum — 48

Mittelalterliche Orte – San Gimignano und Volterra

5 Der Weg der schönen Türme
Rundweg bei San Gimignano — 51
San Gimignano — 54

6 Klassische Toscana
Von Colle di Val d'Elsa nach San Gimignano — 58

7 Etruskerstadt an kahlen Hängen
Bei Volterra — 61

Zwischen Florenz und Siena – Weinberge und Wälder des Chianti

8 Der Panoramaweg des Chianti
Von San Donato in Collina nach Chiócchio — 67

9 Burgen und Berge des Chianti
Von Passo dei Pecorai nach Greve in Chianti — 72

10 Im Herzen der Chianti-Region
Von Greve nach Panzano und Lucarelli — 75
 Chianti-Landschaft und Chianti-Wein — 79

11 Ginster, Wald und Wein
Von Castellina in Chianti nach Lucarelli — 80

12 Im Reich des ›Gallo Nero‹
Bei Gaiole in Chianti — 83
 Ländliche Architektur — 85

13 Die Umgebung Sienas
Von Castellina in Chianti nach Siena — 86

Einsamkeit der Südtoscana – Zwischen Siena und dem Bolsena-See

14 Im Hügelmeer der Crete
Bei Pienza — 93

15 Steinmauern und Fabeltiere
Von Montalcino zur Kirche von Sant'Antimo und
nach Castelnuovo dell' Abate — 96
 Die Kirche von Sant'Antimo — 100

16 Stolze Burgen, weite Horizonte
Bei Bagno Vignoni — 102

17 Gotische Ruinen, unbekannte Romanik
Bei San Galgano — 106

18 In den Metallhügeln
Von Sassofortino nach Montemassi — 110

19 Auf alten Hirtenwegen
Von Roccalbegna nach Semproniano — 114

20 Etruskerschluchten
Von San Martino sul Fiora nach Sovana — **118**
Sovana: Etruskische Nekropole, romanische Kirchen — **122**

21 Der Ort auf dem Felsen
Von Sovana nach Pitigliano — **124**
Grabräuber — **127**

Am Meer

22 Über dem Golf von Baratti
Von Ghiaccioni zur Nekropole Populonia — **129**

23 Macchia am Meer
Im Naturpark der Maremma — **133**
Flora und Fauna im Naturpark der Maremma — **136**

24 Im Hinterland der Küste
Von Campiglia Marittima nach Suvereto — **137**

25 Auf der Insel Elba
Von Marciana nach Pomonte — **140**

Toscanische Gebirge

26 Felswildnis über grünen Tälern
In den Apuanischen Alpen bei Pietrasanta — **145**

27 In den Marmorbergen
Bei Carrara — **148**

28 Maultierpfade zu den Höhen
Im Apennin bei Pistoia — **150**

29 Der Wald des heiligen Franziskus
Rundweg bei La Verna — **153**

Cortona und der Trasimenische See

30 Grenzenloses Panorama
Bei Cortona — **157**

31 Friede über Hannibals Schlachtfeld
Vom Bahnhof Terontola nach Tuoro — **160**

Abstecher nach Latium – Am Bolsena-See

32 Warme heitere Töne …
Bei Grádoli | **164**
Der Bolsena-See | **167**

33 Vom Weinstädtchen zum Fischerdorf
Von Montefiascone nach Marta | **168**

Mehrtägige Wanderungen

34 Durch das Chianti-Gebiet
Von Florenz nach Siena (5 Tage) | **171**

35 Der Süden der Toscana
Zwischen Siena und dem Bolsena-See (11 Tage) | **180**

Wanderinfos von A bis Z

Die gelben Seiten | **217**

Register | **224**

Dank

Georg Henke, Bremen, hat die Wanderungen 19, 22, 24, 26–29 erarbeitet und zahlreiche andere Wanderbeschreibungen getestet und verbessert. Volker Piasta, Volterra, erlaubte freundlicherweise, eine Teilstrecke des Weges bei Volterra aus seinem Reiseführer »Volterra kennenlernen« (Ed. Pacini) zu übernehmen. Die ersten Etappen der mehrtägigen Wanderung durch die Südtoscana gehen auf Anregungen von Stefano Ardito und Roberto Sigismondi in der Zeitschrift »Airone« (Nr. 29, September 1983) zurück. Ich danke auch den zahlreichen Lesern des Bandes »Richtig wandern – Toscana und Latium«, die mit ihren Hinweisen zu dieser Neuausgabe beitrugen.

Im Licht des Südens

Manchmal mag man die schwärmerischen Töne nicht mehr hören, die sich beim Stichwort Toscana scheinbar unvermeidlich einstellen. Bilder und Texte in Büchern, Zeitungen und Zeitschriften lassen Olivenbäume konsequent silbern im Lichte des Südens schimmern, sanfte Hügelketten im Dunst verschwimmen, Zypressen als stumme Wächter des Landes dastehen. Die Landschaft von unendlicher Harmonie bringt edle Weine und vorzügliches Olivenöl hervor. Auch die Bevölkerung muß für das idyllische Bild herhalten: Sie ist in der Regel aktiv, kreativ, kommunikativ und – soweit auf dem Lande beheimatet – wettergegerbt.

Nun stimmt allerdings: Die Toscana ist wunderschön. Eine in den Städten des Mittelalters und der Renaissance entstandene ästhetische Kultur hat die Landschaft geprägt und in ihr ein Natur-Kunstwerk ersten Ranges geschaffen. Das Zusammenspiel der Weinberge, Olivenhaine und Zypressenreihen, die Form und Lage der Bauernhäuser geben dem Lande den Reiz der geformten Natur. Die Toscana – jedenfalls die *bekannte* Toscana der Bildbände und Fotokalender – ist eine Region im menschlichen Maß: harmonisches Hügelland und sonnige Gartenlandschaften.

Die wuchernden Toscana-Klischees aber drohen den Blick zu verstellen. Die Vielfalt des Gebiets verschwindet hinter immer gleichen Bildern. Diese Bilder sind nicht ›falsch‹. Aber sie geben nur einen Teil der Wahrheit wieder. Die Toscana bietet mehr als die vielfotografierten Hügel des Chianti und die Türme von San Gimignano. Sie hat ihre versteckten, kaum besuchten Zonen, ihre unbekannten Dörfer und Kleinstädte und die Gebiete, die alle gängigen Toscana-Images sprengen: ausgedehnte Kastanienwälder und stille Bachtäler, rauhe, karge Hügelregionen und tief eingeschnittene Canyons, in denen sich seit 2000 Jahren etruskische Gräberstädte verbergen.

Die Wanderungen dieses Buches führen in die bekannten wie die unbekannten Regionen der Toscana. Sie erlauben einen intensiveren Zugang zum Land als der Blick aus dem Autofenster und die Weitwinkel-Aufnahme am Aussichtspunkt. Der Bewegungsrhythmus des Gehens bringt die Landschaft nah. Die Sinneseindrücke erweitern sich über das bloße Sehen hinaus zur unendlichen Vielfalt der Düfte und Geräusche, welche die Landschaft ebenso charakterisieren wie die Formen und Farben. Auch der Zugang zu den Kunstwerken ändert sich. Kirchen und Klöster, Stadtmauern und Piazze, Tore und Nekropolen sind ja in einer Welt ohne Motoren errichtet worden. Jahrhundertelang erreichte man sie nur zu Fuß oder zu Pferd. Wie ihre Orte gewählt wurden, in

Wanderweg bei Volterra

welcher Beziehung sie zur Landschaft stehen – das läßt sich auf Wanderungen mit allen Sinnen erfassen. Überraschende, neue Toscana-Erfahrungen werden so möglich: jenseits der Fotokalender und Bildbände.

Natur und Kultur der Toscana

Landschaften und Lebensformen

Der weitaus größte Teil der Toscana, fast 70% der Gesamtfläche, ist Hügelland. Rund ein Fünftel der Region besteht aus Gebirgszonen. Die verbleibenden 10% sind Ebenen. Hier – im Flußtal des Arno sowie an der Küste – konzentrieren sich der Großteil der Bevölkerung und die Industrie. Hügel- und Bergland sind dagegen dünn besiedelt und zeigen wenige Spuren moderner Bebauung. Das macht die Toscana als Reise- und Wanderland so reizvoll: Der Großteil des Landes scheint fast unberührt von der Industriezivilisation; er bietet nach wie vor das äußerlich idyllische Bild einer agrarischen Kultur.

Der Eindruck täuscht: Nur noch knapp 7% der erwerbstätigen Bevölkerung sind hauptberuflich in der Landwirtschaft beschäftigt. In der Industrie arbeiten rund 400 000 Menschen, knapp ein Drittel der Erwerbspersonen. Der dynamischste Bereich der Wirtschaft ist der Dienstleistungssektor. Er beschäftigt fast 40% der Berufstätigen. Der Tourismus spielt dabei eine wesentliche Rolle.

Die Toscana hat rund 3,5 Millionen Einwohner. Ein knappes Viertel von ihnen lebt in den Großstädten Florenz (gut 400 000 Einwohner), Livorno, Prato und Pisa. Über 50 000 Einwohner zählen auch Pistoia, Arezzo, Lucca, Grosseto, Siena, Massa und Carrara. Die Mehrzahl der Toscaner wohnt aber in Kleinstädten und auf dem Land. Die Bevölkerungsverteilung ist sehr ungleichgewichtig. Die durchschnittliche

BEVÖLKERUNG

Die Crete Senesi, südlich von Siena

Bevölkerungsdichte liegt bei 156 Ew./km² (zum Vergleich: Bundesrepublik Deutschland 240 Ew./km²). In der Südtoscana aber sinkt die Zahl auf 50 Ew./km², im Arno-Tal zwischen Florenz und Pisa liegt sie mehr als sechsmal so hoch.

Das touristische Bild der Region wird vor allem durch die **Hügellandschaft** zwischen Florenz und Siena geprägt. Hier, im Chianti-Gebiet und bei San Gimignano, erstreckt sich die Toscana der Bildbände und Fotokalender: sanfte, weich geformte Hügel, Ölbäume, Zypressen und Weinreben, kubische Bauernhäuser. Der Chianti-Wein und der weiße Vernaccia von San Gimignano zählen zu den wichtigsten landwirtschaftlichen Produkten der Region, doch nirgendwo machen sich Wein-Monokulturen breit. Die Chianti-Region weist auch ausgedehnte Waldgebiete auf. Die Einheimischen arbeiten außer in der Landwirtschaft vor allem in kleinen Industrie- und Handwerksbetrieben; der Tourismus hat in dieser Gegend besonders große Bedeutung.

Das **Arno-Tal** zwischen Arezzo, Florenz und Pisa ist sehr dicht besiedelt. In dieser Gegend befinden sich die meisten toscanischen Städte. Die Landschaft ist aufgrund der starken Zersiedlung und der massiven Präsenz von Industriebetrieben nur streckenweise reizvoll. Hier schlägt das wirtschaftliche Herz der Toscana. Prato ist eine der wichtigsten Textilstädte Europas, Arezzo ein Zentrum der Schmuckproduktion von Weltrang. Die historischen Stadtzentren sind hochinteressant, doch die Umgebung wirkt oft eher unerfreulich.

Auch die **Küste** zählt zu den dicht besiedelten Gebieten der Toscana. Stark verbaut ist das traditionelle Urlaubsgebiet Versilia nördlich von Pisa mit den Zentren Viareggio und Massa. Der landschaftliche Hintergrund der Apuanischen Alpen, deren schroffe Marmorfelsen fast 2000 m aus der Ebene aufsteigen, ist allerdings sehr reizvoll. Bei Pisa, Livorno und Piombino befinden sich ausgedehnte Industrieanlagen. Dazwischen erstrecken sich breite Sandstrände und große Pinienwälder. Landschaftlich interessant sind vor allem das Hinterland und der Südteil der Küste mit dem kleinen Golf von Baratti, dem Vorgebirge von Piombino und der Halbinsel Argentario, ganz besonders aber die **Inseln Elba** und **Giglio.**

Südlich von Siena erstrecken sich die **Crete,** ein Gebiet kahler, nur mit Schafweiden und Getreidefeldern bewachsener Lehmhügel. Diese erdgeschichtlich junge Region, in der die Erosionskräfte immer noch landschaftsprägend wirken, trägt einen herben und eindrücklichen Charakter. Sie unterscheidet sich stark von der ›lieblichen‹ Toscana nördlich von Siena, ist aber nicht weniger interessant. Der Landschaftshintergrund wird vom Vulkanmassiv des **Monte Amiata** (1738 m) geprägt, auf dessen halber Höhe sich mehrere Dörfer und Kleinstädte befinden. Bis vor wenigen Jahren wurde hier Quecksilber abgebaut. Die Einwohner – vielfach Bergar-

Geformte Natur: toscanische Landschaft

Die toscanische Kultur ist Stadtkultur. Auch die Landschaft wurde von den Städten her geprägt. Wie kaum eine andere Region wurde das Hügelland der Toscana von Menschen bewußt geformt.

Die ›zivilisierende‹ Haltung gegenüber der Natur ist in Italien zu allen Zeiten spürbar gewesen. Sie kommt zum Beispiel in den Bewässerungsprojekten und Straßenanlagen der alten Römer zum Ausdruck. In der Toscana wird sie besonders deutlich, weil hier eine reiche, rational gebildete Gesellschaftsschicht, die florentinische Bourgeoisie, ab einem bestimmten Zeitpunkt – Ende des 16. Jh. – all ihre Energien und ihr Kapital dem Landleben zuwandte. Das Land wurde völlig von einer städtischen Gruppe überformt. Aber dadurch wurde die Landschaft nicht – wie es heute wohl in einem vergleichbaren Fall geschähe – ästhetisch ›zerstört‹; im Gegenteil, das toscanische Land entwickelte sich zu dem Kunstwerk, welches es heute noch darstellt. Wie ist das zu erklären? Einerseits gewiß mit dem hochentwickelten, in Jahrhunderten geprägten ästhetischen Sinn des florentinischen Bürgertums; daneben aber auch – allgemeiner – durch die Auffassungen einer Zeit, in welcher Technik und Ästhetik noch nicht getrennt waren und die darüber hinaus nicht über Mittel verfügte, die Natur radikal dem Menschen zu unterwerfen. So entstand die Harmonie der toscanischen Landschaft: eine Harmonie zwischen dem planenden Wollen der Menschen und der sich frei entfaltenden Natur. Harmonie zwischen den weichen Formen der Hügel und den geraden Linien der Wege und Alleen; zwischen der Unregelmäßigkeit der Erde und den geometrischen Mustern der Weinberge; zwischen den leichten Bewegungen der Bäume und der festen Klarheit der Häuser.

Die einfachen Bauernhäuser wie die Villen zeigen den Einfluß der städtischen Architektur (vgl. S. 85). Auch die Gestaltung der Landschaft folgt gleichsam einem urbanen Plan. Straßen, Auffahrten, Wegkreuzungen werden durch Bäume, vor allem durch Zypressen hervorgehoben. Die Zypressen geben, in einem welligen und sich weit erstreckenden Hügelland, deutlich die Vertikalrichtung an, wie die Türme über dem Dächerfeld der mittelalterlichen Stadt.

Die Häuser stehen zumeist auf Hügeln – des besseren Überblicks wegen, aber auch aus symbolisch-ästhetischen Gründen: Die menschliche Behausung soll sich über ihrer Umgebung befinden, soll sie beherrschen. Zugleich aber fügt sie sich, durch ihr Baumaterial und ihren Maßstab, der Umgebung ein. Der Mensch dominiert die Natur, aber er paßt sich ihr auch an; der Einklang ist nicht gestört.

In der Nähe von Pienza, Südtoscana

beiter – haben in den abgeschiedenen Orten eigene Traditionen entwickelt; heute gleicht sich der Lebensstil allerdings demjenigen der restlichen Toscana an.

Nach Westen hin gehen die Crete in die bewaldeten **Colline Metallifere** über. Die Silberminen der ›metallhaltigen Hügel‹ bildeten die Grundlage für die Entwicklung Sienas zum Finanz- und Handelszentrum. Die bedeutendste Stadt dieser Gegend abseits der touristischen Routen ist das hübsche Massa Marittima.

Zwischen dem Meer und dem Monte Amiata erstreckt sich das Gebiet der **Maremma,** ein ausgedehntes, sehr einsames Hügelland, das an der Küste in eine Schwemmlandebene übergeht. Die Maremma ist traditionell ein Land der Hirten. Bis ins 20. Jahrhundert trat in der Region noch die Malaria auf. Die Gegend ist außerordentlich dünn besiedelt und – gerade für Wanderer – reizvoll durch eine Atmosphäre von Weite und Einsamkeit. Im Süden des Gebiets finden sich bei Sovana und Pitigliano bedeutende Etruskerstätten.

In einem großen Bogen grenzt der **Apennin** die Toscana nach Norden und Osten von den benachbarten Regionen ab. Er besteht vorwiegend aus jungen Gesteinen (Sanden, Tonen und Mergel) und trägt meist Mittelgebirgscharakter – mit Ausnahme der erdgeschichtlich älteren, alpin wirkenden **Alpi Apuane**. Die höchsten Gipfel erreichen Höhen um 2000 m. In niedrigeren Lagen finden sich ausgedehnte Kastanienwälder – die Eßkastanie war einst ein Grundnahrungsmittel der Gebirgsbewohner. Die Landschaft wirkt ›dunkler‹ als in den Hügelzonen, die Vegetation ist wegen der Höhenlage nicht mehr mediterran.

Pflanzen und Tiere

Gartenlandschaften und stachelige Wildnis

Vielfältig wie die Landschaften der Toscana ist auch ihr Pflanzenbewuchs. Zwischen der Meeresküste und dem Gebirge findet man Palmen und Eichenwälder, Rosmarin und Alpenveilchen, Lorbeer und Edelkastanien. Die Vegetation ist meist typisch mediterran, doch fehlen die Pflanzen der subtropischen Zone, wie Zitrusfrüchte, Kakteen, Oleander, die keinen Frost vertragen. Sie wachsen nur an einigen geschützten Orten. Anders als an der ligurischen Küste oder in Süditalien sinken die Temperaturen der Toscana nämlich in fast jedem Winter mehrfach unter den Gefrierpunkt.

Die ursprüngliche Pflanzengesellschaft der niedrigen und mittleren Zonen ist der **immergrüne Steineichenwald.** Solche Wälder mit ihren 10–15 m hohen Bäumen und einem dichten Unterholz bedeckten vor Jahrtausenden den größten Teil des Landes. Menschliche Eingriffe haben den immergrünen Steineichenwald fast völlig ausgerottet. Nur an wenigen Stellen hat er sich noch erhalten, so z. B. im Naturpark der Maremma (s. S. 133 ff.).

Brandrodungen und Kahlschläge, aber auch die Gewohnheit, das Vieh im Wald weiden zu lassen – wodurch junge Bäume ständig verbissen wurden – ließen im Laufe der Jahrhunderte eine Degradationsform des Steineichenwalds entstehen: die **Macchia,** den mittelmeerischen Buschwald. In der Macchia entwickeln sich die Bäume nicht zu voller Höhe; meist werden sie nur 3–4 m hoch. Darunter wächst ein oft undurchdringliches Buschwerk. Die Macchia ist in Mittelitalien weit verbreitet. Sie besteht zum großen Teil aus immergrünen Pflanzen, von denen viele aromatische Düfte entfalten. Den Buschwald zu durchwandern, ist ein großer Genuß für den Geruchssinn. Gewürzkräuter wie Rosmarin, Thymian, Oregano, Minze, aber auch zahlreiche andere Pflanzen lassen ihre Parfums aufsteigen.

Die stärksten Eindrücke bieten sich zwischen Mitte Mai und Ende Juni, wenn nicht nur das Geruchserlebnis am intensivsten ist, sondern auch die Blüte der Buschwaldpflanzen ihren Höhepunkt erreicht. Leuchtend gelb erstrahlt der Ginster (den man übrigens im ganzen Land findet). Die Baumheide (eine Buschform unseres Heidekrauts) blüht mit großen violetten Dolden; weiße und rosafarbene Zistrosen öffnen sich gleich chinesischen Papierblumen; die zarten weißen Blüten der Myrte sitzen im grünen Buschwerk. Im Herbst leuchten die roten Kugeln der Früchte des Erdbeerbaums im Gesträuch. Das ganze Jahr über, selbst im Winter, blüht die eine oder andere Macchia-Pflanze.

STEINEICHE

Der meistverbreitete Baum der Macchia ist die Steineiche. Ihre Verwandtschaft mit den uns bekannten Eichen erkennt der Laie nur im Herbst, wenn die Eicheln am Baum hängen. Die Steineiche hat harte, ledrige, längliche Blätter, deren Unterseite behaart ist. Wie bei vielen anderen Macchia-Pflanzen wird durch die Beschaffenheit der Blätter die Verdunstung reduziert.

Weitere charakteristische Buschwald-Pflanzen sind die Steinlinde, die Mastix-Pistazie (aus deren Harz Lacke und Kaugummi gewonnen werden), der Lorbeer, der Terpentinbaum, der Wacholder und Kletterpflanzen wie z. B. Stechwinde, Immergrüner Kreuzdorn, Mäusedorn sowie schließlich die schon erwähnten Gewürzkräuter.

Wo das Hügelland weder mit Macchia bestanden ist, noch als Kulturland benutzt wird, dehnen sich häufig **Eichenwälder** aus mit einem Unterholz aus Ginster, Wacholder und zahlreichen Blumen. Die Eichen recken sich nie zur majestätischen Höhe ihrer nordischen Verwandten auf; es sind kleine, oft verkrüppelte, manchmal buschartige Bäumchen. Die lichten Wälder lassen den Blick auf die Umgebung frei. Zur Zeit der Ginsterblüte begeistern die intensiven Farben und Düfte der goldgelben Sträucher.

Auch wenn im Zeichen der Landflucht der Wald sich heute erstmalig seit Jahrhunderten wieder ausbreitet: der größte Teil der Toscana ist **bäuerliches Kulturland.** Obwohl nur eine kleine Minderheit der Bevölkerung hauptberuflich in der Landwirtschaft arbeitet, gibt es immer noch große Nutzflächen: Ölbaumhaine, Weinberge, Kornfelder und Weideland. Dazwischen finden sich kleinere Kulturen: bäuerliche Gemüsegärten und Obstbaumwiesen. In dem fruchtbaren

Die schlanken Zypressen (links) sind charakteristisch für die Toscana

Bäume am Wege

Die Zypresse

Zypressen werden in der Toscana seit Jahrhunderten gepflanzt, um Wegen und Bauten besondere Akzente zu geben. Zypressen flankieren, in Reihen geordnet, die Auffahrten zu herrschaftlichen Villen; sie unterstreichen, einzeln stehend oder in kleinen Gruppen, die Lage einfacher Bauernhäuser. Unübersehbar hebt sich die klare Silhouette des Baumes vor jedem Hintergrund ab.

Wie der Ölbaum, so war auch die Zypresse vielen Völkern heilig. Die Lichtreligion der Perser sah in ihr ein Symbol der heiligen Feuerflamme. Häufig stand sie vor Tempeln und in Palasthöfen. Auf der Insel Zypern, die nach dem Baum benannt ist, galt er als Sitz einer Gottheit. Ein Symbol von Erdgottheiten war die Zypresse für manche Römer, die sich durch die östlichen Religionen berühren ließen. Vermutlich durch diese Einflüsse wurde sie für römische Dichter zum Baum der Trauer und des Todes; denn Erd- und Todesgötter stehen sich nahe. In der Umkehrung sahen die Christen sie dann als Sinnbild des ewigen Lebens. Zypressen stehen häufig an Friedhöfen. Manche Alchimisten verbrannten Zypressenholz, um das ›Tor‹ zu geheimen Kräften zu öffnen. Aus Zypressenholz waren die Türen des berühmten Diana-Tempels in Ephesus und die Pforten der ersten Vatikanischen Peterskirche.

Zypressenholz ist sehr dauerhaft; es galt als unzerstörbar. Man schnitzte aus ihm Götterbilder, verfertigte Särge und Inschriftentafeln. In der Vorstellung der alten Griechen war auch das Zepter des Zeus aus diesem Holz. Da Zypressen keine genießbaren Früchte tragen, galt der Baum aber in der Antike auch als Sinnbild für fruchtlose Schwätzer.

Von der heiligen Feuerflamme zum Gleichnis für sinnloses Gerede – an die Zypresse haben sich viele Bedeutungen geheftet. In der Toscana ist sie heute ein ästhetischer Baum par excellence: ohne ›Bedeutung‹ und praktischen Nutzen, doch mit großer landschaftsprägender Kraft.

Klima gedeihen Walnüsse und Mandeln, Äpfel und Kirschen, Aprikosen und Pfirsiche, Kaki und Feigen.

WILDPFLANZEN

In der berühmten Gartenlandschaft zwischen Florenz und Siena, aber auch in den Gebieten der Getreidefelder und Schafweiden in der Südtoscana und im nördlichen Latium finden noch zahlreiche Wildpflanzen in Ölbaumhainen, auf Weinbergen und Kornfeldern Raum. Am Wege blühen Gladiolen und Schwertlilien, Vergißmeinnicht und Glockenblumen, an schattigen Stellen Primeln und Anemonen. Nicht selten sieht man Orchideen. Ab Mitte Mai leuchten große Felder roten Mohns.

BÄUME

Zwei der charakteristischen Baumarten des Bauernlandes wurden vorwiegend aus ästhetischen Gründen gepflanzt: die Zypresse (s. S. 19) und die Schirmpinie. Mimosenbäume fallen vor allem zur Blütezeit (ab Mitte Februar) ins Auge, wenn ihre gelben Dolden in der noch winterlich kahlen Landschaft blühen und duften. Im Frühjahr setzt der Judasbaum starke Farbakzente: Seine violetten Blüten sitzen direkt auf den nackten, noch unbelaubten Zweigen. Vereinzelt findet man Eukalyptusbäume und Korkeichen.

Die mediterrane Vegetation der Macchia, Ölbäume und Reben endet auf etwa 600 m Höhe. In den kühleren Lagen finden wir zum Teil ausgedehnte Wälder, zum Teil auch karge, steinige Weidegebiete. Besonders verbreitet ist der **Edelkastanienwald.** Die Eßkastanie bildete noch vor wenigen Jahrzehnten ein Grundnahrungsmittel für die arme Bergbevölkerung. Das Kastanienmehl fand vielfältige Verwendungsformen, vor allem in höher gelegenen Gebieten, wo kein Getreide gedieh. Heute werden kaum noch Kastanien verzehrt, die Wälder bedecken aber weite Gebiete im Apennin und am Monte Amiata. Seltener sind Buchenwälder (z. B. am Amiata), eine Rarität der Nadelwald. In Höhenlagen zwischen 600 und 1000 m sieht man besonders viele Orchideen.

Wildschweine und Wasservögel – die Fauna

Die Tierwelt der Toscana leidet unter der Einengung der Lebensräume und der Gefährdung durch die verbreitete Jagdleidenschaft. Dennoch leben in geschützten Zonen und in abgelegenen Gebieten zahlreiche seltene Arten; in den letzten Jahren haben sich diese Tiere aufgrund konsequenterer Schutzvorschriften teilweise wieder vermehrt. Auf den Wanderungen wird man gewöhnlich allerdings nur Fasanen und Eidechsen sowie den – allen Italien-Klischees zum Trotz – im Frühjahr sehr zahlreichen Singvögeln begegnen. Vielleicht trifft man auch auf ein Rebhuhn oder eine Schlange (meist handelt es sich um harmlose Nattern), oder man sieht einen Raubvogel am Himmel seine Kreise ziehen. Unterwegs finden sich häufig die schwarz-weißen Stacheln der Stachel-

Wildschwein mit Frischling

schweine. Im Naturschutzpark der Maremma bietet sich die Gelegenheit zur Beobachtung zahlreicher Wasservögel.

Von den anderen wildlebenden Tieren wird man normalerweise nicht einmal Spuren finden – sie sind zu selten oder zu scheu. In der Toscana leben noch Füchse, Dachse, Iltisse, Wildkatzen, Wiesel, Marder, Igel, Biber, Siebenschläfer, Hasen, Rehe, Hirsche. Sehr zahlreich sind die Wildschweine. In den letzten Jahren haben sie sich geradezu zur Landplage entwickelt. Ihre Zahl nimmt ständig zu. Wildschweine brechen in bäuerliche Kulturen ein und machen sich über Mais und andere Nutzpflanzen her. Als Wanderer begegnet man ihnen allerdings nicht, denn mit ihrem ausgezeichneten Geruchssinn nehmen die Tiere Menschen auf große Entfernungen wahr und ergreifen die Flucht. Ihre sprunghafte Vermehrung begann, nachdem vor einigen Jahren Wildschweine aus Ungarn und der Tschechischen Republik ausgesetzt wurden, um den toscanischen Jägern zusätzliches Jagdwild zu verschaffen. Die Import-Tiere paßten sich unerwartet gut an die neuen Lebensverhältnisse an, verdrängten binnen kurzem die einheimische Rasse und vermehrten sich in schnellem Tempo. Um ihren Bestand braucht man sich keine Sorgen zu machen – sie zählen zu den wenigen wildlebenden Tierarten der Region, deren Überleben gegenwärtig in keiner Weise gefährdet scheint.

Wildkatze

Geschichte und Kunst

Der Name *Toscana* leitet sich von der lateinischen Bezeichnung für die Etrusker, *Tusci,* ab – und mit den Etruskern tritt die Toscana in das Licht der Geschichte. Zwar waren viele Gebiete dieser Region schon Jahrtausende zuvor besiedelt. Die ältesten Werkzeug- und Knochenfunde stammen aus der Altsteinzeit; aus der Jungsteinzeit und der sogenannten Villanova-Kultur (9.–8. Jh. v. Chr.) hat man Metallwerkzeuge, Keramik und Urnen gefunden. Doch mit den **Etruskern** bildete sich in der Toscana – und in ganz Mittelitalien – erstmalig eine Hochkultur aus. Aus den ländlichen Ansiedlungen der steinzeitlichen Bauern und Hirten wurden Städte; Handwerk und Landwirtschaft nahmen einen großen Aufschwung; Handel und Industrie entwickelten sich; Religion, Politik und Kunst bildeten neue, bis dahin unbekannte Formen aus.

ETRUSKER

Etruskischer Sarkophag im Etruskermuseum in Volterra

Die Etrusker gelten als geheimnisvolles Volk. Ihr ›Geheimnis‹ liegt vor allem darin, daß nahezu alle Schriftzeugnisse der etruskischen Kultur verschwunden sind. Was man über die Etrusker heute zu wissen glaubt, ist fast immer detektivisch aus Grabfunden gefolgert; selten hat man den zwingenden Beweis des historischen Dokuments.

Der Beginn der etruskischen Epoche wird allgemein ins 8. Jh. v. Chr. datiert. Die bedeutenden Etruskerstädte lagen im Gebiet zwischen Arno, Tiber und Tyrrhenischem Meer – im wesentlichen im heutigen Latium und der heutigen Toscana. Sie waren in einem Zwölf-Städte-Bund zusammengeschlossen. Jede Stadt war unter einem eigenen Priesterkönig (dem *Lukomonen*) unabhängig. Bis ins 6. Jh. v. Chr. herrschten etruskische Könige auch in Rom. In der Toscana entstanden unter anderem die Stadtstaaten von Fiesole, Arezzo, Chiusi, Volterra, Populonia, Vetuolonia und Roselle.

Im 6. und 5. Jh. v. Chr. erlangten die Etrusker die Macht über weite Gebiete Italiens – vom Po bis zum Gebiet nördlich von Neapel. Die Kunst jener Zeit war formal durch griechische und orientalische Einflüsse geprägt. Sie drückte zumeist Heiterkeit und Lebensfreude aus. Die etruskische Aristokratie scheint die sinnlichen und ästhetischen Seiten des Lebens hoch geschätzt zu haben.

Ab dem 4. Jh. v. Chr. begann die allmähliche Unterwerfung des etruskischen Territoriums durch die Römer. Die Städte behielten unter der römischen Herrschaft eine begrenzte Selbstverwaltung. Die etruskische Kultur bestand weiter; aber sie war, zumindest in der Kunst, nicht mehr durch die ›Unbeschwertheit‹ der früheren Jahrhunderte gekennzeichnet. Doch auch in dieser Spätzeit entstanden gelegentlich noch Kunstwerke von vollendeter Eleganz, wie z. B. die berühmte Skulptur des »Abendschatten« in Volterra. Um die Zeitenwende erlosch die etruskische Kultur. Von nun an finden wir im einstigen Gebiet der Etrusker nur noch die Kultur des römischen Kaiserreichs.

Die bedeutendsten etruskischen Ausgrabungsstätten liegen in Latium und in der südlichen Toscana. Unter den toscanischen Museen weisen insbesondere das Archäologische Museum in Florenz und das Museum Guarnacci in Volterra (S. 64) bedeutende Funde auf. Die in diesem Buch beschriebenen Wanderungen führen häufig zu etruskischen Stätten: nach Fiesole mit den Resten eines Tempels und der Stadtmauer, zum Hügelgrab Monte Calvario bei Castellina in Chianti, in die bedeutende Etruskerstadt Volterra, zu den Nekropolen von Populonia und Sovana, die zu den vielfältigsten und schönsten Grabanlagen Etruriens zählen, und zum Hügel von Bisenzio über dem Bolsena-See, auf dem sich einst eine etruskische Ansiedlung befand.

RÖMER Unter der **römischen Herrschaft** hatte die Toscana eine vergleichsweise geringe Bedeutung; sie übte keinen eigenständigen Einfluß auf die Politik und Kultur des römischen Reiches aus. Unterhalb des seit alters her bedeutenden Fiesole wurde am Arno Florenz gegründet. Die älteren, schon von den Etruskern bewohnten Städte wie Volterra, Pisa, Lucca, Arezzo, Cortona, Chiusi u. a., lebten als Provinzstädte fort. Wir finden heute in der Toscana nur wenige Überreste aus römischer Zeit; zu den bedeutendsten gehören die Ruinen von Fiesole (S. 37) und das Theater in Volterra (S. 64).

Spätantike und **Völkerwanderungszeit** brachten für die Toscana zunächst einen Niedergang. Die Römerstädte verfielen. Nacheinander herrschten die Ost- und Westgoten, die Byzantiner und schließlich für zwei Jahrhunderte der ger-
LANGOBARDEN manische Stamm der **Langobarden.** Unter ihnen erlebten vor allem Lucca und Pisa einen gewissen Aufschwung; Kir-

chen und Klöster, wie die bedeutende Abtei San Salvatore am Monte Amiata, entstanden. Von der Kunst der Langobarden hat sich im wesentlichen nur die mysteriöse Flechtbandornamentik skulptierter Steine erhalten, beispielsweise in Sant'Antimo (S. 100 f.) und in Sovana (S. 121 und 122 f.).

Auf die Langobarden folgte ab 774 die Herrschaft der **Franken**. Im folgenden Jahrhundert bildete sich die **Markgrafschaft Tuszien** heraus, in der einheimische Adelsgeschlechter einander als Herren ablösten. Unter den Kaisern,

Reste des römischen Amphitheaters in Volterra

Königen und Grafen waren aber die örtlichen Feudalherren die eigentlichen Machthaber; in den allmählich wiederauflebenden Städten regierten zunächst die Bischöfe. Allmählich aber wuchs unaufhaltsam der Einfluß des städtischen Bürgertums. Die Städte gewannen insbesondere ab dem 11. Jh. an Bedeutung. Der Mittelmeerhandel und der Verkehr auf der bedeutenden Handels- und Pilgerstraße *Via Francigena* (Frankenstraße) begünstigten die Entstehung einer Kaufmannsschicht; auch das Handwerk nahm einen schnellen Aufschwung. In langen Kämpfen gewann das städtische Patriziat die Oberhand über Großgrundbesitzer und Bischöfe; das Zeitalter der Städtefreiheit bahnte sich an.

ERSTE DEMOKRATIEN

Seit dem 12., vor allem aber im 13. und 14. Jh. existierte in der Toscana eine Vielzahl von **Stadtrepubliken.** Sie waren die ersten Demokratien in Europa seit der Antike. ›Demokratien‹ in Anführungszeichen: Nur die Männer der besitzenden Klasse hatten das Wahlrecht. Doch innerhalb dieser Schicht galten demokratische Regeln. Gewählte Ratsversammlungen verwalteten die Städte; im größten dieser Räte saßen nahezu alle politisch aktiven Bürger. Formal blieben die deutschen Kaiser die Herrscher über Italien; doch sie waren faktisch nicht stark genug, ihren Machtanspruch durchzusetzen. So regierten sich Städte wie Florenz, Siena, Pisa und Lucca, aber auch kleinere Orte wie San Gimignano, Cortona und Montalcino selbst.

FRÜH-RENAISSANCE

Im Laufe des 14. Jh. gaben die kleineren Städte dem Druck der größeren nach und verloren allmählich ihre Selbständigkeit. Florenz und Siena kristallisierten sich als die beiden großen Machtpole der Toscana heraus. Florenz wurde zur geistigen Hauptstadt der **Frührenaissance.** Philosophen, Dichter, Künstler entwickelten hier im 15. Jh. neue Ideen, die auf die gesamte Entwicklung der europäischen Neuzeit Einfluß nehmen sollten. Zugleich entstand – auch das ein ›moderner‹ Zug – ein großes Proletariat, vor allem in der Tuchindustrie; Ende des 14. Jh. erlebte Florenz die ersten Arbeiteraufstände der neueren europäischen Geschichte. Wirtschaftlich lebten Florenz und Siena insbesondere vom Bankwesen, dem Handel und der Tuchfabrikation, Siena darüber hinaus auch von seinen Bergwerken in den nahegelegenen *Colline Metallifere*. In Siena hielt sich die kommunale Selbstverwaltung bis ins 16. Jh., Florenz dagegen geriet im frühen 15. Jh. de facto unter die Herrschaft einer Familie: der Medici.

Die kleineren Orte und das offene Land verloren nun kulturell an Bedeutung. In den abhängig gewordenen Kleinstädten erlahmte die Bautätigkeit. Auf unseren Wanderungen treffen wir daher auf zahlreiche mittelalterliche Ortschaften und Kirchen, jedoch auf nur relativ wenige Renaissance-Kunstwerke. Eine Modellstadt der Frührenaissance ist allerdings Pienza (S. 95).

Im Machtkampf zwischen Florenz und Siena behielt schließlich Florenz die Oberhand. Die **Medici** wurden ab dem 16. Jh. zu erblichen Regenten des neugebildeten **Großherzogtums Toscana**. Sie beherrschten die gesamte Region mit Ausnahme von Lucca. Zugleich aber verloren Florenz und die Toscana ihre geistige und wirtschaftliche Vormachtstellung in Europa. Mit der Entdeckung des Seewegs nach Amerika verlagerte sich der Schwerpunkt der wirtschaftlichen Entwicklung zunächst nach Spanien, später in die Niederlande, nach Großbritannien und Frankreich. Auch kulturell-künstlerisch war Florenz nun kaum noch produktiv. Die besitzenden Oberschichten investierten ihr Kapital in der Landwirtschaft; die Formung der toscanischen Landschaft, so wie wir sie heute sehen, ist das Ergebnis dieses Prozesses (vgl. »Geformte Natur«, S. 14 f.).

Mit dem Tod des letzten Medici kam die Toscana 1737 an das Haus **Habsburg-Lothringen**. Die Habsburger regierten, mit einer Unterbrechung während der napoleonischen Besetzung 1799–1814, bis 1860. In diesem Jahr wurden die langjährigen Kämpfe der italienischen Patrioten des »Risorgimento«, der nationalen Einigungsbewegung unter der Führung von Camillo Cavour, Giuseppe Garibaldi und Giuseppe Mazzini, von Erfolg gekrönt. Das **Königreich Italien** entstand. Florenz wurde für sechs Jahre (1865–1871) seine Hauptstadt, der toscanische Baron Ricasoli italienischer Ministerpräsident.

Im letzten Viertel des 19. Jh. entwickelte sich in der bis dahin fast ausschließlich landwirtschaftlich geprägten Toscana erstmalig in größerem Ausmaß die Industrie. Dieser Prozeß setzte sich während des Ersten Weltkriegs intensiv fort. Der soziale Umwandlungsprozeß führte zu starken Spannungen, zu Bauern- und Arbeiterunruhen. Der **Faschismus** unterdrückte nach der Machtergreifung 1922 diese Bewegung. Die Toscana blieb jedoch bis heute eine Region der politischen Linken.

INDUSTRIALISIERUNG

Die **Nachkriegszeit** brachte einen sozialen und wirtschaftlichen Wandel von ungekannter Geschwindigkeit. Auf dem Land brach durch die längst überfällige Bodenreform, vor allem aber durch die rapide einsetzende Landflucht, das jahrhundertealte Pachtsystem, die *mezzadria*, zusammen. An seine Stelle traten nun meist landwirtschaftliche Großbetriebe, teilweise auch unabhängige Kleinbauern. In den Städten nahm die Vorherrschaft des alten Patriziats ein Ende. In den Ebenen und Flußtälern entstand ein Netz von kleinen und mittleren Fabriken. Erstmalig gelangten, vor allem seit den sechziger Jahren, breite Bevölkerungsschichten zu Wohlstand; die jahrhundertelange Armut der Landbevölkerung und des städtischen Proletariats fand ein Ende. Heute gehört die Toscana, begünstigt auch durch einen intensiven Tourismus, zu den wohlhabenderen Regionen Italiens.

TOURISMUS

Pecorino, Kräuter, Öl und Wein

Die toscanische Küche

Die toscanische Küche geht aus den schlichten Rezepten der Landbevölkerung hervor, die mit den Produkten des Bodens haushälterisch umgehen mußte. Sie lebt von der hervorragenden Qualität der Grundprodukte: des Olivenöls, der frischen Gemüse und Salate, der Kräuter, des köstlichen Schafskäse. In verfeinerter Form erreicht sie allerdings ungeahnte Höhen der Raffinesse. Nicht umsonst steht sie am Beginn der französischen *Haute Cuisine:* 1533 heiratete Katharina von Medici den französischen König Heinrich II. Sie brachte ihre florentinischen Köche an den Pariser Hof mit. Die toscanischen Küchenmeister weihten die französischen Kollegen in die Kunst des edlen Speisens ein – mit nachhaltigen Folgen.

Vor allem in ländlichen Regionen, aber auch in vielen städtischen Restaurants werden in der Toscana nach wie vor die traditionellen, bodenständigen Gerichte serviert. Als **Vorspeise** gibt es *Crostini*, geröstete Brotscheiben mit Leberpastete, Oliven- oder Gemüsepasten, oder auch die einfache *Bruschetta* (oder *Fettunta*), geröstetes Brot mit Knoblauch und Olivenöl – ein Hochgenuß, wenn das Öl von guter Qualität ist!

OLIVENÖL Das Olivenöl spielt ohnehin eine Schlüsselrolle in der Landesküche. Selbstverständlich sollte es *extra vergine* sein, mit niedrigem Säuregehalt und aus erster kalter Pressung. Es würzt und verfeinert die meisten toscanischen Gerichte, so auch die *Ribollita*, eine kräftige Brot- und Gemüsesuppe, und die *Acqua cotta* des Maremmen-Gebiets (Zwiebel-Tomatensuppe mit gratiniertem Brot). Unbedingt empfehlenswert sind auch die Fischsuppe *Cacciucco* und die Pilzsuppe *Zuppa di funghi*.

Wie fast überall in Italien, gibt es auch in der Toscana eine große Vielfalt an Nudelgerichten. Regionale Spezialitäten sind *Pappardelle alla lepre, all'anatra* oder *al cinghiale* (breite Nudeln mit Hasen-, Enten- oder Wildschweinsauce), *Ravioli ricotta e spinaci* (Teigwaren mit Quark-Spinat-Kräuter-Füllung), *Pasta ai funghi porcini* (Pasta mit Steinpilzen).

Der toscanische Klassiker unter den **Hauptgerichten** ist die *Bistecca alla fiorentina*, ein am offenen Feuer gegrilltes Lendenstück vom Jungrind. Die Fleischqualität des teuren Stücks ist entscheidend: Die echte Bistecca soll von den weißen Rindern des Chiana-Tals stammen. Toscana-typische Gerichte sind auch *Arista al forno* (Schweinebraten), *Ossobuco* (gedünstete Kalbshaxe), *Trippa alla fiorentina* (Kutteln in Tomatensauce), *Salsicce* (Schweinswürste). Häufig kommt

Geflügel auf den Tisch: Huhn, das köstlich mit Oliven, Kräutern und Zwiebeln zubereitet wird *(Pollo in umido),* Ente *(Anatra),* Perlhuhn *(Faraona),* Truthahn *(Tacchino).* Sehr verbreitet sind Kaninchen- *(Coniglio)* und Wildschweingerichte *(Cinghiale).*

Der charakteristischste toscanische **Käse** ist der *Pecorino* – Schafskäse, der in sehr unterschiedlichen Reifegraden und Qualitäten angeboten wird. Vorzüglichen Schafskäse findet man vor allem in der Gegend um Pienza, am Monte Amiata und in der Maremma. Milder ist die *Caciotta*, die meist aus Kuh- und Schafsmilch gemischt wird.

Bei den **Süßigkeiten** sind die sienesischen *Panforte* (Mandel-Nuß-Gewürzkuchen) und *Ricciarelli* (Mandelgebäck) bemerkenswert, daneben die *Cantuccini,* harte Kekse, die als Dessert in den Süßwein *Vin Santo* getaucht werden. Im Restaurant sollte man immer nach den *Dolci fatti in casa,* den hausgemachten Desserts fragen – sie sind oft von vorzüglicher Qualität.

Unüberschaubar ist die Vielfalt der toscanischen **Weine.** Rund 35 Sorten dürfen sich mit dem DOC-Etikett schmücken (kontrollierte Herkunftsbezeichnung) und weitere 70 Weine haben eine meist nur lokale Verbreitung. Am bekanntesten sind unter den Rotweinen der *Chianti,* der schwere und teure *Brunello di Montalcino,* der *Vino Nobile di Montepulciano,* unter den Weißweinen der *Vernaccia di San Gimignano.*

Olivenernte

Hinweise und Tips fürs Wandern

Die Wanderungen dieses Buches sind für ›gewöhnliche‹ Spaziergänger und Wanderer jeden Alters geeignet. Sie stellen keine sportlichen oder bergsteigerischen Anforderungen. Natürlich verlangen sie unterschiedliche Anstrengungen; auf diese wird in den Wegbeschreibungen jeweils hingewiesen.

Die angegebenen **Gehzeiten** beschreiben die reine Wanderzeit, ohne Pausen, bei einem mittleren Gehtempo. Zeiten zum Rasten, Besichtigen, Fotografieren usw. sind dazuzurechnen. Mit schwerem Gepäck wird man im allgemeinen mehr Zeit benötigen als angegeben. – Auf Kilometerangaben wurde bewußt verzichtet, da diese angesichts des sehr unterschiedlichen Charakters der Wege keinen sinnvollen Informationsgehalt haben.

Nur ein Teil der Wege ist mit **Markierungen** versehen. Auch das vorliegende **Kartenmaterial** ist vielfach unzureichend (Hinweise zu den Wanderkarten s. »Wanderinformationen von A bis Z«, S. 220 f.). Die Wegbeschreibungen sind daher sehr ausführlich gehalten. Sie sollten auch ohne zusätzliche Karten zur Orientierung ausreichen. Die im Buch gegebenen Kartenskizzen dienen nur einem annäherungsweisen Überblick; der genaue Streckenverlauf geht aus dem Text hervor.

Die **Anfahrt** zu den Wanderungen ist fast ausnahmslos mit öffentlichen Verkehrsmitteln (Busse) möglich. Da die Fahrpläne sich erfahrungsgemäß über Jahre hinweg kaum ändern, werden recht genaue Angaben nach dem Stand von 1995 gemacht. Es empfiehlt sich, die angegebenen Uhrzeiten nach Möglichkeit vor Ort zu überprüfen. Zu berücksichtigen ist, daß sonn- und feiertags im allgemeinen sehr viel weniger Verbindungen bestehen als werktags. Einige Besonderheiten des italienischen Transportsystems sind auf S. 221 (»Wanderinformationen von A bis Z«) beschrieben und sollten unbedingt beachtet werden.

Als günstigste **Jahreszeiten** für Toscana-Wanderungen bieten sich der Frühling (April bis Mitte Juni) und der Spätsommer/Herbst (Mitte September bis Ende Oktober) an. Eine ›Wettergarantie‹ gibt es allerdings auch für diese Monate nicht; vor allem im Mai regnet es nicht selten. Im Hochsommer sind wegen der Hitze meist nur kurze Spaziergänge möglich – es sei denn, man wandert sehr früh am Morgen oder abends. Spätherbst und Winter bieten unsichere Wetterverhältnisse, dabei immer wieder auch ideale Wandertage: ›sommerliches‹ Novemberwetter und überwältigende Fernsicht im Januar oder Februar.

Zum Schluß dieser einleitenden Bemerkungen noch einige Bitten an die Wanderer:
1. Es wächst zwar viel Obst und Wein in Italien; die einzelnen von Wanderern gepflückten Trauben, Feigen und Pfirsiche summieren sich für die Bauern dennoch. Es sollte daher selbstverständlich sein – wenn es auch manchmal schwerfallen mag –, sich aus Obstgärten und Weinbergen nicht selbst zu bedienen.
2. Viehgatter müssen grundsätzlich nach dem Passieren wieder geschlossen werden. Eingesäte Felder dürfen

nicht überquert werden; man sollte sie am Rand umgehen. In einigen Fällen hat es in den letzten Jahren Ärger zwischen Landwirten und Toscana-Wanderern gegeben, weil diese – eigentlich selbstverständlichen – Regeln nicht beachtet wurden.
3. Landschaften und Wege ändern sich. Die Wegbeschreibungen dieses Buches entsprechen dem Stand von 1995. Ich wäre den Lesern dankbar, wenn sie Änderungen, aber auch eventuelle Ungenauigkeiten bei der Beschreibung dem Verlag mitteilten. Solche Hilfe könnte späteren Lesern zugute kommen (DuMont Buchverlag, Postfach 10 10 45, 50450 Köln).

Die Wanderungen auf einen Blick

Höhepunkte des Toscana-Wanderns, aber auch die anspruchsvollsten Touren, sind die mehrtägigen Wanderungen von Florenz nach Siena (Wanderung 34) und in der Südtoscana (Wanderung 35). Gute Kondition erfordern auch die Wege 8, 13, 19, 24, 26, 28, 29. Bequeme Spaziergänge stellen dagegen die Wanderungen 1, 2, 4, 5, 14, 33 dar.

Die ›klassische‹ Hügellandschaft der Toscana findet man vor allem auf den Wanderungen 1–6, 8–14 und 34. Ans Meer führen die Wanderungen 22, 23, 25, ins Gebirge die Touren 26–29. Bademöglichkeiten bieten sich auf den Wanderungen 22, 23, 25, 32, 33 und 35.

Viele Wege führen zu kunst- und kulturhistorisch interessanten Orten. Auf den Touren 1, 12, 20, 21, 22 erreicht man etruskische Fundstätten, auf Wanderung 1 daneben auch römische Ausgrabungen. Besonders häufig trifft man auf gut erhaltene mittelalterliche Ortschaften (Wanderungen 5, 6, 7, 13, 15, 18–21, 24, 25, 30–33) sowie romanische Kirchen und Klöster (Wanderungen 1, 10, 12, 14, 15, 17, 20, 23, 33). Wanderung 17 führt zur gotischen Klosterruine San Galgano, Wanderung 29 zum Franziskanerkloster La Verna. Bedeutende Stätten der Renaissance werden auf den Wanderungen 4 (Leonardo-Geburtshaus und -Museum) und 14 (Pienza) erreicht.

Mit öffentlichen Verkehrsmitteln – ebenso wie mit einem eigenen Pkw – sind die Wanderungen 1–3, 5, 6, 8–10, 12, 13, 22, 27, 30, 31, 33 völlig problemlos durchführbar. Bei den Wanderungen 7, 11, 15 muß man jeweils einen bestimmten Bus für die Rückfahrt erreichen, was aber bei richtiger Zeitplanung kein Problem darstellt. Eine etwas längere Anfahrt hat man bei den Wanderungen 4, 16, 17, 23, 25, 28, 32. Vorwiegend für Autofahrer geeignet sind die Wege 16, 18, 19, 20, 21, 24, 29, bei denen die Anreise mit öffentlichen Verkehrsmitteln zwar möglich, aber sehr zeitaufwendig ist.

Zypressen und Ölbäume

Im Hügelland bei Florenz

Die Umgebung von Florenz übt auf die Mehrzahl der Reisenden schon bei der ersten Begegnung eine starke Wirkung aus. Bei vielen ruft sie das Gefühl des »Hier möchte ich wohnen« hervor. Tatsächlich hat die toscanische Landschaft bei Florenz etwas *Wohnliches:* Außerordentlich harmonisch in Formen und Farben, an jeder Stelle durch menschliches Eingreifen geprägt, doch kaum je zerstört und geschändet, wirkt sie wie ein großer, sonniger Garten. Dieser Garten hat seine verwilderten und unzugänglichen Stellen, seine heimlichen und schattigen Plätze; doch überwiegt der Eindruck von Klarheit und Übersichtlichkeit. Die florentinische Landschaft birgt kein Geheimnis. Sie erschließt sich schnell. Sie lädt ein zur Liebe auf den ersten Blick. Die leichte Bewegung der Hügelketten, welche nichts Schroffes oder Gewaltsames zeigen; die klaren Linien der Zypressenreihen und der Weinberge; die gedämpften und doch ausdrucksstarken Farbtöne der Ölbäume; die kubischen Formen der Bauernhäuser – das alles erzeugt im Betrachter jenes ästhetische Wohlgefallen, welches aus dem Gleichmaß von Ruhe und Bewegung, von Spannung und Spannungslosigkeit entsteht. Wahrscheinlich ist es dies *Maßvolle,* das uns diese Landschaft bereits vertraut erscheinen läßt, wenn wir sie zum ersten Mal betrachten.

Die im folgenden beschriebenen Wege liegen zwar – mit Ausnahme desjenigen bei Vinci – in nächster Nähe von Florenz; dennoch führen sie in wenigen Schritten aus dem Großstadtgetriebe heraus, in eine milde, oft elegante Landschaft mit südlicher Vegetation und den allgegenwärtigen Spuren kultivierender menschlicher Tätigkeit. Die Strecken sind bequem zu gehen und zum großen Teil mit rot-weißen Markierungen des Club Alpino Italiano versehen.

Von Florenz aus können außer den im folgenden Abschnitt beschriebenen noch weitere Wanderungen durchgeführt werden: Rundweg bei San Gimignano (s. S. 51 ff.), Colle di Val-d'Elsa – San Gimignano (s. S. 58 ff.), San Donato – Chiócchio (s. S. 67 ff.), Passo dei Pecorai – Greve (s. S. 72 ff.). Hinweise zu Hin- und Rückfahrt finden sich bei den Wegbeschreibungen.

1

Der Blick auf die Stadt

Von Fiesole nach Settignano

Dieser Spaziergang in der unmittelbaren Umgebung von Florenz führt von Fiesole durch die charakteristische Landschaft der florentinischen Hügel, durch Olivenhaine, Laub- und Zypressenwald. Man genießt schöne Blicke auf die Stadt vor dem Hintergrund der Berge des Chianti und des Pratomagno.

WEGVERLAUF: Fiesole – Monte Céceri (25 Min.) – San Lorenzo (1 Std.) – Settignano (30 Min.). Verlängerung möglich über Terenzano (30 Min.) nach Compiobbi (30 Min.)

DAUER: 2 Std.; längere Variante 3 Std.

HÖHENUNTERSCHIEDE: Von Fiesole (295 m) bequemer Anstieg zum Monte Céceri (414 m). Abstieg nach Settignano (177 m) und bei der Variante weiter bis Compiobbi (79 m)

SCHWIERIGKEITSGRAD: Leicht

WEGBESCHAFFENHEIT: Im allgemeinen breite Feldwege, gelegentlich schmalere Pfade, kurze Strecken asphaltiert. Variante: Im letzten Stück fast durchgehend kleines Asphaltsträßchen

WANDERKARTE: Kompaß Nr. 660 Firenze–Chianti (1:50 000)

MARKIERUNGEN: Rot-weiße Markierung (Weg Nr. 1) des Club Alpino Italiano

EINKEHRMÖGLICHKEITEN: Restaurants in Fiesole, Settignano und Compiobbi

AN- UND ABFAHRT: Mit öffentlichen Verkehrsmitteln: Florenz–Fiesole mit Stadtbus Nr. 7 (ab Hauptbahnhof/Dom/Piazza San Marco), Fahrzeit 25–30 Min. Settignano–Florenz mit Stadtbus Nr. 10, Fahrzeit bis Stadtzentrum Florenz 25–30 Min. Compiobbi–Florenz: Häufige Bus- und gelegentliche Bahnverbindungen, Fahrzeit ca. 25 Min. Busfahrkarten erhält man in Tabacchi-Geschäften, nicht im Bus!

ÖFFNUNGSZEITEN des Ausgrabungsgeländes in Fiesole: Im Sommerhalbjahr täglich 9–19 Uhr; Oktober bis März 10–16 Uhr, dienstags geschlossen. Die Kirchen sind von 12–16 Uhr geschlossen.

DER WANDERWEG

In **Fiesole** geht man auf der Piazza Mino da Fiesole (Bus-Endstation) rechts am Reiterdenkmal vorbei, nimmt die kleine Straße, welche ganz rechts ansteigt (Via Giuseppe Verdi). Bei einer Abzweigung geradeaus, bei einer folgenden Gabelung links aufwärts. Mit Blick auf Florenz auf diesem Sträßchen den Hang entlang, bei einer Gabelung

WANDERUNG 1

nach rechts abwärts. 100 m danach biegt das Sträßchen scharf nach links ab (10 Min.). Man geht hier auf einem Feldweg zwischen Steinmauern weiter geradeaus, steigt langsam an zum Monte Céceri. An einem kleinen Platz im Wald mit Weggabelung folgt man dem Weg nach links aufwärts, geht an der nächsten Gabelung (wenige Meter danach) nach links und gleich wieder nach rechts, immer ansteigend. Von dem breiteren Weg biegt man auf einen nach links abzweigenden Pfad (20 Min.), steigt relativ steil an und erreicht den Gipfel des **Monte Céceri**, den höchsten Punkt der Wanderung (25 Min.). Weiter Blick über die florentinischen Hügel. Ein Gedenkstein erinnert an Leonardo da Vincis Idee, von diesem Berg aus Flugversuche zu starten (s. S. 46 f.).

Auf einem breiten Weg vom Gipfel nach links. Rechts unterhalb wird Settignano, das Ziel der Wanderung, sichtbar. Der Weg senkt sich langsam; vor einer Serpentine kürzt man ab, indem man einen Pfad nach rechts nimmt (30 Min.). Man erreicht wieder den breiten Weg, geht an einer Gabelung links und stößt bei einigen Häusern auf ein Asphaltsträßchen, welchem man nach rechts folgt. Auf diesem Asphaltsträßchen gelangt man zur Hauptstraße, biegt nach rechts ab und geht ca. 200 m zu einer Bushaltestelle rechter Hand. Nach rechts in den Wald, auf dem oberen von zwei Pfaden bis zu einem Sträßchen. Nach rechts; nach weiteren 50 m bei einer Abzweigung geradeaus, weiter auf einem breiten, nicht-asphaltierten Fahrweg. Man passiert ein Gestüt (gut 1 Std. ab Fiesole), steigt dann zwischen Ölbäumen ab. Bei einer Abzweigung geradeaus, weiter durch Wald zu einem Bauernhof inmitten eines Olivenhains. Bald darauf wieder Wald; an einer Gabelung geht man links aufwärts, kommt zu einer Straße (1.30 Std.). Man geht nach rechts, passiert das Kirchlein **San Lorenzo** und ein Anwesen und biegt nach diesem links in einen Feldweg ein. Diesem folgt man, bis er in einen Querweg mündet. Links gehen, an einem Bauernhaus vorbei. Hinter einem zweiten Bauernhaus (Poggio al Vento) biegt man nach links ab (1.45 Std. – An dieser Stelle kreuzen sich zwei markierte Wanderwege. Die Markierungen, welche in alle Richtungen führen, können irritieren.)

Der Weg führt rasch abwärts, am Schluß durch eine schöne Zypressenallee. An einer Kreuzung auf einem Asphaltsträßchen (Via Desiderio da Settignano) geradeaus, am Friedhof vorbei nach **Settignano** hinein. An der nächsten Kreuzung rechts (Via San Romano) zur Piazza, wo sich die Bushaltestelle befindet (2 Std.).

Variante: Fortsetzung Settignano–Compiobbi

Wer den Weg in Settignano fortsetzen möchte, kann in rund 1 Std. nach Compiobbi im Arno-Tal absteigen. Der Weg ist weiterhin markiert und – da er fast

Blick auf Fiesole

ausschließlich eben oder leicht absteigend verläuft – angenehm zu gehen; allerdings ist er nahezu durchgängig asphaltiert. Er führt durch harmonisch kultivierte, meist mit Olivenbäumen bestandene Landschaft, vorbei an Villen und Bauernhäusern; man blickt auf die Hügel des Arno-Tals.

In **Settignano** angekommen, geht man an der Kreuzung Via Desiderio da Settignano/Via di San Romano geradeaus weiter in die Via del Rosselino und folgt dieser aus dem Ort heraus, zunächst noch mit einigen leichten Anstiegen, dann eben und absteigend. Man bleibt immer auf dem Hauptweg. Bei einer Gabelung nach gut 15 Min. rechts halten (Via di Terenzano), bald darauf bei einem Quersträßchen links aufwärts und gleich wieder – vor einem Friedhof – rechts in einen Pfad, auf welchem man zum Weiler **Terenzano** absteigt (30 Min.). Man biegt nach links, geht durch den Ort, hält sich dann bei einer Gabelung rechts, kommt wieder zu einem Asphaltsträßchen, in das man nach links einbiegt und dem man bis **Compiobbi** folgt (1 Std.).

WANDERUNG 1

Wanderung 1:
Von Fiesole nach Settignano

bauten. Diese Tradition hat sich bis in die Neuzeit erhalten; zahlreiche Villen des 19. Jh. stehen an den Hängen unterhalb des Ortes.

Der Dom San Romolo an der zentralen Piazza Mino da Fiesole wurde 1028 begonnen und im 13. Jh. umgebaut. Auf dem Hochaltar findet sich ein Marientryptichon des Malers Bicci di Lorenzo (um 1450). Sehenswert ist auch die dreischiffige romanische Krypta.

Das Ausgrabungsgelände zeigt Ruinen römischer und etruskischer Bauten. Das Theater (1. Jh. v. Chr.) bot etwa 2500 Zuschauern Platz. Rechts vom Theater finden sich Thermen mit Schwimmbecken, Resten der Heizungsanlage und Baderäumen. Auf der gegenüberliegenden Seite des Geländes findet man die Ruinen eines etruskischen, von den Römern umgebauten Tempels. Gut erhalten blieb die große, zum Teil noch auf die Etruskerzeit zurückgehende Stadtmauer an der Nordseite des Geländes.

Monte Céceri (414 m): Leonardo da Vinci hoffte, von diesem Berg aus eine Flugmaschine starten zu lassen. Eine Gedenktafel auf dem Gipfel gibt seine entsprechende Tagebuchnotiz wieder. Sie lautet auf deutsch: »Der große Vogel wird sich über dem Rücken des großen Schwans zum ersten Flug erheben. Er wird das Universum mit Erstaunen erfüllen. Alle Schriften werden voll seines Rufes sein und ewiger Ruhm wird dem Orte bleiben, wo er entstand.« Der große Vogel – das war Leonardos Flugmaschine (keines seiner zahlreichen Modelle wäre allerdings wirklich funktionsfähig gewesen); der große Schwan ist der Monte Céceri (*cecero* = Schwan).

AM WEGE

Fiesole wurde vermutlich bereits im 9. Jh. v. Chr. gegründet und war lange Zeit wesentlich bedeutender als das erst in römischer Zeit entstandene Florenz. 1125 wurde der Ort von Florenz unterworfen. Wegen seiner schönen Lage und des angenehmen Klimas entwickelte sich Fiesole in der Renaissance-Zeit zum Sommersitz wohlhabender Florentiner (unter anderem der Medici-Familie), die hier ihre Villen

Die Umgebung von Fiesole ▷

Von Fiesole nach Settignano

WANDERUNG 1

2

In den florentinischen Hügeln

Von Settignano über Ontignano nach Compiobbi

Während die Wanderung Fiesole – Settignano sich am Rand der Talsenke von Florenz hält, führt der nun beschriebene Weg weiter ins Hinterland, in eine abgelegenere Gegend. Die Nähe der Stadt ist kaum mehr spürbar. Man durchwandert das Tal des Flüßchens Sambre, mit Blick auf laubwaldbestandene Hügel und verstreute Bauernhäuser, auf Zypressenwäldchen und Olivengärten. Besonders reizvoll ist dieser Weg im Frühling und zur Zeit der Laubfärbung.

WEGVERLAUF: Settignano – Ontignano (1.10 Std.) – Paiatici (50 Min.) – Compiobbi (20 Min.)

DAUER: 2.20 Std.

HÖHENUNTERSCHIEDE: Die Wanderung führt durch sanftes Hügelland. Es sind rund 300 Höhenmeter in zwei Abschnitten zu steigen.

SCHWIERIGKEITSGRAD: Leicht bis mittel

WEGBESCHAFFENHEIT: Feld- und nicht-asphaltierte Fahrwege, gelegentlich schmale Pfade; zum Schluß gut 1 km auf einem Asphaltsträßchen

WANDERKARTE: Kompaß Nr. 660 Firenze–Chianti (1:50 000)

MARKIERUNGEN: Rot-weiße Markierungen des Club Alpino Italiano. Nacheinander Wege Nr. 1, Nr. 2, Nr. 6, Nr. 5. Die letzten 50 Min. ohne Markierung auf leicht zu findendem Weg.

Wanderung 2: Von Settignano über Ontignano nach Compiobbi

EINKEHRMÖGLICHKEITEN: Restaurants in Settignano und Compiobbi

AN- UND ABFAHRT: Florenz–Settignano mit Stadtbus Nr. 10 ab Bahnhof Piazza San Marco; Fahrzeit 25–30 Min. Compiobbi–Florenz: Häufige Bus- und

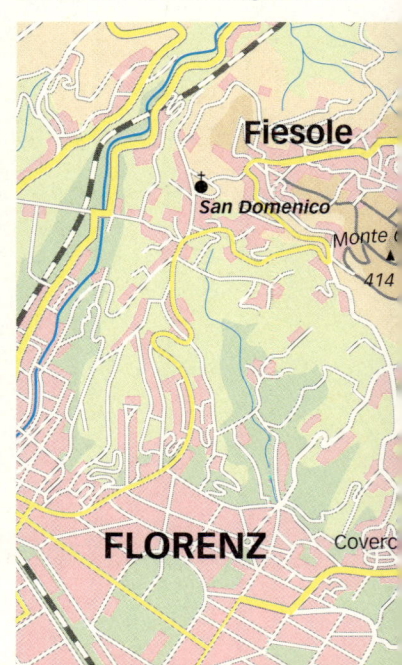

DER WANDERWEG

Von der Piazza in **Settignano** (Endstation des Busses) geht man die Via di San Romano aufwärts, biegt nach 150 m in die erste Straße nach links (Via Desiderio da Settignano), erreicht den Friedhof (knapp 10 Min.) und gleich darauf eine Kreuzung, an der man geradeaus geht und in einer Zypressenallee ansteigt (Wegmarkierung rot-weiß Nr. 1). Nach rund zehnminütigem Anstieg gelangt man zu einem Haus rechter Hand, bei dem man nach rechts abbiegt, um gleich wieder (um das Haus herumgehend) einen rechts abzweigenden Pfad einzuschlagen (Wegmarkierung rot-weiß Nr. 2). Auf diesem Pfad zwischen einem Wäldchen und einem Olivenhain aufwärts, mit schönem Blick auf Florenz. Der Pfad führt durch Gehölz weiter. Bei einer Gabelung rechts halten; an einem kleinen Platz in der Nähe einer Asphaltstraße (35 Min.) weiter auf kleinem Weg nach rechts aufwärts, parallel zur Straße. An einem weiteren Platz einige Meter nach links gehen, dann wieder nach rechts. Man erreicht die Hügelkuppe bei der Straße Montebeni – Fiesole (45 Min.).

Man geht 5 Min. auf dieser Straße in Richtung Fiesole (nach links), biegt dann nach rechts in einen abwärts führenden Fahrweg (Wegmarkierung rot-weiß Nr. 6). Man steigt auf einigen Serpentinen ab, nimmt nach gut 5 Min. den zweiten nach rechts (abwärts) abzweigenden Weg. An einem Bauernhaus vorbei, durch einen Olivenhain bis zu einem asphaltierten Weg (gut 1 Std.), dem man nach links abwärts folgt. Bald darauf sieht man rechts das Kirchlein des Weilers **Ontignano,** kommt zu einer Gabelung, bei der man weiter geradeaus geht (nunmehr Wegmarkierung Nr. 5). Abwärts zu einem Bach (mit einem kleinen Wasserfall), dann weiter auf langsam ansteigendem Weg mit schönen Blicken auf das Tal und seine Gehöfte. Nach gut 1.30 Std. erreicht der Weg seinen höchsten Punkt. Die rot-weiße Markierung weist hier nach links aufwärts, man geht aber ohne Markierung auf dem Hauptweg geradeaus weiter.

An einer Gabelung rechts, dann in Serpentinen hinab zu einem Bach (1.50 Std.). Diesen überqueren, auf seiner linken Seite weiter talabwärts. Man erreicht den Weiler **Paiatici** (2 Std.); ab hier ist das Sträßchen asphaltiert. 10 m hinter der ersten scharfen Rechtskurve der Asphaltstraße kann man nach links auf einen steilen Waldpfad biegen und so den Weg abkürzen: Man überquert bald ein Sträßchen, geht geradeaus auf einem Pfad am Rand einer Ölbaumpflanzung weiter abwärts. Bei einem Querweg nach rechts, wieder zur Straße, und in Kurven abwärts nach **Compiobbi** (2.20 Std.).

Unterwegs begegnet man immer wieder einzeln stehenden Bauernhäusern

WANDERUNG 3

Über dem Tal des Arno

Von Bagno a Ripoli nach San Donato in Collina

Dieser Weg im Südosten von Florenz bietet schöne Blicke auf die Stadt und das Arno-Tal, später auch auf das Gebirge des Pratomagno. Er führt in abwechslungsreichem Auf und Ab durch Wald, Ölbaumhaine und über ginsterbestandene Flächen. Von Zeit zu Zeit tauchen Häuser und Häusergruppen auf; dann wieder verläuft der Pfad in der nahezu vollkommenen Ruhe des Waldes. Die Großstadt scheint weit entfernt.

WEGVERLAUF: Bagno a Ripoli – Bigallo (20 Min.) – Monte Pilli (40 Min.) – Poggio Crociferro (50 Min.) – San Donato in Collina (1.40 Std.)

DAUER: 3.30 Std.

HÖHENUNTERSCHIEDE: Insgesamt rund 450 m Höhenmeter Anstieg, davon 300 m zu Beginn zwischen Bagno a Ripoli und Monte Pilli (491 m)

SCHWIERIGKEITSGRAD: Mittelschwer

WEGBESCHAFFENHEIT: Feldwege und Waldpfade; ca. 35 Min. auf Asphaltstraßen

WANDERKARTEN: Multigraphic Nr. 42/43 Monti del Chianti 1:25 000; Kompaß Nr. 660 Firenze–Chianti 1:50 000

MARKIERUNG: Ab Bigallo (nach gut 20 Min.) rot-weiße Markierungen des Club Alpino Italiano: zunächst Weg Nr. 6, dann Weg Nr. 00

EINKEHRMÖGLICHKEITEN: Restaurant in San Donato in Collina

AN- UND ABFAHRT: Ab Florenz Stadtbus Nr. 33 (ab Hauptbahnhof oder Dom) bis Endhaltestelle Bagno a Ripoli – La Fonte. Der Bus verkehrt etwa alle 40 Min.; Fahrzeit 30–40 Min. San Donato–Florenz mit SITA-Bus: Verbindungen werktags 13.20, 14.10, 15.05, 17.40, 18.40 Uhr, sonn- und feiertags 14.10, 17.10 Uhr; Fahrzeit 40 Min. Fahrkarten sind in der Bar in San Donato oder am Busbahnhof in Florenz (beim Hauptbahnhof) erhältlich.

DER WANDERWEG

Von der Endstation der Buslinie 33 in **Bagno a Ripoli, Ortsteil La Fonte,** geht man auf der Straße ortsauswärts (in Richtung San Donato) und nach 5 Min. – in einer Rechtskurve der Straße – geradeaus in ein kleineres Sträßchen (Richtung Bigallo), welches zwischen Olivenpflanzungen ansteigt. Im Weiler **Bigallo** wendet man sich – vor einem großen Gebäude rechter Hand – nach links in einen asphaltierten Weg (Via della Bascula; gut 20 Min; der Weg ist ab hier rot-weiß markiert, Nr. 6). Die Asphaltierung hört bald auf. Wenig spä-

Von Bagno a Ripoli nach San Donato in Collina

ter biegt man hinter einer Villa nach rechts, geht bei der nächsten Abzweigung geradeaus. Wenige Minuten später verläßt man den Hauptweg, nimmt einen kleineren Weg nach rechts, zunächst an einem Zaun entlang. Man steigt nunmehr im Wald aufwärts. An einer weiteren Gabelung links, nächste Gabelung rechts.

Der Weg steigt, gut markiert, zum Teil mit schönen Ausblicken auf das Arno-Tal und die gegenüberliegenden Berge, im Wald weiter an. Bei einer Gabelung an einer Stelle mit mehreren Steinstufen auf dem Weg hält man sich rechts (45 Min.), erreicht bald darauf einen kleinen Platz mit einigen Schuppen linker Hand, geht hier auf kleinem Pfad geradeaus. Bei einem Teersträßchen biegt man nach links, steigt weiter an in Richtung auf eine Villa auf einer Hügelkuppe, an der man schließlich links vorbeigeht (**Monte Pilli**, 491 m; 1 Std.).

Der Weg senkt sich. Nach ca. 10 Min. passiert man ein Anwesen, kurz darauf ein Restaurant und trifft schließlich auf eine Asphaltstraße (1.15 Std.). Hier biegt man in einen nach links abwärts führenden Feldweg (Via Ponti di Millo). Vor dem ersten Haus nach links, vor dem nächsten nach rechts, am dritten links vorbei; bei einer Weggabelung nach rechts aufwärts in den Wald. Bei einer Abzweigung geradeaus; Blicke auf einen Teich unterhalb terrassierter Olivenpflanzungen.

Weiter auf kleinem Pfad durch Wald. Man erreicht einen Fahrweg, auf dem man sich nach links wendet, auf ein

Wanderung 3: Von Bagno a Ripoli nach San Donato in Collina

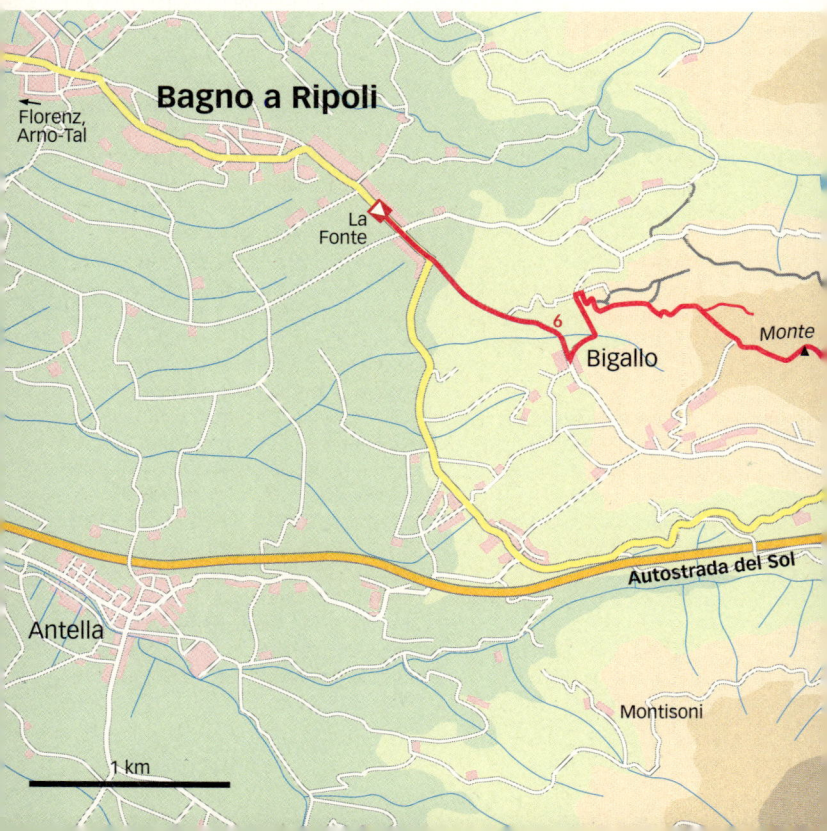

WANDERUNG 3

Bei San Donato in Collina

modernes Haus zu; vor diesem biegt man nach rechts in einen ansteigenden Pfad (1.40 Std.; ab hier Markierung rot-weiß Nr. 00). Man folgt diesem z. T. etwas zugewachsenen Weg bis zu einer kleinen Hochfläche mit sehr schönen Fernblicken (**Poggio Crociferro,** 511 m; 1.50 Std.) und gelangt schließlich zu einer Asphaltstraße (2.50 Std.). Auf dieser geht man geradeaus. Wenige Minuten darauf, vor der Villa »Le Vedute« (Hausnummer 74), nach rechts in einen kleinen, ein kurzes Stück steil absteigenden Pfad. Unterhalb der Villa am Zaun entlang. Weiter durch Gebüsch, Eichenwald, Ginster. Bei einer Gabelung vor einer Mauer nach rechts, gleich darauf bei einer Pfadverzweigung wieder rechts. Nach knapp 3.20 Std. erblickt man vor sich eine Straße, geht an einer Gabelung links, erreicht die Straße und, sich nach links wendend, auf dieser nach 1 km **San Donato** (3.30 Std.).

4

Leonardos Weg

`Bei Vinci`

Dieser Spaziergang führt von Vinci zum angeblichen Geburtshaus Leonardos und wieder zurück in den Ort. »Das war Leonardos Weg«, versicherte die Kustodin der Casa di Leonardo, die mir den Pfad beschrieb. Mit oder ohne Leonardo, der Weg liegt friedlich und beruhigend zwischen den Ölbäumen, mit dem gelegentlichen Blick auf die in der Ferne verschwimmenden Hügelketten jenseits des Arno und auf die klaren Konturen des Monte Pisano zwischen Lucca und Pisa.

WEGVERLAUF: Vinci – Casa di Leonardo (40 Min.) – Vinci (30 Min.). Hin- und Rückweg sind identisch.

DAUER: 1.10 Std.

HÖHENUNTERSCHIEDE: Rund 150 m Anstieg

SCHWIERIGKEITSGRAD: Leichter Spaziergang

WEGBESCHAFFENHEIT: Feldwege und Pfade

MARKIERUNG: Rot-weiß

EINKEHRMÖGLICHKEITEN: In Vinci

ÖFFNUNGSZEITEN der Casa di Leonardo: 9.30–13, 14.30–17 Uhr (Sommer 15.30–18 Uhr), außer mittwochs. Museo Vinciano täglich 9.30–18 Uhr.

AN- UND ABFAHRT: Mit dem **Pkw** ab Florenz 45 km. Mit dem **Bus** ist Vinci ab Bahnhof Empoli erreichbar (halbstündliche Verbindungen, Fahrzeit 20 Min.). Empoli liegt an der Bahnlinie Florenz–Pisa (Züge etwa alle 45 Min., Fahrzeit von beiden Städten 25 Min.). Letzter Bus Vinci–Empoli 19.05 Uhr.

DER SPAZIERGANG

In **Vinci** steigt man auf zur Burg (Hinweisschilder »Museo Leonardiano«). Unterhalb der Burg nimmt man das nach Norden in die Hügel führende Hauptsträßchen (Schilder »Casa Natale di Leonardo«). Nach wenigen Minuten findet man rechter Hand das Haus Viale Cino Da Pistoia Nr. 9 mit dem Schild »Molino della Doccia di Vinci«, 50 m dahinter schlägt man ein Asphaltsträßchen ein, das rechts von der Hauptstraße ansteigt. Ab hier ist der Weg rot-weiß markiert. Die Asphaltierung endet bald, der Weg beschreibt eine Rechtskurve, steigt ein kurzes Stück steil an. Am Ende der Steigung biegt man nach links. Man folgt dem Weg an einigen Häusern vorbei, geht bei einer Gabelung (links hier ein großes gelbes Haus) auf dem Hauptweg nach links. 20 m danach biegt man auf einen kleineren, nach rechts ansteigen-

WANDERUNG 4

Blick auf Vinci, den Geburtsort Leonardo da Vincis

den Weg. Dieser Weg verzweigt sich vor einem Bauernhaus. Man geht rechts, wendet sich 50 m weiter in den ersten Weg nach links. Unter Ölbäumen aufwärts zu einem Asphaltsträßchen, nach rechts, in wenigen Schritten zur **Casa di Leonardo** (40 Min.). Zurück nach **Vinci** auf dem gleichen Weg.

einiger seiner Werke. Der Überlieferung nach wurde Leonardos Mutter in diesem Haus versteckt, damit sie ihren unehelichen Sohn im Verborgenen gebären könne. Verbürgt ist weder diese Geschichte noch, daß es sich tatsächlich um das Geburtshaus handelt.

Wanderung 4: Bei Vinci

AM WEGE

Vinci, Geburtsort von Leonardo da Vinci (1452–1519), dem bedeutenden Künstler, Forscher, Denker der Renaissance. Leonardo, unehelicher Sohn eines Notars, verbrachte seine Kindheit vermutlich in dem Weiler Anchiano, an der Stelle, wo heute sein Geburtshaus gezeigt wird. In der Burg von Vinci (12. Jh.) ein kleines Leonardo-Museum mit den Modellen zahlreicher von dem Künstler projektierter Maschinen. In der Burg befindet sich auch die Biblioteca Leonardiana, ein Leonardo-Forschungszentrum.

Leonardos Geburtshaus, ein einfaches Bauernhaus, bewahrt kleinere Erinnerungsstücke und Reproduktionen

Bäume am Wege

Der Ölbaum

Kaum ein anderes Gewächs erfüllt eine Landschaft so stark mit seinem Ausdruck wie der Ölbaum. Sein grün-silbriges Schimmern, in allen Jahreszeiten gleichbleibend und nur mit den Lichtverhältnissen wechselnd, gibt ganzen Landstrichen ihre dominierende Farbtönung. Die knorrigen, mit größerem Alter immer bizarrer werdenden Formen von Baumstamm und Ästen wirken wie beseelte Skulpturen einfallsreicher Holzschnitzer. Fast jeder Ölbaum hat seinen eigenen ausgeprägten Charakter – seine ›Individualität‹.

Von jeher ist der Ölbaum als ein besonderer, bei vielen Völkern sogar als ein heiliger Baum angesehen worden. Das hängt gewiß mit den vielfältigen Verwendungsmöglichkeiten des Olivenöls zusammen; es dürfte aber auch in der charakteristischen äußeren Erscheinung des Baums begründet sein. Ein Ölbaumzweig verkündete Noah das

Dem Ölbaum kommt seit jeher eine besondere Bedeutung zu

WANDERUNG 4

Ende der Sintflut. Die olympischen Sieger wurden mit Olivenzweigen bekränzt. Die jüdischen Könige wie die des christlichen Mittelalters wurden mit Öl gesalbt. Den Griechen schenkte Athena den Ölbaum; er stand unter ihrem Schutz.

Die Bedeutung des Olivenöls war in früheren Zeiten viel größer als heute. Es diente nicht nur der Ernährung. Man tränkte mit ihm den Docht der Lampen. Die alten Griechen verwendeten es anstelle von Seife. Vor allem aber salbte man mit ihm den Körper. Als Rezept für Langlebigkeit und Gesundheit empfahl der Philosoph Demokrit »innerlich Honig, äußerlich Öl«. (Er wurde über 100 Jahre alt.) In Homers »Ilias« wird erzählt, wie Hera den Zeus verführen will. Sie salbt ihren »reizenden Wuchs mit lauterem Öle«, welches »Erde sogleich und Himmel mit Wohlgerüchen umhauchte.«

Der Ölbaum blüht mit kleinen, unscheinbaren Blüten im Mai; die Früchte werden im Winter geerntet. Zur Ernte legen die Bauern Netze oder Tücher unter die Bäume, streichen dann mit Kämmen durch die Zweige, so daß die Oliven zur Erde fallen. (Das früher sehr gebräuchliche Verfahren, mit Stangen auf die Äste zu schlagen, schadet Früchten und Baum.) Das Öl wird in Ölmühlen gepreßt; nach der ersten Pressung, welche das beste Öl ergibt, bleibt eine feste, dem Weintrester vergleichbare Masse zurück. Preßt man diese nochmals, so erhält man das minderwertige Öl zweiter Pressung.

Die Qualität des Olivenöls ist je nach Lage, klimatischen Bedingungen, Ernte- und Verarbeitungsverfahren sehr unterschiedlich. Als eines der besten gilt generell das toscanische. Die toscanischen Ölbaumkulturen sind aber durch die starken Fröste des Winters 1985 geschädigt worden. Der Ölbaum verträgt nur mäßige Kältegrade; bei Temperaturen von −20 °C stirbt er ab. Wegen der Frostschäden von 1985 sieht man heute in der Toscana fast ausnahmslos junge Ölbäume.

Unter günstigen Umständen können die Pflanzen dagegen Hunderte von Jahren alt werden. Immer wieder haben gesetzliche Vorschriften verboten, sie zu fällen; in Kriegen sollten sie – die Symbole des Friedens – geschont werden. Auch im heutigen Italien dürfen Ölbäume selbst vom Besitzer nicht ohne Genehmigung gefällt werden.

Mittelalterliche Orte: San Gimignano und Volterra

Kaum ein Toscana-Reiseprogramm verzichtet auf San Gimignano und Volterra. Zu Recht: Die beiden mittelalterlichen Kleinstädte sind vorzüglich erhalten und bewahren trotz großen Besucherandrangs ihre eigene Atmosphäre. In warmen Gold- und Braun-Tönen erhebt sich über den Häusern San Gimignanos die Silhouette der weltberühmten Geschlechtertürme. Der Ort ist umgeben vom heiteren, milden Hügelland der Bauernhäuser und Weinreben, der Zypressen und Ölbaumkulturen. Volterra wirkt mit seinen dunklen Farben strenger und düsterer. Aus exponierter Höhenlage beherrscht die uralte Stadt ein Gebiet karger Weideflächen, in dem sich begeisternd weite Blicke über das Land eröffnen.

Aus beiden Orten kann man noch immer – wie einst die mittelalterlichen Reisenden – durchs Stadttor direkt in die Umgebung wandern. Binnen weniger Minuten gelangt man auf diesen Spaziergängen in eine Ruhe und Einsamkeit, die man in unmittelbarer Nähe der vielbesuchten Städte kaum erwartet.

Die berühmten Geschlechtertürme von San Gimignano

WANDERUNG 5

5

Der Weg der schönen Türme

Rundweg bei San Gimignano

2. Tag RW

Mit Recht gehört San Gimignano zu den beliebtesten Zielen Mittelitaliens. Das Stadtbild des 13. und 14. Jh. ist selbst für die kunstverwöhnte Toscana einzigartig. Die Umgebung erfüllt die schönsten Toscana-Träume: sanft gewellte Hügelketten, das Silbergrau der Ölbäume, Zypressenreihen und Gehöfte, Weinberge, zart verschwimmende Farben. Auf dem knapp zweistündigen Rundgang genießt man fast ununterbrochen die Silhouette der berühmten ›Geschlechtertürme‹.

WEGVERLAUF: San Gimignano – Casa Sambuca (45 Min.) – Casale (35 Min.) – San Gimignano (20 Min.)

DAUER: 1.40 Std.

HÖHENUNTERSCHIEDE: Jeweils ca. 100 m An- und Abstieg

SCHWIERIGKEITSGRAD: Leichter Spaziergang

WEGBESCHAFFENHEIT: Breite, bequeme Fahrwege; 20 Min. auf Asphalt

WANDERKARTE: Kompaß Nr. 660 Firenze–Chianti (1:50 000)

EINKEHRMÖGLICHKEITEN: In San Gimignano

UNTERKUNFT: Zahlreiche **Hotels** in San Gimignano und Umgebung. In der Reisesaison wird frühzeitige Reservierung empfohlen! Hier eine Auswahl: Leon Bianco***, ✆ 0577–94 12 94, Fax 94 21 23; L'Antico Pozzo***, ✆ 0577–94 20 14, Fax 94 21 17. Preiswerte Unterkunft im Kloster Sant' Agostino (✆ 0577–94 03 83) und in der Jugendherberge (kein JH-Ausweis erforderlich, keine Altersbeschränkung; Via delle Fonti 1, ✆ 0577–94 19 91).
Camping: Il Boschetto, 2 km südöstlich von San Gimignano in Santa Lucia, ✆ 0577–94 03 52.

AN- UND ABFAHRT: Von und nach Florenz und Siena **Bus-Verbindungen** alle ein bis zwei Stunden, jeweils mit Umsteigen in Poggibonsi; Fahrzeit nach Florenz 1.15 Std. (Schnellbus) bzw. 2 Std., nach Siena 1.15 Std. Letzter Bus ab San Gimignano in beide Städte 20.10 Uhr, sonn- und feiertags 19 Uhr.

DER WANDERWEG

Von der Piazza della Cisterna im Zentrum **San Gimignanos** verläßt man den Ort auf der Via San Giovanni in südlicher Richtung. Durch das südliche Stadttor, dann 100 m weiter auf der Asphaltstraße, bis diese nach rechts biegt. Hier steigt man nach links ein Treppchen hinab, geht auf einem Fahr-

Rundweg bei San Gimignano

weg in östlicher Richtung weiter abwärts. An einigen neueren Häusern vorbei; bald werden links die Türme von San Gimignano sichtbar; rechts blickt man auf das Kloster Monte Oliveto. In östlicher Richtung erkennt man den Hügelkamm, auf dem der zweite Teil der Wanderung verläuft.

Man folgt, immer leicht absteigend, dem Weg bis zu einer Asphaltstraße (35 Min.), wendet sich auf dieser nach links. 200 m auf der Straße, welche eine Rechtskurve beschreibt; hinter der Kurve biegt man nach links in einen ansteigenden Fahrweg. Man lasse sich nicht irritieren durch verschiedene Schilder mit dem Hinweis »Divieto di caccia«; sie verbieten nur das Jagen, nicht das Spazierengehen. Anstieg zur **Casa Sambuca**, einem Bauernhaus (45 Min.). Eine große Aufschrift »Attenti al cane« (»Vorsicht vor dem Hunde«) warnt vor dem Betreten eines oberhalb gelegenen Villengeländes, bezieht sich aber nicht auf unseren Weg.

Unmittelbar hinter dem Bauernhaus biegt man vom Hauptweg – welcher sich nach rechts wendet – ab, geht nach links in einen Feldweg. Auf diesem oberhalb von Weinbergen bis zu einem breiten Fahrweg (55 Min.); auf dem Fahrweg nach links. Man folgt dem Weg auf dem Kamm eines langgestreckten Hügelzugs; sehr schöne Blicke nach links auf San Gimignano, nach rechts auf mehrere hintereinander gelagerte Hügelketten.

Den Fahrweg entlang bis zu einer Asphaltstraße bei der Häusergruppe **Casale** (1.20 Std.). Auf der Straße nach links Richtung San Gimignano. Nach 1 km (weiterhin schöne Blicke) gelangt man zur Straße San Gimignano – Certaldo. Man überquert sie, steigt auf kleinerem Sträßchen aufwärts und erreicht – nach einer Linkskurve und einigen Treppenstufen – den Ortskern von **San Gimignano** bei der Porta San Matteo. Von hier sind es nur noch wenige Minuten bis zur Piazza (1.40 Std.).

AM WEGE

San Gimignano, s. S. 54 f.

Wanderung 5:
Rundweg bei San Gimignano

Blick auf San Gimignano

WANDERUNG 5

San Gimignano

San Gimignano hat das Stadtbild des 13. und 14. Jh. hervorragend bewahrt. Die Silhouette des Ortes wird geprägt durch die berühmten **Geschlechtertürme**. Sie dienten den reichen Familien der Stadt als Prestige- und Verteidigungsbauten. Einst standen in San Gimignano 72 Türme; 15 von ihnen sind erhalten geblieben.

Früher standen solche Bauten in den meisten Städten Mittelitaliens. Florenz, Siena und Pisa hatten jeweils einige hundert Türme! Nur in San Gimignano aber blieben sie bestehen, weil dieser kleine Ort schon unter den Medici-Großherzögen unter Denkmalschutz gestellt wurde. Die Türme dienten zur Verteidigung bei gewaltsamen Streitigkeiten zwischen den Familienverbänden. Noch wichtiger aber war der Prestige-Aspekt: Man baute so hoch wie möglich, um die eigene Macht zu demonstrieren – ohne Rücksicht auf Einsturzgefahren. In San Gimignano wurde daher verfügt, kein privater Turm durfte den Rathausturm (54 m) überragen. Der Symbolcharakter der Türme wird an einer ungewöhnlichen Sitte deutlich: Nach den Kämpfen wurden die Türme der unterlegenen Familien ›kastriert‹. Man trug zum Zeichen der Demütigung die oberen Stockwerke ab. Solche verkleinerten Türme sind heute noch im Ort zu sehen.

Die **Piazza della Cisterna** mit einem Brunnen von 1273 und schönen mittelalterlichen Häusern ist das ehemalige Handelszentrum der Stadt. An der angrenzenden **Piazza del Duomo** stehen zwei Rathäuser: gegenüber der Kirche der Palazzo del Podestà, einst Sitz des Bürgermeisters, mit einer offenen Gerichtshalle; links von der Kirche der Palazzo del Popolo, in dem die städtischen Räte tagten.

Die **Collegiata** (Pfarrkirche) wurde im 12. Jh. in romanischen Formen erbaut, im 15. Jh. erweitert und verändert. Sie ist vollständig mit Fresken ausgemalt. An der linken Wand hat der sienesische Maler Bartolo di Fredi 1367 Szenen des Alten Testaments dargestellt. Bemerkenswert sind vor allem die Paradiesszenen in der obersten Reihe, die Arche Noah mit den zahlreichen unterhaltsamen Tierpaaren, der Gang durchs Rote Meer mit den stocksteifen Leichen der Ertrunkenen, die »Schande Noahs«, der sich nach übermäßigem Weingenuß entblößt. An der rechten Wand befinden sich dramatische und farbintensive Szenen

Piazza della Cisterna

des Neuen Testaments von Barna da Siena (um 1350), u. a. interessante Darstellungen des Einzugs in Jerusalem, der schlafenden Jünger in Gethsemane, des Judaskusses, der Kreuztragung und der Kreuzigung. Die **Kapelle der hl. Fina,** der Stadtpatronin von San Gimignano (am Ende des rechten Seitenschiffs) wurde 1475 von dem florentinischen Renaissance-Maler Domenico Ghirlandaio mit Szenen aus dem Leben der Heiligen ausgemalt. An der Eingangswand befindet sich ein Fresko »Martyrium des hl. Sebastian« von Benozzo Gozzoli (1465) mit vielen anmutigen Renaissance-Gestalten. Links und rechts oberhalb des Sebastian-Freskos hat Taddeo di Bartolo 1393 Hölle und Paradies gemalt; beeindruckend sind die drastischen Schilderungen der Höllenstrafen. Vom schönen Hof links neben der Kirche (mit einem Verkündigungs-Fresko von Ghirlandaio) ist der Rathausturm, der höchste Turm San Gimignanos, zugänglich.

In der Nähe der Porta San Matteo am nördlichen Altstadtrand steht die romanisch-gotische Kirche **Sant'Agostino** (Ende 13. Jh.). Im Chor befindet sich ein Freskenzyklus von Benozzo Gozzoli (1464/65): »Leben des hl. Augustinus«. Schöner Kreuzgang des 15. Jh.

Empfehlenswert ist der kurze Spaziergang zur **Rocca** (Wegweiser rechts von der Kirche), dem höchsten Punkt San Gimignanos mit herrlicher Aussicht auf die Stadt und die Landschaft der Umgebung.

Rundweg bei San Gimignano

Landschaft bei San Gimignano

WANDERUNG 5

6

Klassische Toscana

Von Colle di Val d'Elsa nach San Gimignano

Eine Wanderung in der beliebtesten Toscana-Landschaft, mit Bildern, wie man sie immer erträumt hat: die Reihen der sanften Hügel, die edlen Formen der Bauernhäuser, die Reben, der Ginster, die Ölbäume und vor allem die immer wechselnde Aussicht auf San Gimignano mit seinen allmählich näherrückenden Türmen. Diese Blicke sind so schön, daß man einige Nachteile des Weges in Kauf nehmen wird: das weniger interessante erste Wegstück und längere Strecken auf – allerdings kaum befahrenen – Asphaltstraßen.

WEGVERLAUF: Colle di Val d'Elsa – Bibbiano (gut 1 Std.) – Santa Lucia (gut 1 Std.) – San Gimignano (35 Min.)

DAUER: 2.45 Std.

HÖHENUNTERSCHIEDE: Insgesamt etwa 250 m Anstieg

SCHWIERIGKEITSGRAD: Leicht; nur bei Hitze kann der etwas steilere halbstündige Anstieg bis Santa Lucia anstrengender werden.

WEGBESCHAFFENHEIT: Feld- und Fahrwege; 50 Min. auf Asphalt

WANDERKARTE: Kompaß Nr. 660 Firenze–Chianti (1:50 000)

EINKEHRMÖGLICHKEITEN: In Colle di Val d'Elsa und San Gimignano. Unterwegs findet man eine Bar an der Straße Poggibonsi–San Gimignano (1.25 Std. ab Colle di Val d'Elsa).

UNTERKUNFT: Zahlreiche Hotels in San Gimignano (s. S. 51) und in Colle di Val d'Elsa

Wanderung 6:
Von Colle di Val d'Elsa nach San Gimignano

WANDERUNG 6

AN- UND ABFAHRT: **Mit dem Bus:** Von Siena nach Colle di Val d'Elsa alle 30–60 Min., Fahrzeit ca. 30 Min. Von Florenz etwa stündlich, Fahrzeit 1 Std. (Schnellbus) oder 1.30 Std. Von San Gimignano nach Siena bzw. Florenz alle ein bis zwei Stunden (Umsteigen in Poggibonsi). Fahrzeit bis Siena ca. 1.15 Std., bis Florenz 1.15 Std. (Schnellbus) oder 2 Std. Letzter Bus ab San Gimignano 20.10 Uhr, sonn- und feiertags 19 Uhr. Rückfahrt San Gimignano – Colle di Val d'Elsa mit Bus San Gimignano–Siena (s. o., mit Umsteigen in Poggibonsi), Fahrzeit ca. 45 Min.

DER WANDERWEG

Ausgangspunkt ist die Piazza Arnolfo in **Colle di Val d'Elsa** (Bushaltestelle). Man nimmt die Straße in Richtung Florenz. Nach 5 Min. erreicht man einen Bahnübergang, geht hier zwischen den Gleisen auf einen breiten Fahrweg nach links. Parallel zur stillgelegten Bahnlinie in nordwestlicher Richtung, bei einer Kapelle (Haus-Nr. 29) geradeaus weiter. Gleich darauf biegt der Weg zwischen Häusern nach links ab. Hier wendet man sich nach rechts und sofort darauf – entweder auf den überwucherten Schienen oder auf der Straße – nach links. Ca. 150 m weiter überquert man eine Brücke; dahinter biegt man in einen Fahrweg nach links (15 Min.).

Bei zwei folgenden Gabelungen hält man sich jeweils links, folgt immer dem Hauptweg im Tal. Bei einer Gabelung (ca. 30 Min.) geht man rechts (weiter auf dem Hauptweg). Der Weg verläßt hier das Tal.

Gleich darauf zweigt ein Weg nach rechts ab; man geht hier weiter geradeaus. Der Weg steigt jetzt an. Kurz bevor er in das Gelände einer Villa führt, biegt man in einen schmaleren Weg nach rechts, folgt diesem – bald mit sehr

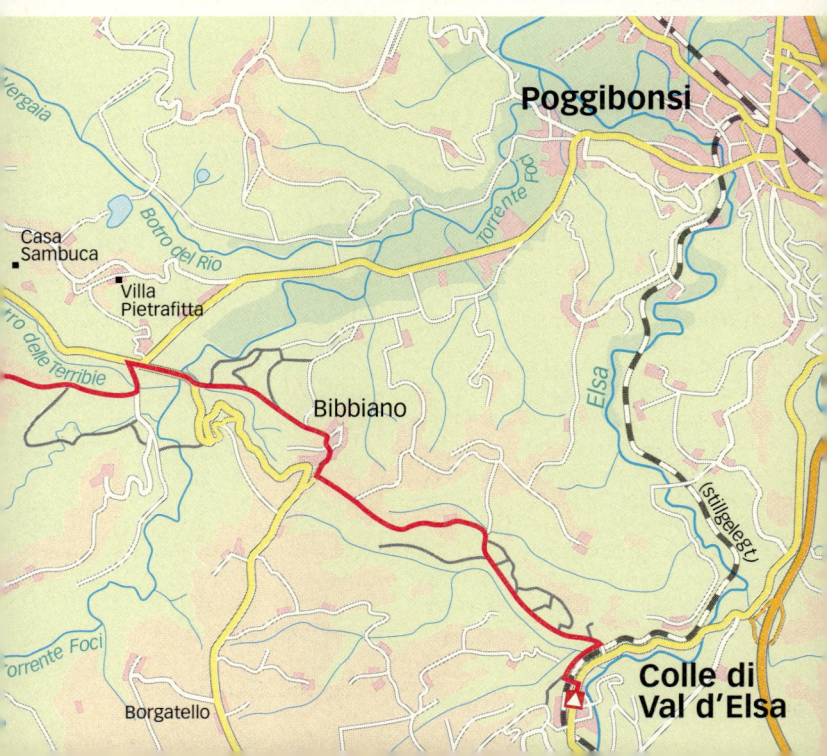

Blick auf Colle di Val d'Elsa

schönen Blicken auf das Hügelland – immer geradeaus. Man passiert einige Häuser, gelangt schließlich (ca. 1 Std.) oberhalb der Straße Colle di Val d'Elsa – San Gimignano zu einem Sträßchen, geht hier nach rechts, biegt ca. 3 Min. darauf (kurz vor dem Ortskern des Weilers **Bibbiano**) in einen nach links abwärts führenden Weg. Dieser Weg führt in wenigen Minuten zu einem Bauernhof; direkt vor dem Anwesen biegt man nach links in einen grasbewachsenen, am rechten Rand eines Weinfeldes abwärts führenden Weg.

Zunächst über Felder, dann zwischen hohen Ginsterbüschen hinab zur Straße Colle di Val d'Elsa – San Gimignano (1.20 Std.). Auf dieser nach rechts, einige Minuten bis zu einer Straßenkreuzung (Bar), hier nach links (Richtung San Gimignano). 30 m nach der Kreuzung wendet man sich nach links in einen Fahrweg, biegt von diesem nach ca. 250 m in einen nach rechts ansteigenden Weg. Diesem immer aufwärts in westlicher Richtung folgen (bei einer Gabelung auf halber Höhe, bei einem Haus, geht man geradeaus, nimmt den rechten der beiden Wege) bis zum Dorf **Santa Lucia** (2.10 Std.).

Von hier auf einer Asphaltstraße, mit sehr schönen Blicken, in Richtung San Gimignano. Man gelangt unterhalb des Ortes zur Straße Volterra – **San Gimignano,** geht auf dieser nach rechts, überquert gleich darauf eine weitere Asphaltstraße und gelangt auf einem kleinen Sträßchen zum Ortskern (2.45 Std.).

AM WEGE

San Gimignano, s. S. 54 f.

WANDERUNG 7

6. Tag

7
Etruskerstadt an kahlen Hängen

Bei Volterra

Das fast 3000 Jahre alte Volterra beherrscht wie alle Etruskerstädte aus sicherer Höhe das Land. Bei klarer Sicht blickt man bis zum Meer und zu den Gipfeln der Apuanischen Alpen. In unmittelbarer Nähe erstreckt sich eine rauhe Landschaft karger Schafweiden, in der die Erosion merkwürdige Risse und Abgründe geschaffen hat. Zypressenreihen und verstreute Landhäuser setzen graphische Akzente.

WEGVERLAUF: Volterra – Podere San Lorenzo (1 Std.) – Bushaltestelle an der Straße Colle di Val d'Elsa–Volterra, Abzweigung Mazzolla (1.10 Std.).

DAUER: 2.10 Std.

HÖHENUNTERSCHIEDE: 150 m Anstieg

SCHWIERIGKEITSGRAD: Im allgemeinen leicht, jedoch am Schluß mühseliger Anstieg (40 Min.) über Wiesen; nach starkem Regen nicht zu empfehlen.

WEGBESCHAFFENHEIT: Pfade, Feldwege, 25 Min. auf asphaltierten Wegen

EINKEHRMÖGLICHKEITEN: In Volterra

UNTERKUNFT: **Hotels** in Volterra (Auswahl): Villa Nencini***, Borgo Santo Stefano 55, ✆ 05 88–8 63 86, Fax 8 66 86; Seminario Sant'Andrea, Piazzale di Sant'Andrea, ✆ 05 88–8 60 28 (ehemaliges Priesterseminar, preiswert). **Jugendherberge**: Via del Poggetto, ✆ 05 88–8 55 77. **Camping**: Le Balze, Via di Mandringa, ✆ 05 88–8 78 80

AN- UND ABFAHRT: Volterra ist von Florenz, Siena und Pisa mehrfach täglich mit **Linienbussen** erreichbar. Fahrzeit jeweils ca. 2 Std. Die Busse vom Endpunkt der Wanderung *(bivio Mazzolla)* zurück nach Volterra fahren täglich 15.10 und 19.05 Uhr, werktags außerdem 16.45 Uhr. Die Rückfahrt dauert 15 Min. Fahrkarten müssen vorher in Volterra gekauft werden (Tabakgeschäfte oder Touristeninformation), sie sind im Bus nicht erhältlich.

DER WANDERWEG

Man geht in **Volterra** am Etruskermuseum (ausgeschildert) vorbei die Via Dom Minzoni stadtauswärts. Aus dem Stadttor Porta a Selci heraus, 30 m danach in einen Treppenweg nach links (Scorcio della Stazione). Man gelangt zur Straße Richtung Colle di Val d'Elsa, biegt nach links, nach 200 m wieder nach links in die Via Luigi Scabia. Das Sträßchen steigt zunächst leicht an. Bei einer Gabelung bleibt man auf der unteren Straße, erreicht dann die Kirche San Girolamo (ab Etruskermuseum 15 Min.).

61

Bei Volterra

Die Besichtigung der Kirche lohnt sich! (Schlüssel im angrenzenden Konvent).

An der Kirche vorbei geradeaus weiter, unter einer kleinen Brücke hindurch, gleich danach in einen breiten Weg nach rechts hinab. Der Weg beschreibt vor einem Haus eine scharfe Rechtskurve. Wenige Meter darauf nimmt man bei einer Dreifach-Verzweigung den mittleren Pfad. Zwischen Weinreben und Ölbäumen hangabwärts, dann bei einer Gabelung rechts gehen und nach 5 m gleich wieder links in einen Pfad zwischen Sträuchern.

Man erreicht einen breiteren Querweg, geht nach links und vor dem nächsten Anwesen (Podere Cellina) auf noch breiterem Weg nach rechts. Linker Hand ist der merkwürdig geformte Kegel des Monte Voltraio sichtbar, auf den die Wanderung zuführt. Man passiert zwei Häuser. Hinter dem zweiten Haus schlägt man einen nach links in Richtung Monte Voltraio abzweigenden Weg ein.

Der Fahrweg senkt sich. Bei einer Gabelung vor einem Haus nach rechts, 20 m darauf wieder nach rechts (an der

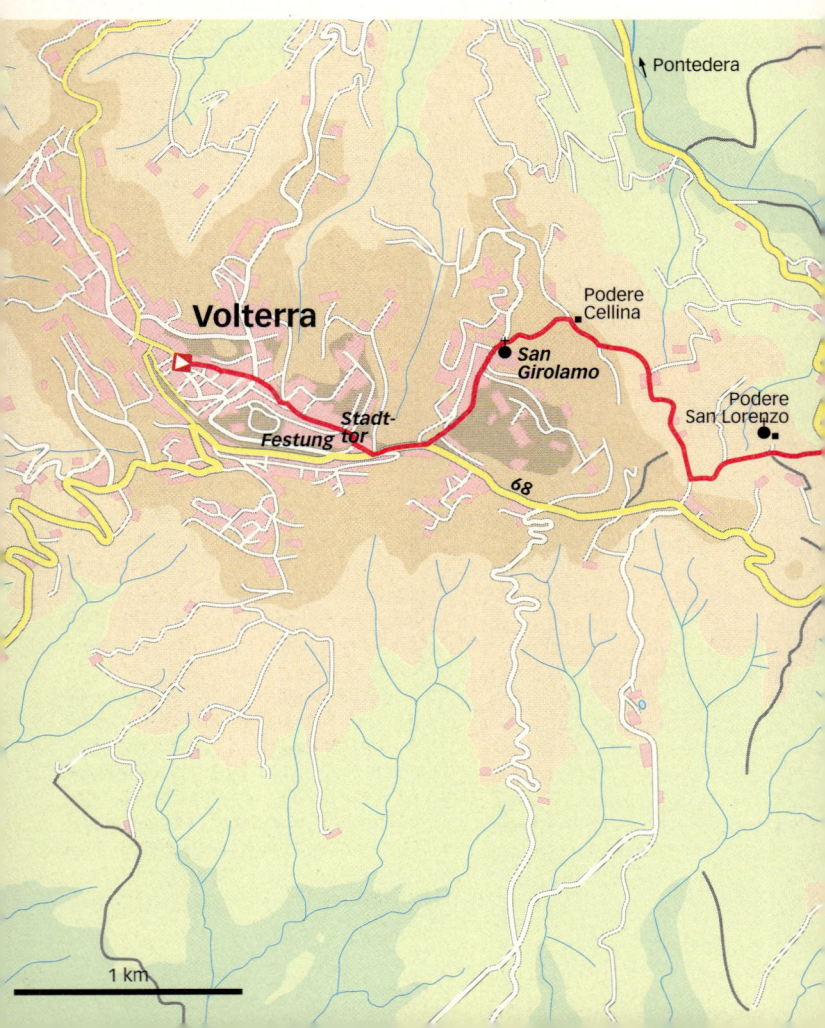

WANDERUNG 7

Abzweigung stehen eine große Eiche und eine kleinere Kastanie). Auf sehr schmalem Pfad am linken Rand einer Ölbaumpflanzung abwärts. Der Pfad führt dann zwischen Hecken und Bäumen weiter. Man steigt in südlicher Richtung ab bis zu einem asphaltierten Weg (45 Min.).

Nach rechts, ohne sich durch bellende, aber freundliche Hunde irritieren zu lassen, vorbei an einem großen grauen Haus. Man folgt dem Sträßchen, in südlicher Richtung ansteigend, für knapp 10 Min. Kurz hinter einem Verkehrsschild (»Vorfahrt achten 150 m«) biegt man nach links in einen absteigenden, ebenfalls asphaltierten Weg. Er führt in wenigen Minuten zu einem Anwesen mit kleiner Kapelle, dem **Podere San Lorenzo** (1 Std.).

Wo der Asphaltweg nach links zum Anwesen abbiegt, geht man auf steingepflastertem Weg geradeaus. Man folgt dem Weg gut 5 Min. bis zur Straße (N 439 d). Auf der Straße wenige Meter nach links, dann nach rechts in einen breiten Fahrweg (Wegweiser »Pignano«, »Palagione«).

Man steigt allmählich ab zu einer Brücke. 100 m hinter der Brücke zweigt man nach rechts ab in einen kleineren Weg. Der Weg endet nach 150 m bei einem Gatter, durch das man auf eine Wiese gelangt. Schaut man von hier nach Süden (im Rücken hat man den Monte Voltraio), so sieht man den Endpunkt der Wanderung: die Straße, die direkt unter einer langgestreckten Hügelkuppe verläuft (links von der Hügelkuppe einige Strommasten, dahinter ein von der Anhöhe halb verdecktes Haus).

Wenn die Bodenverhältnisse es erlauben und das Feld nicht eingesät ist, kann man querfeldein ansteigen, orientiert sich dabei (Grobrichtung) am Gebüsch zur Linken. Ansonsten hält man sich eng am linken Feldrand, geht am Gebüsch entlang. Bitte gehen Sie auf keinen Fall quer durch eingesäte Kornfelder und umgehen Sie Schafherden in großem Bogen! Schöner Blick zurück auf den Monte Voltraio und das große Anwesen Palagione, nach rechts zum Hügel von Volterra. Steiler, etwas mühseliger Anstieg. Man passiert auf halber Höhe ein Gatter. Am oberen Rand wird das Wiesenstück von meterhohen Lehmwänden begrenzt. Im Südostwinkel des Feldes (in Gehrichtung links oben) findet man einen schmalen Pfad, der zwischen den Lehmhängen nach

Wanderung 7: Bei Volterra

Blick auf Volterra mit Palazzo dei Priori (links) und Palazzo Pretorio (rechts)

links zu einem höher gelegenen Feld ansteigt. Oben angelangt, biegt man scharf nach rechts, hält sich etwa parallel zur Stromleitung, erreicht die **Straße** bei der **Abzweigung Mazzolla,** an der sich eine Bushaltestelle befindet (knapp 2 Std.). Sofern noch Zeit bis zur Ankunft des Busses bleibt, lohnt ein Spaziergang auf der Straße in Richtung Mazzolla: sehr schöne Aussicht nach etwa 500 m. – Man kann von der Bushaltestelle aus in rund 1.30 Std. auch nach Volterra zurückwandern: auf der Straße Richtung Volterra, nach 1 km rechts, Richtung Pontedera; nach weiteren 800 m findet man links den Pfad vom Hinweg. Auf diesem zurück nach Volterra.

VOLTERRA

Volterra zählte zu den wichtigsten Etruskerstädten, behielt auch zur Römerzeit einige Bedeutung und gewann im Mittelalter als Bischofssitz erneut Einfluß. Das heutige Stadtbild ist mittelalterlich geprägt. Aus der etruskischen Periode stammen noch Teile der ausgedehnten **Stadtmauern** sowie das sogenannte **etruskische Tor** (Arco Etrusco). Das **Museo Guarnacci** zeigt zahlreiche bedeutende Funde der Etruskerzeit, darunter die berühmte Skulptur des »Abendschatten« und den Urnendeckel mit der Darstellung eines alten Ehepaars.

Aus römischer Zeit haben sich am Stadtrand Reste eines **Theaters** und einer **Thermenanlage** erhalten. Die bedeutendsten mittelalterlichen Bauten stehen in der Nähe der zentralen Piazza dei Priori. Der **Palazzo dei Priori** ist der älteste erhaltene Rathausbau der Toscana (1208 begonnen). Im **Dom** sind insbesondere die romanische Kanzel sowie eine bemalte Holzskulptur der Kreuzabnahme (13. Jh.) bemerkenswert. Gegenüber vom Dom steht die Taufkirche, das **Baptisterium**. Die **Casatorre Buonparenti** ist ein gut erhaltenes Beispiel eines Turmhauses aus dem 13. Jh.

Die gewaltige **Festung** über dem Ort wurde von den Florentinern ausgebaut, nachdem Volterra im Jahr 1361 seine Selbständigkeit verloren hatte. Sie diente der Unterwerfung und der Kontrolle der Stadt. Heute ist in der Fortezza ein Gefängnis untergebracht.

AM WEGE

San Girolamo: Die Kirche liegt direkt am Wanderweg. In den Kapellen an den Seiten der Eingangshalle befinden sich bemerkenswerte Reliefs in glasierter Terrakotta von dem Renaissance-Künstler Giovanni Della Robbia (um 1500). Ungewöhnlich ist insbesondere die Darstellung des Jüngsten Gerichts in der linken Kapelle. Im Kirchenraum zwei Gemälde des 15. Jh.: eine feine, reizvolle »Verkündigung« von Benvenuto di Giovanni (1466) und eine »Maria auf dem Thron mit Heiligen« von Domenico di Michelino (um 1470).

Zwischen Florenz und Siena – Weinberge und Wälder des Chianti

Die Hügellandschaft des Chianti entspricht geradezu idealtypisch den Toscana-Vorstellungen der Reisenden. Man blickt auf die regelmäßig angelegten Reihen der Weinreben, den Silberglanz der Ölbäume, auf noble Villen und harmonisch gegliederte Bauernhäuser, leuchtenden Ginster und rote Mohnfelder, im Dunst verschwimmende Berge. Aber neben den typischen Toscana-Ansichten erscheinen auch überraschende, dunklere Landschaftsbilder. Weite Gebiete des Chianti sind von Wald bedeckt; immer wieder gelangt man in versteckte, dichtbewachsene Täler.

Der Fußgänger erlebt auch die unbekannten Seiten der Chianti-Region. Zudem erfaßt er das Land mit allen Sinnen – nicht nur mit dem Auge. Er riecht die Kräuterdüfte, hört die Geräusche des Windes im Pinienwald und den Klang der Schritte auf dem Pflaster alter Maultierwege. Die Erfahrung des Wanderers führt so, viel stärker als die des Autofahrers, über die Kalenderfoto-Vorstellungen vom Chianti hinaus.

In der Nähe von Castellina in Chianti

WANDERUNG 8

Der Panoramaweg des Chianti

Von San Donato in Collina nach Chiócchio

Eine große Wanderung der weiten Blicke am nördlichen Rand des Chianti-Gebiets. Lange Strecken geht man am Hang macchiabewachsener Hügel, genießt eine außerordentliche Sicht auf das Gebiet um Florenz, die Stadt selbst, den Apennin. Die verschiedenen Gesichter der Landschaft erscheinen: man durchwandert Wälder und Weinberge, Olivenhaine und wucherndes Gebüsch, sieht burgartige Bauernhäuser, durchquert ein ruhiges Flußtal. Im Frühling erfüllt der Duft von Baumheide und Ginster die Wege.

WEGVERLAUF: San Donato in Collina – Rifugio Antella (35 Min.) – San Polo in Chianti (1.15 Std.) – San Martino (1.40 Std.) – Castel Mugnana (25 Min.) – Chiócchio (25 Min.)

DAUER: 4.20 Std. Teilstrecken: San Donato – San Polo 1.50 Std., San Polo – Chiócchio 2.30 Std.

HÖHENUNTERSCHIEDE: Hinter San Donato (388 m) 200 m Anstieg, dann allmählicher Abstieg nach San Polo (230 m). Zwischen San Polo und Chiócchio (286 m) 300 Höhenmeter Anstieg, 250 Meter Abstieg

SCHWIERIGKEITSGRAD: Zu Beginn ein steiler, vor allem bei Hitze anstrengender Aufstieg. Der Abstieg nach San Polo verläuft streckenweise querfeldein. Insgesamt: Mittelschwer bis anstrengend.

WEGBESCHAFFENHEIT: Pfade und Fahrwege; zwischen San Polo und Chiócchio 45 Min. auf Asphaltsträßchen ohne Verkehr

WANDERKARTEN: Multigraphic Nr. 42/43 Monti del Chianti 1:25 000; Kompaß Nr. 660 Firenze–Chianti 1:50 000

MARKIERUNGEN: Von San Donato bis vor San Polo rot-weiß, zunächst Weg Nr. 00, dann Weg Nr. 14. Letztes Stück vor San Polo: rote Punkte. Von San Polo in Richtung Chiócchio zunächst rot-weiß (Nr. 20), dann wiederum rote Punkte

EINKEHRMÖGLICHKEITEN: Restaurants in San Donato und Chiócchio, Bars und Lebensmittelgeschäfte auch in San Polo

AN- UND ABFAHRT: Die Wanderung wird am besten von Florenz aus durchgeführt, da die Orte am Wege untereinander nicht durch öffentliche Verkehrsmittel verbunden sind. **Busse** Florenz – San Donato werktags etwa stündlich, sonn- und feiertags 10 Uhr, Fahrzeit 40 Min. Florenz – San Polo vormittags dreimal (6.45, 10.35, 13.30 Uhr), sonn- und feiertags keine Verbindungen, Fahrzeit 50 Min. Chiócchio –

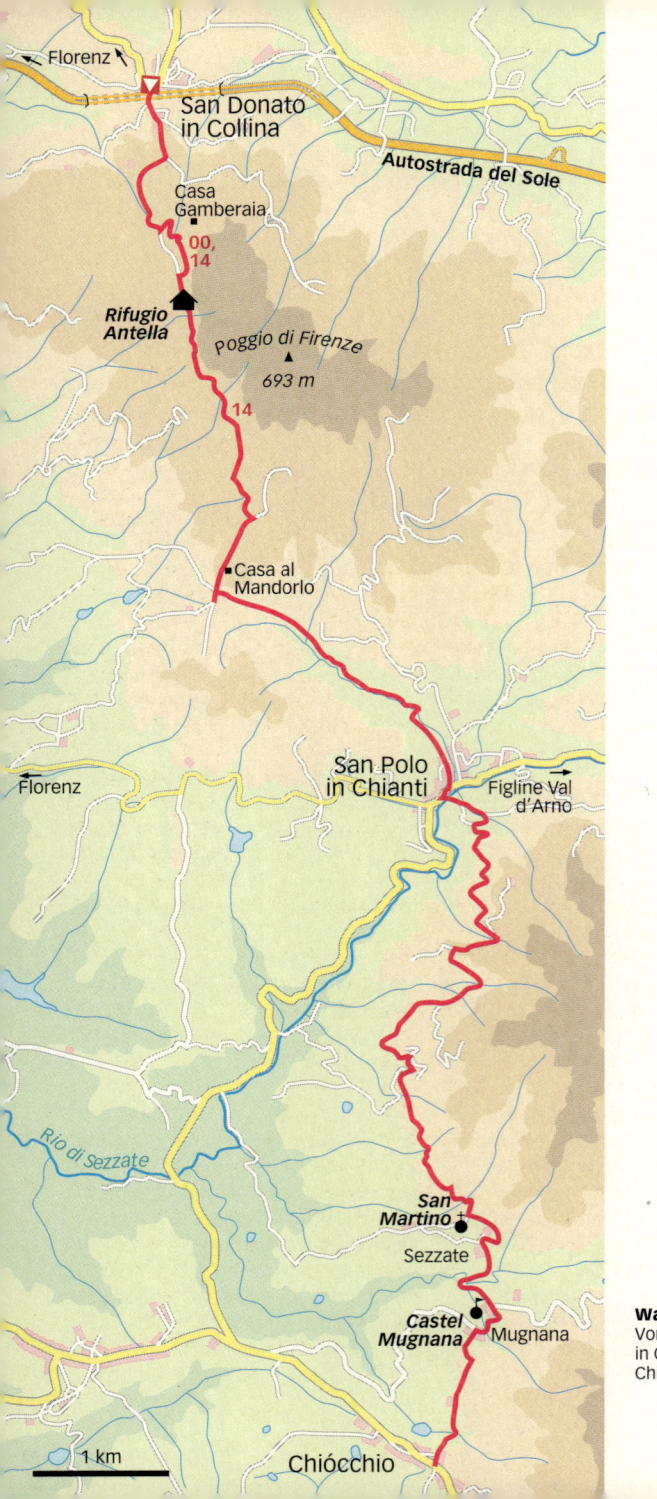

Wanderung 8:
Von San Donato in Collina nach Chiócchio

Florenz montags bis freitags 14.40, 16.15, 17.25, 18 Uhr, samstags 17.25 Uhr, sonn- und feiertags 19.05 Uhr, Fahrzeit 50 Min. San Polo – Florenz 14.45 (werktags) und 18.45 Uhr (montags bis freitags).

DER WANDERWEG

In **San Donato in Collina** biegt man bei der Kirche von der Hauptstraße in westlicher Richtung in die Strada di Montisoni. Nach 200 m vor dem Friedhof eine Gabelung; man geht links aufwärts (rot-weiße Markierung Nr. 00), steigt auf einem Asphaltsträßchen an. Nach rechts bei klarer Sicht schöner Blick auf Florenz vor dem Hintergrund des Apennin. Bei der nächsten Gabelung nimmt man das nach rechts aufwärts führende Sträßchen (Markierung). Noch eine Gabelung, man geht rechts (Wegweiser »Casa Gamberaia«, »Parco di Fontesanta«).

Nach einiger Zeit hört die Asphaltierung auf; durch Wald auf Fahrweg weiter aufwärts. Vorbei am Anwesen Casa Gamberaia, zu dem bei einer Gabelung ein Weg nach links abbiegt. Man hält sich bei dieser Gabelung rechts, bleibt auf dem ansteigenden Fahrweg. Auf einer Hügelkuppe (30 Min.) gelangt man zu einem Rastplatz. Hier kreuzen sich mehrere Wege. Man verläßt den Weg 00, folgt nun der rot-weißen Markierung Nr. 14: Auf breitem Weg geradeaus weiter in Richtung auf eine 200 m entfernte, durch Bäume verdeckte **Schutzhütte (Rifugio Antella).** Man passiert das Haus (eine Gedenktafel erinnert daran, daß hier antifaschistische Partisanen Unterschlupf fanden). Gleich darauf ein Brunnen (kein Trinkwasser), dann eine Gabelung. Man geht links (Weg Nr. 14).

Der Weg hält sich auf der Höhe; schöne Blicke auf das Hügelland, Florenz und den Apennin. Eine Schranke (40 Min.), dahinter folgt man dem Weg nach links abwärts. In einer Viertelstunde gelangt man zu einem Querweg (55 Min.); man geht links, weiter abwärts. Kurz darauf eine Gabelung, man geht rechts abwärts, gleich darauf bei einer Gabelung links (weiter abwärts). Einige Minuten danach bei einem Querweg wieder nach rechts. Wenig später passiert man eine Häusergruppe (Casa al Mandorlo). Dahinter bei einer Gabelung geradeaus (der linke der beiden Wege). 100 m weiter biegt man an einer Wegkreuzung nach links, verläßt hier die rot-weiße Markierung, die geradeaus weiterführt. Nach wenigen Metern folgt eine weitere Wegkreuzung; man geht geradeaus auf einem Weg zwischen Ginsterbüschen in Richtung auf die im Tal sichtbaren Häuser von San Polo.

Man folgt dem Weg talabwärts, biegt nach gut 5 Min. in eine bewachsene Fahrspur nach links (Markierung: rote Punkte; die leicht zu übersehende Fahrspur verläuft zunächst zwischen Olivenbäumen links und Gebüsch rechts. Wenn man falsch geht, führt der Weg nach weiteren 100 m in einen Ölbaumhain). Der Weg senkt sich, bleibt dabei immer auf der linken Talseite. Nach einiger Zeit überquert man einen Bach, geht links oberhalb von ihm weiter. Man gelangt zu einer Gabelung (1.25 Std.), nimmt den rechten, schmaleren Weg. Weiter oberhalb des Baches talwärts. Etwa 200 m vor einem neueren beigefarbenen Haus biegt man vom Weg nach rechts zu einem Bachübergang (1.40 Std.), überquert den Bach, geht unmittelbar danach nach links über eine Wiese, dann auf einem Weg auf der rechten Bachseite weiter talwärts. An Weinstöcken und Obstbäumen vorbei gelangt man zu den ersten Häusern von **San Polo in Chianti** und zu einer Asphaltstraße, wendet sich hier nach links und erreicht im Ortsmittelpunkt bei einer Tankstelle die Straße Florenz – Figline Val d'Arno (1.50 Std.).

Auf dieser Straße (Via Fiorentina) geht man nach rechts (Richtung Florenz), biegt nach ca. 100 m, gegenüber vom Haus Nr. 24, nach links in einen Fahrweg. Gleich darauf auf einer Brücke über einen Bach. Aufwärts zu einem oberhalb sichtbaren gelben Haus. (Bei zwei Gabelungen nimmt man jeweils den rechten, ansteigenden Weg.) An dem gelben Haus vorbei, weiter aufwärts. Bei einer Abzweigung wenige Minuten nach dem Bauernhaus bleibt man auf dem rechts aufwärts führenden Hauptweg, der unmittelbar danach eine scharfe Rechtskurve beschreibt und auf ein Tor zuführt. Man geht, wenn das Tor geschlossen ist, rechts an diesem vorbei (Weg ist für Fahrzeuge gesperrt), bleibt weiter auf dem Fahrweg. Der Weg führt leicht ansteigend durch den Wald.

Etwa 20 Min. nach dem großen Bauernhaus biegt der Fahrweg scharf nach links aufwärts; man geht hier auf einem etwas kleineren, ganz leicht ansteigenden Weg geradeaus. (Nicht der rot-weißen Markierung folgen, die nach links weist!) Eine Rechtskurve, und bald darauf wird im Tal San Polo sichtbar. Etwa 100 m weiter, bei der Abzweigung eines nach links leicht aufwärts führenden Weges, verläßt man den Hauptweg (der auf ein Haus zuführt), folgt dem nach links führenden Weg. Man erreicht nach wenigen Metern eine kleine Kuppe mit einer Wegkreuzung (35 Min. ab San Polo). Hier blickt man weit über das Hügelland im Süden von Florenz. An der Kreuzung geht man nach links, auf dem Hügelkamm in südlicher Richtung aufwärts. Nach 50 m biegt man bei einer Abzweigung in einen schmalen Weg nach rechts.

Am Hang entlang (schöne Blicke auf das Chianti-Gebiet); man durchschreitet in großem Bogen ein kleines Tal, betritt einen Wald, überquert zwei Bäche. Etwa 10 Min. nach dem zweiten Bach eine Gabelung; man folgt dem Pfad halbrechts, weiter abwärts. Einige Minuten später erreicht man ein Sträßchen (1 Std. ab San Polo).

Auf dem Sträßchen nach rechts, rund 20minütiger Abstieg. Kurz nach einer scharfen Rechtskurve zweigt dann nach links ein steil ansteigender asphaltierter Weg ab, den man einschlägt. (Nicht zu verwechseln mit einem ebenfalls nach links ansteigenden Fahrweg etwa 300 m vor der richtigen Abzweigung. Dieser Fahrweg, ebenfalls in einer Rechtskurve, beginnt wenige Meter hinter der Einfahrt zu dem Anwesen Nr. 47 und führt zu einem Privatgrundstück.)

Auf dem Asphaltweg kurzer Anstieg zu einem umzäunten Anwesen. Hinter dem Anwesen biegt der Hauptweg nach links ab; hier geht man geradeaus weiter in einen Pfad zwischen Zäunen. Auf schönem, meist ebenem Weg etwa 15 Min. durch Macchia-Vegetation in südwestlicher Richtung bis zu einem breiteren Querweg; auf diesem nach links. Der Weg beschreibt nach einigen Minuten eine große Rechtskurve, steigt dann an und gabelt sich unmittelbar vor zwei Häusern. Man geht an der Gabelung links auf einen ansteigenden, steinigen Weg und erreicht gleich darauf das Kirchlein **San Martino** (1.40 Std. ab San Polo).

50 m vor der Kirche – kurz bevor der Fahrweg nach rechts abwärts biegt – wendet man sich nach links in einen schmalen, absteigenden Pfad, der auf einem kurzen Stück stark zugewachsen ist. Der Pfad führt in wenigen Minuten zu einem breiten Querweg; auf diesem geht man rechts. Nach 50 m biegt man vor der Zufahrt zu dem burgähnlichen Anwesen Sezzate in einen nach links abzweigenden, abwärts führenden Weg (rot-weiße Markierungen). Der Weg biegt gleich nach rechts, beschreibt dann eine Linkskurve. Anschließend wendet man sich bei einem Brunnen wieder nach rechts. In einem Olivenhain auf zum Teil undeutlichem Weg abwärts; man folgt den Markierungen

Bei San Polo in Chianti

bzw. orientiert sich an der Burg Castel Mugnana, die auf der anderen Talseite als nächstes Ziel sichtbar wird. Abstieg ins Tal des Flüßchens Sezzate. Man läßt zwei alte Häuser links liegen, folgt dem Weg zu einem Flußübergang, steigt auf der anderen Seite am Rand eines Wäldchens an. Nach etwa 5 Min. Anstieg biegt man in einen kleineren, abwärts führenden Weg nach links, überquert auf ihm nach 50 m einen Bach, steigt dann an zu einer Weggabelung. Hier nach rechts, weiter aufwärts (nicht der Markierung nach links folgen). Anstieg zur Burg **Castel Mugnana** (gut 2 Std. ab San Polo). Man gelangt vor einem Schuppen (Haus-Nr. 106/A) zu einem Querweg, geht rechts, erreicht nach 50 m eine Asphaltstraße, biegt wieder nach rechts. Man folgt der Asphaltstraße für etwa 250 m, biegt dann hinter einer Rechtskurve nach links in ein steil ansteigendes Sträßchen (Via Mugnana). Auf diesem geht man geradeaus bis **Chiócchio** (2.30 Std. ab San Polo, 4.20 Std. ab San Donato).

9

Burgen und Berge des Chianti

Von Passo dei Pecorai nach Greve in Chianti

Die Wanderung führt in abwechslungsreichem Auf und Ab durch Wälder, Weinberge und Felder. Lange Strecken verlaufen mit weiter Aussicht über das Land auf dem Kamm der Hügelrücken. Man passiert burgartige Weingüter, charakteristische Bauernhöfe und verlassene Anwesen. Endpunkt des Weges ist der lebendige Marktflecken Greve im Herzen der Chianti-Region.

WEGVERLAUF: Passo dei Pecorai – Poppiano (45 Min.) – San Martino in Valle (45 Min.) – Colognole (55 Min.) – Greve in Chianti (35 Min.)

DAUER: 3 Std.

HÖHENUNTERSCHIEDE: Rund 300 m Anstiege

SCHWIERIGKEITSGRAD: Mittelschwer

WEGBESCHAFFENHEIT: Feld- und Waldwege sowie breitere Fahrwege

WANDERKARTE: Kompaß Nr. 660 Firenze – Chianti 1:50000

MARKIERUNG: Rote Punkte

EINKEHRMÖGLICHKEITEN: Restaurants in Passo dei Pecorai und Greve in Chianti (s. unten)

UNTERKUNFT: In **Passo dei Pecorai** Da Omero**, ✆ und Fax 055–850716. In **Greve in Chianti** Giovanni da Verrazzano***, ✆ 055–853189, Fax 853648 und Albergo del Chianti***, ✆ 055–853763, Fax 853764

AN- UND ABFAHRT: **Busse** für die **Rückfahrt** Greve – Passo dei Pecorai: werktags 13.10, 17.15, 17.55 Uhr, montags bis freitags auch 14.30, 15.35 Uhr, samstags auch 15 Uhr, sonn- und feiertags nur 14.30 Uhr, Fahrzeit 15 Min.
Anfahrt von Florenz: Mit dem **Pkw** über Impruneta, Fahrtstrecke 25 km. Mit **Bussen** Verbindungen nach Passo dei Pecorai werktags 12.15, 14.15 Uhr, montags bis freitags auch 9.15, 13.35 Uhr, sonn- und feiertags 8.20, 14.35 Uhr, Fahrzeit 50 Min. **Rückfahrt nach Florenz**: Von Greve stündlich Busverbindungen, letzter Bus werktags 18.25, sonn- und feiertags 18.55 Uhr, Fahrzeit 1 Std.

DER WANDERWEG

In **Passo dei Pecorai** nimmt man schräg gegenüber vom Hotel Omero, rechts neben dem gelben Haus Nr. 31, einen Fahrweg in südwestlicher Richtung. Nach 150 m überquert der Fahrweg einen Fluß (hier nicht nach links abbiegen, Markierungen können irreführen!). 100 m weiter geht man an einem Haus (Casa Nuova) vorbei. Hinter dem Haus biegt der Fahrweg nach rechts ab. Man geht in dieser Kurve *geradeaus* weiter auf einen grasbewachsenen ansteigenden Weg.

Man steigt zunächst am Waldrand, dann durch Wald an, erreicht bei einem weiteren Haus eine Gabelung (20 Min.). Links gehen, weiter aufwärts. Gleich darauf rechts an einem weiteren Anwesen vorbei, auf schmalem Fahrweg bergauf. Etwa 200 m hinter dem Anwesen biegt man in einen nach rechts abzweigenden ebenen Weg zwischen Olivenbäumen, erreicht dann einen breiteren Fahrweg. Hier geht man nach links. 5 Min. später – kurz hinter der Auffahrt zu dem Bauernhaus Nr. 18 – hält man sich bei einer Gabelung wieder links, dann bei einer weiteren Gabelung rechts, immer auf dem Hauptweg bleibend. Man steigt an bis zu der Häusergruppe **Poppiano** (45 Min.).

100 m nach dem letzten Haus biegt man auf einen breiten Weg nach links und erreicht nach 20 Min. bei einem Marienaltar einen Querweg. Man geht rechts, folgt dem Weg mit schöner Aussicht bis zum Anwesen Vignano (1.15 Std.). 100 m vor der Villa biegt man nach links in einen abwärts führenden Weg (Wegweiser »Valle«). Dieser stößt oberhalb eines Bauernhauses auf einen Querweg, man steigt nach rechts an bis zu einer Wegkreuzung. Hier nach links und in wenigen Minuten zur verfallenen Kapelle **San Martino in Valle** (1.30 Std.).

100 m vor der Kapelle nimmt man einen nach rechts abwärts führenden Weg und gelangt zu einem verlassenen Haus. Von hier abwärts zu einer Gruppe

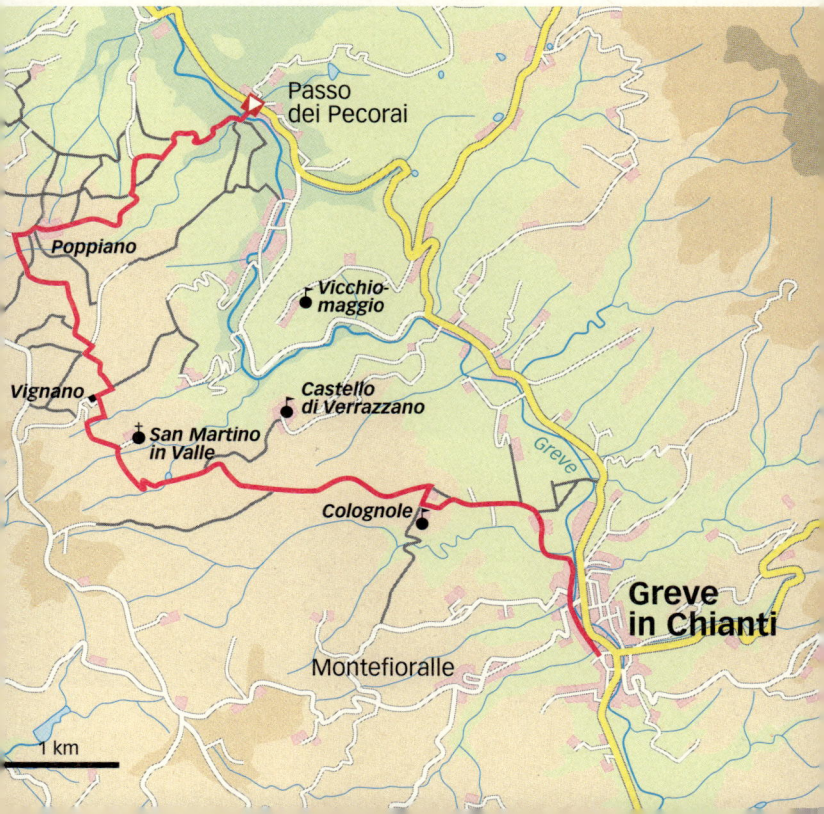

Wanderung 9: Von Passo dei Pecorai nach Greve in Chianti

von ebenfalls verlassenen Häusern (1.40 Std.). 200 m hinter diesen nimmt man an einer Gabelung den Weg, welcher nach rechts aufwärts in den Wald führt. Eine Viertelstunde geht es im Wald auf diesem Weg bergan. Man gelangt unterhalb einer Hausruine zu einer Kreuzung (2 Std.), geht geradeaus weiter (Weinreben rechter Hand), kurz darauf an einer Gabelung nach rechts, betritt wiederum den Wald. Auf diesem Weg bis zu einer Wegkreuzung (knapp 2.30 Std., rechts ein Tabernakel), man biegt nach rechts, erreicht die Burg **Colognole** (2.25 Std.). Von hier auf einem Fahrweg Abstieg zum im Tal sichtbaren Greve (gut 3 Std.).

AM WEGE

Castello di Verrazzano, um 1600 erbauter burgartiger Herrensitz. Aus Verrazzano stammte der Seefahrer Giovanni da Verrazzano (geb. 1485), welcher die Ostküste Nordamerikas im Auftrag des französischen Königs François I. erforschte. Nach ihm ist die Verrazzano Narrows Bridge in New York benannt.

Greve in Chianti ist ein lebendiger Ort im Zentrum des Chianti-Gebiets. Besonders reizvoll ist die von Laubengängen gesäumte Piazza Matteotti mit einem Denkmal des Giovanni da Verrazzano. Zwei Kilometer westlich liegt die hübsche mittelalterliche Ortschaft Montefioralle.

GUT EINKEHREN

Ausgezeichnete ländliche Gerichte zu günstigen Preisen und den traditionellen, heute selten gewordenen Chianti (mit hohem Anteil weißer Trauben) bringt das **Ristorante Da Omero** in Passo dei Pecorai auf den Tisch (✆ 0 55–85 07 16, Mittwoch Ruhetag). In Greve bietet das **Giovanni da Verrazzano** vorzügliche toscanische Küche; man sitzt an warmen Tagen wunderbar auf der Terrasse über dem Marktplatz (✆ 0 55–85 31 89, Sonntagabend und Montag geschlossen).

Bei Greve in Chianti

WANDERUNG 10

Im Herzen der Chianti-Region

Von Greve nach Panzano und Lucarelli

In dem mittelalterlichen Ort Panzano ließen sich die ersten ausländischen Chianti-Neubürger nieder: britische Kolonialbeamte, die nach langem Aufenthalt in Übersee nicht wieder in den heimatlichen Nebel zurückwollten. Man kann ihre Wahl verstehen. Im Herzen des Chianti-Gebietes bieten sich um Panzano einige der schönsten Landschaftsbilder der Region. Die rebenbestandenen Hügel, die Ölbaumhaine, Felder und Gehöfte wirken wie ›Toscana pur‹

WEGVERLAUF: Greve in Chianti – Case Nuove (1.10 Std.) – Panzano (50 Min.) – San Leolino (30 Min.) – Lucarelli (30 Min.)

DAUER: 3 Std.; Teilstück Greve–Panzano 2 Std.

HÖHENUNTERSCHIEDE: Zwischen Greve und Panzano rund 300 m Anstieg. Von Panzano (498 m) nach Lucarelli (285 m) allmählicher Abstieg.

SCHWIERIGKEITSGRAD: Mittelschwer

WEGBESCHAFFENHEIT: Pfade, Feld- und Fahrwege. Zwischen Greve und Panzano 20 Min., zwischen Panzano und Lucarelli 30 Min. auf kaum befahrenen Asphaltsträßchen.

WANDERKARTEN: Multigraphic Nr. 42/43 Monti del Chianti 1:25 000, Kompaß Nr. 660 Firenze–Chianti 1:50 000

MARKIERUNG: Rote Punkte

EINKEHRMÖGLICHKEITEN: Restaurants in Greve (vgl. S. 72) und in Panzano. Bar und Lebensmittelgeschäft auch in Lucarelli (Freitag Ruhetag).

AN- UND ABFAHRT: Rückfahrt
Panzano–Greve werktags 13, 17, 17.45 Uhr, montags bis freitags auch 14.20, 15.20, 15.50, 18.38 Uhr, samstags auch 14.50, 18.15 Uhr, sonn- und feiertags 13.20, 14.20, 18.45 Uhr, Fahrzeit 10 Min. Lucarelli–Greve nur werktags 13.35 Uhr (Umsteigen in Panzano) und 18.30 Uhr (dieser Bus fährt nicht am Samstag), Fahrzeit 20 Min. **Anfahrt von Florenz:** Nach Greve Verbindungen montags bis freitags etwa stündlich, samstags 11, 13.05 Uhr, sonn- und feiertags 10.50, 12.05 Uhr, Fahrzeit 1 Std. **Mit dem Pkw:** Von Florenz über Impruneta oder Strada in Chianti (30 km). **Rückfahrt nach Florenz:** s. oben Lucarelli bzw. Panzano – Greve: Mit Ausnahme des Busses sonntags 13.20 Uhr fahren alle genannten Busse weiter nach Florenz.

ÖFFNUNGSZEITEN: Die Kirche San Leolino ist von 12–15 Uhr geschlossen.

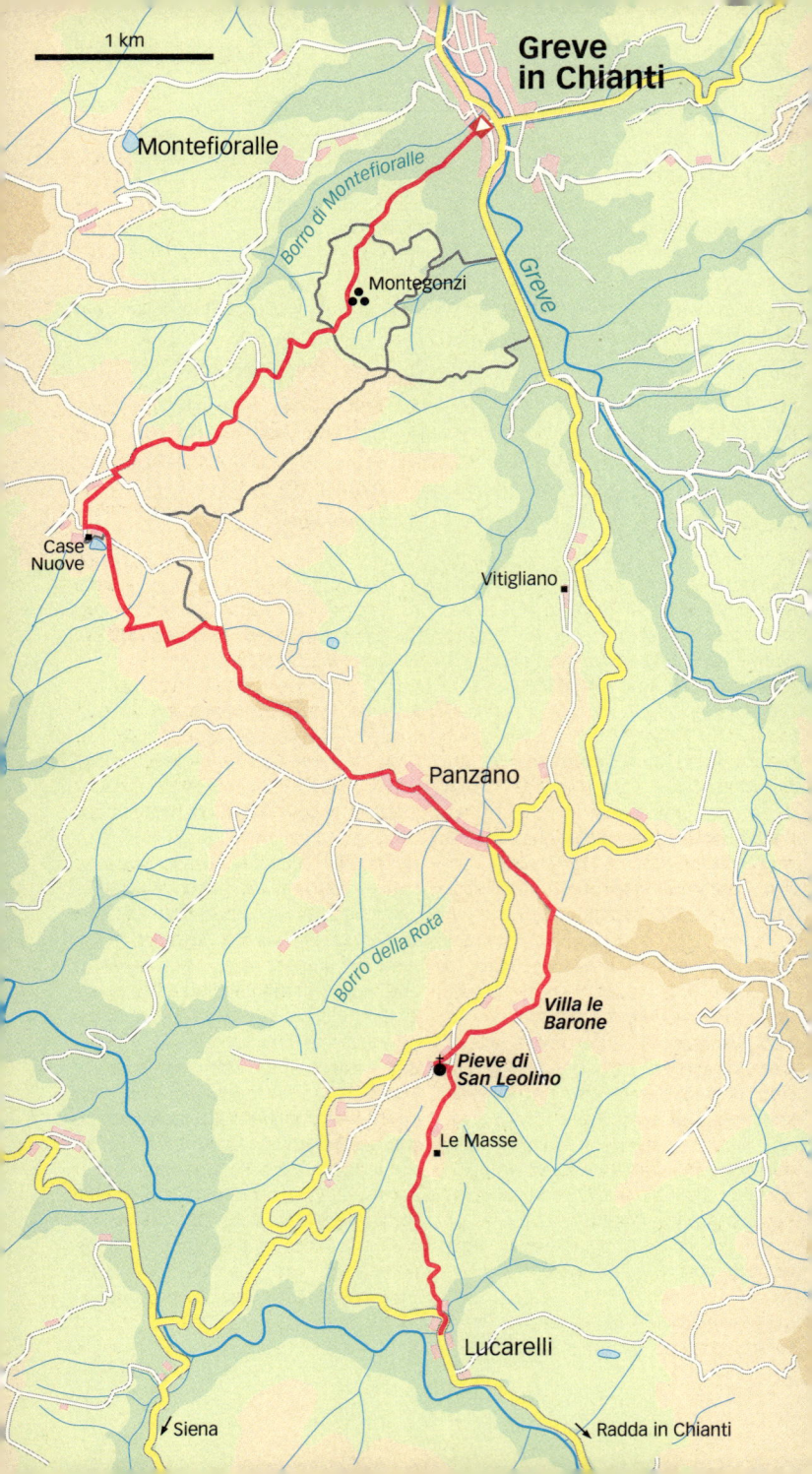

Greve in Chianti

1 km

- Montefioralle
- Borro di Montefioralle
- Greve
- Montegonzi
- Case Nuove
- Vitigliano
- Panzano
- Borro della Rota
- *Villa le Barone*
- **Pieve di San Leolino**
- Le Masse
- Lucarelli
- Siena
- Radda in Chianti

WANDERUNG 10

DER WANDERWEG

Ausgangspunkt ist der Marktplatz von **Greve in Chianti**. Man nimmt die an der Nordwestecke des Platzes beim Albergo del Chianti wegführende Via delle Conce, dann die Via Sagrona. Bei einem Abzweig nach links (Via Maestro da Greve) bleibt man auf dem Sträßchen geradeaus, das gleich darauf am Ortsrand in einen Feldweg übergeht. Man steigt an, trifft nach gut 5 Min. auf einen Querweg, folgt ihm nach rechts. Bei zwei aufeinanderfolgenden Kreuzungen geradeaus gehen, weiter bergan. Rechts wird das mittelalterliche Dorf Montefioralle sichtbar. Man passiert ein Grundstück (Ferienhaus) linker Hand (20 Min.). Bei der Gabelung 100 m weiter wendet man sich nach links, weiter ansteigend. Der Weg führt dann über einen offenen Höhenrücken mit schöner Sicht auf die Chianti-Hügel. Man passiert die Ruine des Anwesens Montegonzi (30 Min.), biegt bei einer Kreuzung 200 m dahinter nach rechts. Der Weg führt abwärts, steigt dann wieder an zu einem restaurierten Bauernhaus (40 Min.). Man geht links am Gebäude vorbei bis zu einem Querweg. Auf diesem Fahrweg nach links, in südwestlicher Richtung aufwärts, vorbei an restaurierten Bauernhäusern. Auf der Höhe trifft man auf ein Sträßchen.

Man geht 20 m nach links, biegt dann von der Straße nach rechts in einen Feldweg, der in 5 Min. zum Anwesen **Case Nuove** führt (1.10 Std.). Vor diesem biegt man auf einen Weg nach links, passiert eine Gebetsnische. Der Weg beschreibt eine Rechtskurve. 30 m danach geht man bei einer Wegverzweigung halblinks (auf dem mittleren der drei Wege), am unteren Rand eines Weinfelds entlang. An dessen Ende wendet man sich nach links, steigt auf einem Pflasterweg kurz zu einem Gehöft an (1.20 Std.). Man geht rechts um das Haus herum (falls der Hauptweg durch einen Kettenhund versperrt wird, passiert man das Bauernhaus auf der linken Seite).

Der Weg führt eben weiter. Bei einem Querweg nach 5 Min. geht man links aufwärts und gelangt erneut zu dem Sträßchen, das man zuvor gekreuzt hatte (1.30 Std.). Man biegt nach rechts und wandert mit schönen Blicken in gut 15 Min. nach **Panzano**. Am Ortsrand geht man links aufwärts zur Burg und weiter bis zur Kirche. Vor der Kirche nach rechts, durch den Ort bis zur Straße Greve–Siena (2 Std.; Bushaltestelle).

Auf der Hauptstraße biegt man für wenige Meter nach rechts, geht dann im Ortszentrum nach links in das ansteigende Sträßchen Via XX Luglio (Wegweiser »Cennatoio«, »Castelvecchi«). Knapp 10 Min. auf diesem Sträßchen bis zu einer Gabelung, bei der man sich rechts hält (Wegweiser »Villa Le Barone«). Am Friedhof vorbei. Weite Blicke auf das Hügelland. Man erreicht die schön gelegene Pension Villa Le Barone.

An der Villa vorbei auf dem Fahrweg weiter, an einer Kreuzung geradeaus, zur romanischen Kirche **San Leolino** (2.30 Std.). Unmittelbar vor der Kirche (von der Villa Le Barone aus gesehen) nach links in einen abwärts führenden Weg; gleich darauf ein breiterer Querweg, dem man nach rechts abwärts folgt. Wenig später, vor einem Haus (Le Masse) eine Wegverzweigung. Man nimmt den rechten der drei Wege und geht rechts an dem Haus vorbei. 200 m hinter dem Haus hält man sich bei einer Gabelung rechts und folgt diesem Weg abwärts bis zu dem Dorf **Lucarelli** (1 Std. ab Panzano, 3 Std. ab Greve). Die Bushaltestelle für die Rückfahrt befindet sich am Ortseingang rechts unterhalb der Hauptstraße. Eine Bar, in der man auch einen Imbiß und belegte

Wanderung 10:
Von Greve nach Panzano und Lucarelli

Brote erhält, steht am entgegengesetzten Ende des Dorfs (Freitag Ruhetag).

AM WEGE

Panzano: schön gelegenes Dorf mit Resten einer mittelalterlichen Burg, die einst als florentinische Grenzfeste gegen Siena diente.

Pieve (Taufkirche) di San Leolino: Romanischer Bau des 12. oder 13. Jh. mit Renaissance-Vorhalle und kleinem Kreuzgang (15. Jh.) Die Kirche wurde durch Restaurierungsarbeiten wieder in den ursprünglichen Zustand zurückversetzt. Sie birgt mehrere interessante Kunstwerke (Beleuchtung am ersten Pfeiler rechts). Im rechten Seitenschiff ein Taufbrunnen des 16. Jh. und ein Tryptichon mit der Madonna, der mystischen Vermählung der hl. Katharina und den Heiligen Petrus und Paulus. Es stammt von einem unbekannten Maler des 14. Jh., der als »Maestro di Panzano« bezeichnet wird.

Auf dem Hauptaltar ein weiteres Tryptichon der Madonna mit den Heiligen Franziskus, Johannes dem Täufer, Eufrosinus und Laurentius (14. Jh., Mariotto di Nardo zugeschrieben). Im Chor und im linken Seitenschiff befinden sich zwei schöne glasierte Terrakotten aus der Werkstatt der florentinischen Renaissance-Künstler Della Robbia (um 1515). Im linken Seitenschiff ein Gemälde der Madonna mit den Heiligen Petrus und Paulus sowie Szenen aus ihrem Leben; es wird Meliore di Jacopo zugeschrieben und 1260–80 datiert.

Blick auf Panzano

Chianti-Landschaft und Chianti-Wein

Chianti – wohl kein anderer Landschaftsname ist so vom Gedanken an den Wein geprägt. Chianti – das ist Rotwein in bauchigen Flaschen. Und so wundert man sich, auf den Wanderungen in dieser Gegend festzustellen, daß nur der kleinere Teil der Chianti-Region mit Weinbergen bestellt ist, daß große Teile der Landschaft von Wald bedeckt sind, daß die Monti del Chianti fast 900 m Höhe erreichen. Dieses Gebiet ist vielgestaltig, keineswegs mit Wein-Monokulturen bepflanzt.

Jahrzehntelang wurde um den Schutz des Markenzeichens »Chianti« gekämpft. Unter dem berühmten Namen exportierte Italien lange Zeit alle möglichen Rotweine. 1924 schlossen sich die Gemeinden der Chianti-Region zum *Consorzio del Gallo Nero* (»Vereinigung des schwarzen Hahns«) zusammen. Ein schwarzer Hahn auf goldenem Grund kennzeichnet noch heute ihren Wein, den »Chianti classico«. Aber die Herkunftsbezeichnung gibt nur eine begrenzte Qualitätsgarantie. Daher sind einige der bedeutendsten Kellereien des Gebiets aus dem Konsortium ausgetreten. Andere Winzer experimentieren mit Traubensorten (wie dem »Cabernet Sauvignon«) und Produktionsverfahren, die für Chianti-Weine nicht vorgesehen sind; sie verkaufen ihre Weine, die oft in der obersten Preisklasse liegen, dann als *Vino da Tavola,* als einfachen Tafelwein.

Entscheidend für die Entwicklung des Weins waren die Experimente, welche der Baron und spätere Minister Ricasoli zwischen 1834 und 1837 durchführte. Ricasoli fand eine Formel, welche fortan die Zusammensetzung bestimmen sollte. Sie hat fast anderthalb Jahrhunderte lang Gültigkeit behalten. Erst vor wenigen Jahren wurden die gesetzlichen Vorschriften für die Chianti-Produktion verändert. Noch immer setzt sich ein Chianti-Wein aus mehreren Traubensorten zusammen. Der Weißwein-Anteil, der einst bei 10% lag, wurde drastisch reduziert. Die Tendenz im Chianti-Gebiet geht – nach französischem Vorbild – hin zu alterungsfähigen, kräftigen Weinen. Seit sich in den achtziger Jahren dieser Trend durchsetzte, keltern die Chianti-Winzer mehr und mehr gehaltvolle, nuancierte Spitzenweine.

11

Ginster, Wald und Wein

Von Castellina in Chianti nach Lucarelli

Der erste Teil der Wanderung verläuft auf einem Panoramaweg mit weiten Blicken über das toscanische Hügelland. Später gelangt man in Wald, steigt in einem Tal abwärts, vorbei an einsam gelegenen Gehöften, erreicht schließlich das Dörfchen Lucarelli unterhalb ausgedehnter Weinberge. Abwechslungsreiche Landschaften und schöne Aussichten.

WEGVERLAUF: Castellina in Chianti – Pietrafitta (55 Min.) – Lucarelli (50 Min.)

DAUER: 1.45 Std.

HÖHENUNTERSCHIEDE: Rund 100 m Anstieg, etwa 350 m Abstieg

SCHWIERIGKEITSGRAD: Leicht. Der Abstieg nach Lucarelli verläuft allerdings streckenweise auf einem steinigen Waldpfad.

WEGBESCHAFFENHEIT: Fahr- und Waldwege, Pfade

WANDERKARTEN: Multigraphic Nr. 42/43 Monti del Chianti 1:25 000, Kompaß Nr. 660 Firenze–Chianti 1:50 000

MARKIERUNG: Rote Punkte

EINKEHRMÖGLICHKEITEN: Restaurants in Castellina. Bar und Lebensmittelgeschäft auch in Lucarelli (Freitag Ruhetag)

UNTERKUNFT: Hotels in Castellina, vgl. S. 176

AN- UND ABFAHRT: Mit dem Bus: Von Siena aus: Siena–Castellina 7.30, 11, 12.50, 14 Uhr, Fahrzeit 40 Min.; Lucarelli–Siena 15.20, 18.25 Uhr, Fahrzeit 1.10 Std. Alle Busse fahren nur werktags. **Mit dem Pkw:** Von Siena auf der 222 Richtung Florenz (20 km). Rückfahrt Luccarelli–Castellina 15.20, 18.25 Uhr (nur werktags), Fahrzeit 30 Min.

DER WANDERWEG

Man verläßt **Castellina** auf der Straße in Richtung Florenz. Am Ortsausgang zweigt in einer Rechtskurve der Straße nach links ein Fahrweg ab (Wegweiser: »Tombe Etrusche«); der Abstecher (10 Min. hin und zurück) zum Etruskergrab Monte Calvario ist empfehlenswert. Danach passiert man das Hotel Colombaio. Direkt hinter dem Parkplatz des Hotels biegt man am Begrenzungsmäuerchen entlang nach links, findet einen Pfad, der im Gebüsch zur Straße hinabführt. Auf der Straße nach links. Nach einigen Minuten überquert man eine Brücke (ein Schild weist auf die Quellen des Arbia hin) und biegt kurz darauf beim Kilometerstein 42,2 in einen nach links ansteigenden Weg. Man steigt 5 Min. an, biegt dann – in einer Rechtskurve des Weges – nach

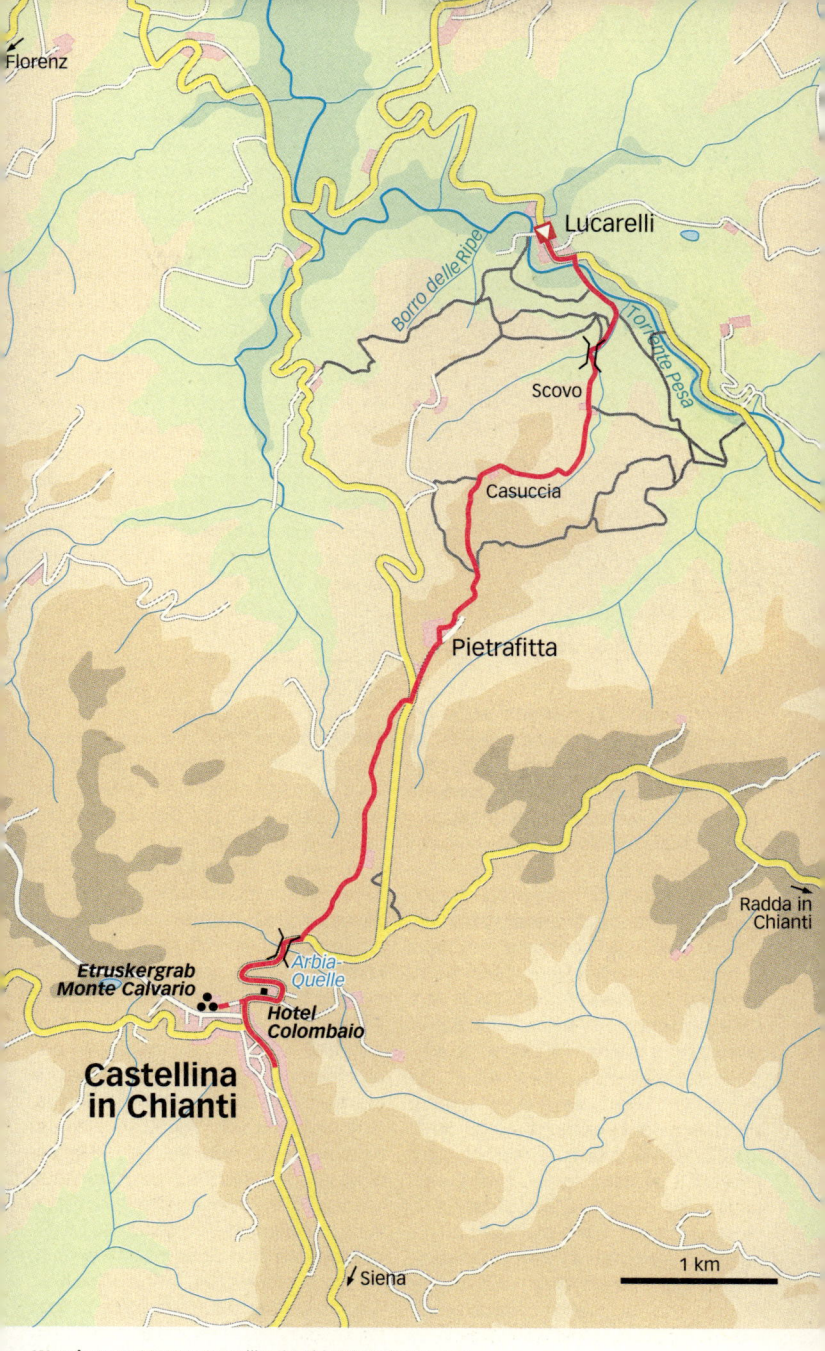

Wanderung 11: Von Castellina in Chianti nach Lucarelli

81

Von Castellina in Chianti nach Lucarelli

Schafherden gehören zum Landschaftsbild der Toscana

links und geht auf das in 150 m Entfernung sichtbare Anwesen Scopo zu. Man passiert dieses Haus. Auf einem Fahrweg geht es weiter ins Tal, bis zu einem Querweg bei einer Brücke. Man wandert geradeaus weiter, bleibt – ein kurzes Stück querfeldein gehend – auf der linken Seite des Baches, behält zwischen Bach und einer Weinpflanzung die gleiche Richtung wie bisher bei.

Nach 200 m wendet man sich – am Rand der Weinpflanzung bleibend – nach links, geht parallel zum Fluß Pesa. Wenige Minuten später überquert man ihn, sich nach rechts wendend, auf einer Brücke, steigt dann auf einer Treppe an bis zur Straße, die man am Ortsrand von **Lucarelli** erreicht. Links geht es in den Ort und zur Bushaltestelle (1.45 Std.).

links, trifft nach 20 m wieder auf einen breiteren Weg, geht nach rechts (in nördlicher Richtung). Auf diesem Weg an einigen Häusern vorbei, bei zwei Abzweigungen jeweils geradeaus gehen.

Man gelangt schließlich unterhalb des Ortes Pietrafitta zur Straße Siena – Florenz, überquert sie, steigt durch eine Zypressenallee nach **Pietrafitta** auf (55 Min.). Links an der Kirche des Ortes vorbei, dem Weg weiter nach Nordosten folgen. Etwa 10 Min. nach dem Ort biegt man – in einer Rechtskurve des Weges – in einen kleineren, geradeaus weiterführenden Weg, steigt auf diesem gut 5 Min. abwärts, bis rechter Hand ein Haus auftaucht (1.10 Std.). Man biegt hier nach rechts ab, geht links an dem Haus vorbei, gelangt hinter dem Haus auf eine freie Fläche. Von dieser führt ein Waldweg nach rechts abwärts (etwa 100 m hinter dem Haus).

Man folgt diesem Weg – zum Teil in Kurven – ins Tal, gelangt oberhalb einer Weinpflanzung schließlich zu einem Querweg, wendet sich auf diesem nach

AM WEGE

Castellina in Chianti: Einer der wichtigsten Orte des Chianti-Gebiets, in schöner Lage über den Tälern von Arbia, Elsa und Pesa. Ortszentrum des 15./16. Jh., zum Teil noch erhalten; die Burg (heute Rathaus) aus dem 14./15. Jh. wurde 1927 restauriert.

Etruskergrab Monte Calvario: Der große Grabhügel mit mehreren Grabkammern wurde vermutlich im 7. Jh. v. Chr. angelegt, wahrscheinlich für eine Aristokratenfamilie. Die Gräber wurden seit 1902 erforscht; sie enthielten verschiedene Grabbeigaben, welche sich heute im Archäologischen Museum Florenz befinden. Die vier Grabkammern sind fast genau nach den Himmelsrichtungen orientiert. Süd- und Westgrab weisen einen Dromos (Gang), ein längliches Vestibulum (Vorhalle), zwei Seitenkammern und einen Hauptraum auf. Im Nordgrab fehlen – bei ähnlichem Grundriß – die Seitenkammern, in dem (stark restaurierten) Ostgrab der Hauptraum.

WANDERUNG 12

Im Reich des ›Gallo Nero‹
(handschriftlich: Kalo')
(handschriftlich: 5. Tag Nchm.)

Bei Gaiole in Chianti

Dieser Rundweg bei Gaiole, einem der Orte des ›klassischen‹ Chianti-Gebiets, führt vorbei an Weinbergen und Wäldern zur romanischen Abteikirche Badia a Coltibuono. Man genießt von dort schöne Blicke auf das Arno-Tal und die Berge des Pratomagno, wandert durch Wald und Ginstergebüsch auf angenehmem Weg zurück zum Ausgangspunkt.

WEGVERLAUF: Gaiole in Chianti – Badia a Coltibuono (1.10 Std.) – Gaiole in Chianti (1.25 Min.)

DAUER: 2.35 Std.

HÖHENUNTERSCHIEDE: Gaiole liegt auf 375 m Höhe, die Badia a Coltibuono auf 628 m.

SCHWIERIGKEITSGRAD: Mittelschwer aufgrund des längeren Anstiegs im ersten Teil

WEGBESCHAFFENHEIT: Fahrwege, Waldwege, Pfade, gut 30 Min. Asphalt

WANDERKARTE: Multigraphic Nr. 42/43 Monti del Chianti 1:25 000

EINKEHRMÖGLICHKEITEN: Restaurants in Gaiole und bei der Badia a Coltibuono (Montag Ruhetag)

AN- UND ABFAHRT: **Busse** ab Siena werktags 7.05, 12.50 Uhr; Rückfahrt ab Gaiole 13.55, 15.05, Mo–Fr auch 17.40 Uhr; Fahrzeit 50 Min. **Mit dem Pkw:** Von Siena auf der N 408 25 km nach Nordosten.

DER WANDERWEG

Von der Piazza in **Gaiole** (Bushaltestelle) geht man 150 m in nördlicher Richtung, biegt dann nach rechts in die Via Baccio Bandollini da Gaiole. Bei einer Gabelung geht man nach links (Wegweiser: »Riecine«, »Gittori«); kurz danach endet die Asphaltierung. Auf einem Fahrweg weiter, zunächst durch Eichenwald, dann durch Weinberge. Bei einer Gabelung (nach rechts Wegweiser: »Gittori«) hält man sich links. Immer auf dem Fahrweg weiter. Nach 25 Min. Abzweigung nach Riecine (Wegweiser); hier weiter geradeaus. Man gelangt zur Straße Gaiole – Montevarchi (55 Min.), geht auf ihr nach rechts. Bei einer Abzweigung kurz darauf nach links und gleich wieder nach rechts (Wegweiser: **»Badia a Coltibuono«**). Auf der Asphaltstraße erreicht man die Kirche (1.10 Std.).

Vor dem neben der Kirche liegenden Restaurant geht man nach links, aufwärts an dem Lokal vorbei. Kurz darauf bei einer Gabelung nach links, auf schönem Waldweg aufwärts. Bei einem Querweg links, bei einer gleich darauf folgenden Abzweigung geradeaus, zur Straße nach Radda (1.25 Std.). Dieser

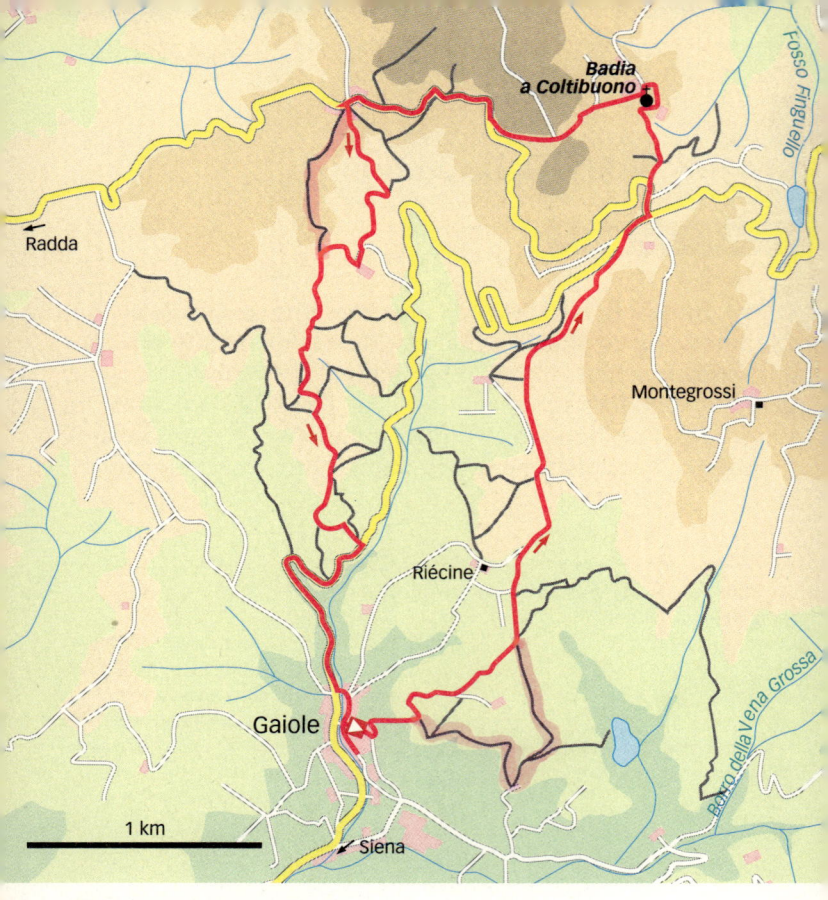

Wanderung 12: Bei Gaiole in Chianti

Straße nach rechts 700 m folgen. Dann – kurz nach dem Kilometerstein 2,3 – nach links in einen Waldweg abzweigen. Der Weg senkt sich nach gut 5 Min. in Kurven nach links, verläuft dann wieder eben. Am Ende des kurzen ebenen Stücks bei einer Gabelung nach rechts, leichter Anstieg zu einer Hügelkuppe, von der man auf das Tal von Gaiole blickt. Ein zehnminütiger Abstieg im Eichenwald führt dann zu einem breiteren Querweg (2 Std.); auf diesem nach links. Nach wenigen Minuten geht man bei einer Wegverzweigung geradeaus (der andere Weg führt nach 30 m zum Rand eines Weinbergs oberhalb eines verlassenen Hauses). Auf dem Weg an einem Weinberg entlang abwärts. Am unteren Rand des Weinbergs nimmt man einen breiten Weg, der zwischen Ginster und kleinen Eichen steil in Richtung **Gaiole** absteigt. Man gelangt zur Straße, geht nach rechts und kommt zurück zum Ausgangspunkt (2.35 Std.).

AM WEGE

Badia a Coltibuono: Romanische Abteikirche (vielfach restauriert) mit schönem Glockenturm des 12./13. Jh.

Ländliche Architektur

Die einfachen Bauernhäuser ebenso wie die Villen der Toscana sind von städtischen Bauten beeinflußt. Darin zeigt sich die Prägung des Landes durch die Schicht der städtischen Grundbesitzer (vgl. S. 14 f.). Klare Formen zeichnen die Häuser aus. Sie entstanden nach rationalen, meist einheitlichen Plänen. Wie die Bauwerke der Renaissance setzen sich die *case coloniche* der Bauern aus selbständigen Einzelvolumen zusammen. Über einer Außentreppe weisen viele von ihnen eine Loggia auf, die deutlich den repräsentativen Bogenhallen größerer Gebäude nachempfunden ist. Wie in der mittelalterlichen Stadt baute man eher in die Höhe als in die Breite. Ställe, Vorratsräume und Wohnung befinden sich im toscanischen Bauernhaus unter einem Dach – so wie Werkstatt und Wohnung im Haus des städtischen Handwerkers.

Besonders charakteristisch für viele toscanische Landhäuser ist der Taubenturm. Er diente praktischen Zwecken: Die Tauben lieferten Fleisch, mit ihrem Mist düngte man auch die einst verbreiteten Hanf- und Flachskulturen. Der Turm gibt selbst kleineren Häusern oft den Anstrich eines Kastells. Zugleich zeigt er die Herkunft des ländlichen Bauens aus der Stadt. Die toscanischen Städte des Mittelalters waren von Türmen überkrönt. Der Turm war ein Wehrwerk, aber auch symbolischer Ausdruck für die Bedeutung des Hausbesitzers. Aus der städtischen Architektur ist der Turm in die ländliche gewandert.

Der Stil toscanischer Bauernhäuser wurde von städtischer Architektur beeinflußt

13

Die Umgebung Sienas

Von Castellina in Chianti nach Siena

Eine lange Wanderung durch abwechslungsreiche, charakteristische toscanische Landschaft. Zunächst ein halbstündiger Fußmarsch auf asphaltierter Straße mit sehr schönem Blick auf das wellige Hügelland. Man verläßt die Straße, kommt zu dem schön gelegenen Weiler Tregole und erreicht später das Dorf Fonterutoli. Der Weg führt dann durch Wald, später durch offene, weit zu überblickende Landschaft in leichtem Auf und Ab vorbei an Villen, Bauernhöfen, kleinen Dörfern, dem Kastell von Basciano. Er endet am Stadtrand von Siena.

WEGVERLAUF: Castellina in Chianti – Tregole (1.10 Std.) – Fonterutoli (20 Min.) – Quattrostrade (gut 1 Std.) – Staggia (50 Min.) – Basciano (25 Min.) – Vignaglia (35 Min.) – Siena (40 Min.)

DAUER: Gut 5 Std.; **Abkürzungsmöglichkeit:** Man kann die Wanderung statt in Castellina in Fonterutoli beginnen.

HÖHENUNTERSCHIEDE: Rund 300 m Anstiege in mehreren Abschnitten

SCHWIERIGKEITSGRAD: Leicht, nur durch die lange Dauer anstrengend, vor allem bei Hitze: Weite Strecken sind schattenlos!

WEGBESCHAFFENHEIT: Fahrwege, gelegentlich schmalere Pfade, 45 Min. auf Asphaltstraßen mit wenig Verkehr

WANDERKARTE: Kompaß Nr. 661 Siena–Chianti 1:50 000. Die Karte deckt allerdings nicht die gesamte Wanderstrecke ab.

MARKIERUNG: Rote Punkte

EINKEHRMÖGLICHKEITEN: Bar/Restaurant/Lebensmittelgeschäft in Fonterutoli (dienstags geschlossen). Trinkwasser in Fonterutoli und Basciano (nach 3.40 Std.)

UNTERKUNFT: In Castellina, vgl. S. 176

AN- UND ABFAHRT: **Busse** Siena – Castellina 7.30, 11, 12.50, 14 Uhr, Fahrzeit 40 Min. Alle Busse halten auch in Fonterutoli (Fahrzeit 30 Min.). Sämtliche Busse fahren nur werktags. **Fahrkarten** für den Stadtbus Siena (Rückfahrt ins Stadtzentrum am Schluß der Wanderung) kauft man am besten bereits vor der Tour in Siena (*biglietto urbano,* erhältlich in Tabacchi-Geschäften).

DER WANDERWEG

Man verläßt **Castellina in Chianti** auf der Straße in Richtung Siena. Kurz

Wanderung 13:
Von Castellina in Chianti nach Siena

In der Nähe von Castellina in Chianti

vor einem auffälligen großen Gebäude rechter Hand biegt man nach rechts ab in die Straße nach Castellina Scalo (Wegweiser). Man geht auf dieser Straße mit schönen Ausblicken für knapp 20 Min., biegt dann in einer Rechtskurve der Straße nach links in einen ansteigenden Fahrweg (Wegweiser »Podere Casamonti«). Kurz darauf folgt ein Schild »Durchgang verboten«; dieses Schild bezieht sich nicht auf den Wanderweg, der das entsprechende Privatgrundstück nicht passiert.

Am Ende des Anstiegs, nach ca. 5 Min., zweigt man nach links auf einen schmaleren Waldweg ab. Dieser verengt sich nach weiteren 5 Min. und führt dann in einem langgezogenen Linksbogen im Wald aufwärts. Man gelangt schließlich zu einem Weinfeld, geht an dessen rechten Rand entlang zur Straße Castellina–Siena, die man beim Km-Schild 46 erreicht (45 Min.). Man biegt nach rechts, bleibt für ca. 600 m auf der Straße Richtung Siena, bis zu einer Rechtskurve, wo zwei Wege nach links abzweigen. Man nimmt den ansteigenden schmaleren Weg geradeaus, der bald links an einem Zypressenhügel vorbeiführt und sich dann am Waldrand entlang zu einem nicht asphaltierten Sträßchen senkt. Auf diesem nach links ansteigend, gelangt man zum Weiler **Tregole** (1.10 Std.).

Beim ersten Haus des Dorfes (Nr. 83/84) biegt man nach rechts auf einen schmalen, zwischen Buschwerk verlaufenden Weg, der nach 3 Min. an einem Marienaltar vorbeiführt. Bei einem breiteren Querweg, etwa 10 Min. ab Tregole, geht man nach rechts aufwärts, wendet sich nach 100 m nach links einer Wiese zu (Fahrspur), an deren oberen Ende sich ein kleiner Reitplatz befindet. Man folgt dem Weg im Zypressenwald nach rechts und gelangt zu einem breiten Fahrweg. Auf diesem geht man 100 m nach links, zweigt dann scharf nach rechts auf einen schmaleren Weg ab und erreicht in 5 Min. das Dorf **Fonterutoli** (1.30 Std.).

Man kreuzt die Straße Castellina–Siena, geht an der Osteria vorbei in den kleinen Ort hinein und biegt nach rund 50 m, hinter dem Haus Nr. 34, nach rechts abwärts in einen gepflasterten Weg. Nach 2 Min. erreicht man einen breiten Weg, geht leicht ansteigend geradeaus weiter. Bei mehreren Abzweigungen bleibt man auf dem Hauptweg. Bei klarer Sicht blickt man – etwa 5 Min. nach dem Dorf – nach links auf die Türme von Siena und den Vulkanberg Monte Amiata in der Südtoscana. Man erreicht eine Gabelung (10 Min. ab Fonterutoli), geht links abwärts (Wegweiser: »Cogno«/»Caggio«/»Caggiolo«). Bei der nächsten Gabelung geht man geradeaus (Wegweiser: »Cogno«). *Achtung:* An dieser Stelle weisen rote Markierungen in beide Richtungen!

Es folgt ein Abstieg im Eichenwald. Nach weiteren 10 Min. weist ein Wegweiser »Cogno« nach links; hier hält man sich *geradeaus.* Bei einem Bauernhaus *(Casina)* kommt man in offenes Gelände mit weiter Aussicht über das Hügelland, passiert wenig später ein Zypressenrondell, erreicht das Anwesen Campalli (2.10 Std.). Man umrundet die ummauerte Häusergruppe (bei einer Gabelung vor einer Kapelle links gehen), geht dann auf dem Zufahrtsweg zu dem Anwesen nach rechts abwärts. Knapp 5 Min. ab Campalli biegt der Weg hinter sechs großen Zypressen nach rechts ab (rechter Hand hier ein kleiner Teich). Man verläßt hier den Hauptweg, geht geradeaus abwärts auf einer Fahrspur zwischen einem Weinfeld und einem Zypressenwäldchen. (Bei aufgeweichtem Boden bleibt man allerdings besser auf dem Hauptweg, folgt ihm abwärts bis zu einer nicht-asphaltierten Querstraße, wandert auf dieser nach links und gelangt zur Kreuzung Quattrostrade, s. unten). Man steigt ab zu einem Weg, der unterhalb am Rand eines anderen Weinfelds auftaucht, geht weiter in gleicher Richtung bis zu einer nicht-asphaltierten Straße. Man folgt ihr für etwa 400 m nach links bis zu einer Straßenkreuzung bei einem Bauernhaus (**Quattrostrade,** gut 2.30 Std.). In Gehrichtung weist ein Schild nach Siena, nach links ein weiteres Schild nach San Leonino.

Man geht geradeaus. 150 m weiter biegt man nach rechts in einen Weg, der auf eine neuere Villa zuführt. Vor der Villa biegt man nach links, geht zwischen Weinbergen, den Ort Quercegrossa vor Augen. Der Weg führt nach rechts, steigt leicht an. Schöne Blicke auf die weite Landschaft mit Bauernhäusern zwischen Zypressengruppen, Weinbergen, Feldern, bewaldeten Hügeln. Man bleibt immer auf dem Hauptweg, geht in südlicher Richtung, gelangt zu einem Fahrweg. Auf diesem geradeaus weiter bis zu der Häusergruppe Gardina (3 Std.). Weiter geradeaus.

Bald hinter Gardina hält man sich bei einer Gabelung links. Man passiert nacheinander zwei restaurierte Bauernhäuser. Der Weg senkt sich, erreicht im Tal die Häusergruppe **La Staggia** (3.25 Std.). Links an den Häusern vorbei, 50 m auf einem Fahrweg aufwärts. Unmittelbar hinter dem letzten Wohngebäude biegt man in einen nach rechts abzweigenden Weg, geht auf diesem in Richtung auf das – in der Höhe sichtbare – Kastell von Basciano. Man überquert nach wenigen Minuten einen Bach. Der Weg steigt dann an und erreicht eine Asphaltstraße, auf der man nach rechts abbiegt.

Gleich darauf stößt man am Ortsrand von **Basciano** (3.50 Std.) auf eine Gabelung: Man geht links aufwärts, gelangt zu einer Kreuzung im Ort, geht nach links und nach 30 m unter vier Zypressen wieder nach links in einen absteigenden Pfad. Man folgt dem teilweise zugewachsenen Weg immer geradeaus, erst an einer Mauer entlang, dann durch Wald, und erreicht nach 3 Min. einen breiten Weg bei einem Brunnen. In gleicher Richtung weiter abwärts. Wenig später geht man in einer Unterführung unter der Schnellstraße Florenz–Siena hindurch. Der Weg wendet sich nach weiteren 100 m nach links, führt zu einer weiteren Unterführung (unter der Bahnlinie). Man geht *nicht* durch diese Unterführung, sondern geradeaus weiter, an einem Bauernhaus vorbei aufwärts. Sobald man die Höhe der Bahnlinie erreicht, biegt der Weg nach links. Noch einmal unter der Schnellstraße hindurch. Anstieg in einem Wäldchen, man gelangt zum Weiler **Vignaglia** (4.25 Std.).

Im Ort geht man auf einem Asphaltsträßchen nach links und erreicht bald darauf die Straße Florenz–Siena (Bushaltestelle der Linie Castellina–Siena), wendet sich auf ihr nach rechts. Einige hundert Meter auf der Hauptstraße, dann nach links in die Straße nach Vag-

Blick auf Siena

WANDERUNG 13

liagli (Wegweiser); bald darauf nach rechts in einen Fahrweg Richtung Villa Benita und Il Castagno (Wegweiser). Nach links schöne Blicke auf Felder, Weinberge, Wald, Hügelland; rechts tauchen bald hinter häßlichen Neubauten Turm und Kuppel des Doms von Siena auf.

Man bleibt 15 Min. auf dem Weg bis zu einer Kreuzung; hier wendet man sich nach rechts (Via E. Berlinguer). Kurz darauf folgt ein Ortsschild »**Siena**«. Man gelangt zu einigen Neubauten (gut 5 Std.). Ab hier verkehren halbstündlich Busse in Richtung Stadtmitte. (Fahrkarten sind beim Zeitungshändler in der ersten nach rechts abzweigenden Straße, der Via A Grandi, erhältlich.)

AM WEGE

Castellina in Chianti, s. S. 82

›Einsamkeit der Südtoscana – zwischen Siena und dem Bolsena-See

Die – im Vergleich zum Gebiet zwischen Florenz und Siena – unbekanntere und weniger besuchte Südtoscana bietet vielfältige Gelegenheiten zum Wandern. Die Landschaft zeigt sich hier nicht so lieblich und sanft wie im Chianti oder bei San Gimignano. Oft wirkt sie herb und imposant. Dabei ist sie ungewöhnlich abwechslungsreich. Südöstlich von Siena erstrecken sich die bizarren, vegetationsarmen Hügel der **Crete;** im Hintergrund wird das Landschaftsbild vom Vulkankegel des Monte Amiata beherrscht (Wanderungen 14–16). Weiter westlich gehen die kahlen Hügel in das dunkle, großenteils bewaldete Mittelgebirge der **Colline Metallifere** über (Wanderungen 17 und 18). Die **Maremma** zwischen dem Monte Amiata und der Küste ist ein Gebiet märchenhaft verwunschener Wege; im äußersten Süden bilden Etruskerschluchten mit ihren jahrtausendealten Gräbern im weichen Tuffgestein einen faszinierenden Anziehungspunkt (Wanderungen 19–21).

All diese Gebiete sind durch Einsamkeit und Weite geprägt. Die Landschaft ist unzerstört. Nur selten trifft man auf größere Ansiedlungen. Ungewöhnlich gering ist die Bevölkerungsdichte: dreimal niedriger als im toscanischen Durchschnitt. Manchmal erscheinen Ruhe und Harmonie dieser Gegenden fast unwirklich.

Die vegetationsarmen Crete bilden einen imposanten Kontrast zur lieblichen Toscana

Im Hügelmeer der Crete

Bei Pienza

Die Crete, die Landschaft der Lehmhügel südlich von Siena, bieten ein ungewöhnliches Bild. Alle Klischees von der fruchtbaren Toscana-Landschaft lösen sich auf. Schafweiden und Kornfelder bedecken die weiten, leicht gewellten Hügel. Kaum ein Baum oder Strauch – nur vereinzelte Zypressenreihen und verstreute Gehöfte setzen Akzente. Es ist, als fehle dem Land das schützende Kleid der Vegetation. Seine Formen treten unverhüllt zutage. Im Südwesten bildet das Vulkanmassiv des Monte Amiata den monumentalen Hintergrund dieses Bildes.

WEGVERLAUF: Pienza – Podere Costilati (50 Min.) – Podere Arpicella (45 Min.) – Pienza (20 Min.)

DAUER: Knapp 2 Std.; Variante: 45 Min.

HÖHENUNTERSCHIEDE: Rund 200 m Anstiege

SCHWIERIGKEITSGRAD: Leicht, allerdings nach starken Regenfällen nicht zu empfehlen – der Lehmboden wird dann unerträglich schlammig.

WEGBESCHAFFENHEIT: Vorwiegend Feldwege, kurze Strecken auf Pfaden und querfeldein, 20 Min. auf Asphaltsträßchen

EINKEHRMÖGLICHKEITEN: In Pienza

UNTERKUNFT: In Pienza Il Chiostro*** (✆ 05 78–74 84 00, Fax 74 84 40) und Corsignano*** (✆ 05 78–74 85 01, Fax 74 81 66). Zimmervermietung im Restaurant Da Falco (✆ 05 78–74 85 51)

AN- UND ABFAHRT: Pienza ist von Siena aus mit **Linienbussen** erreichbar (werktags sechs Verbindungen, Fahrzeit 1.20 Std.). Für einen Tagesausflug am günstigsten: ab Siena 10.45 Uhr, zurück 17.25 Uhr (Umsteigen in die Bahn in Buonconvento).

DER WANDERWEG

Aus der Altstadt von **Pienza** geht man über die Piazza Dante (vor dem westlichen Stadttor) in den Viale Santa Caterina (in der Südwestecke der Piazza), biegt nach wenigen Metern nach links in die Via delle Fonti. Bei einem Quersträßchen geht man nach rechts, kurz darauf erreicht man die romanische Kirche Pieve di Corsignano (s. »Am Wege«). Der Asphalt endet, man wandert geradeaus weiter.

Man folgt immer dem Weg, der sich in der offenen Hügellandschaft nach Westen senkt. Herrliche Aussicht nach Süden zum Monte Amiata und zum merkwürdig geformten Kegelberg von Radicofani, der alten Grenzfeste zwischen der Toscana und dem Kirchenstaat.

Nach knapp 30 Min. erreicht man einen Querweg bei einem verlassenen Gehöft; dort nach rechts, abwärts ins Tal und auf dem von weitem sichtbaren Weg auf der anderen Seite des Tals wieder aufwärts. Links unterhalb eines Anwesens **(Costilati)** zu einem breiten Querweg, auf diesem nach rechts bis zur Straße San Quirico d'Orcia – Pienza (gut 1 Std.).

Auf der Straße nach rechts, nach etwa 10 Min. – zwischen zwei Häusern zur Linken, etwa 100 m vor einer Linkskurve der Straße – biegt man nach rechts in einen abwärts führenden Weg. Der Weg senkt sich kurz, steigt dann an zu zwei Häusern (Podere La Valle). Gleich hinter dem zweiten Haus geht man bei einer Wegverzweigung nach rechts; leicht abwärts. Nach wenigen Metern trifft man auf einen Weg, der in einem Eichenwäldchen ansteigt. Man folgt ihm, bis er vor einem Feld endet. Hier auf schmalem Pfad weiter aufwärts. Der Pfad verliert sich bald; man biegt nach links in einen Olivenhain. Am rechten Rand der Olivenpflanzung, zwischen Ölbäumen und Gehölz, weiter aufwärts, bis man wieder auf einen breiteren Weg trifft. Nach links; kurz darauf biegt man vor einem Bauernhof **(Arpicella)** scharf nach links (1.35 Std.).

Man gelangt zu einem weiteren Anwesen, geht links an diesem vorbei. Gleich darauf passiert man einen mittelalterlichen Turm und erreicht wenig später einen breiteren Weg. Nach rechts, auf der Aussichtspromenade Viale Santa Caterina zurück nach Pienza (knapp 2 Std.).

Variante

Ein kurzer Spaziergang – ebenfalls mit schönen Ausblicken – verläuft zunächst auf dem oben beschriebenen Weg. Etwa 10 Min. nach der Pieve di Corsignano biegt man bei einer Wegkreuzung nach rechts. (Das Schild »Proprietà privata« bezieht sich nicht auf unseren Wanderweg, der am Privatgrundstück vorbeiführt.) Der Weg steigt an, nach wenigen Metern biegt man nach rechts in einen schmaleren Weg zwischen

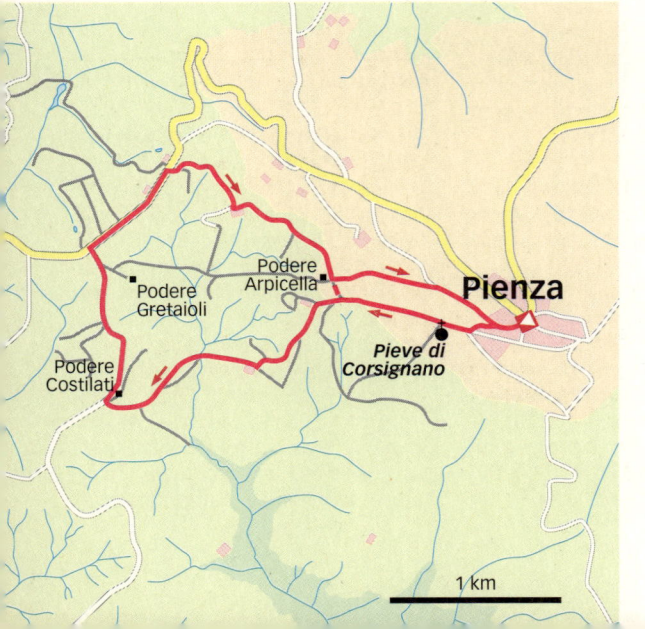

Wanderung 14:
Bei Pienza

Im Zentrum von Pienza

Eichen. Kurzer Anstieg, auf der Höhe des Bauernhofs zur Linken **(Arpicella)** scharf nach rechts. Zurück nach Pienza wie oben im letzten Absatz beschrieben (45 Min.).

PIENZA

Die Kleinstadt ist der Geburtsort des Papstes Pius II. (1405–64). Der hochgebildete Papst plante, die Stadt im Sinne der philosophischen Ideen des 15. Jh. zu einer ›Idealstadt‹ der Renaissance umzugestalten. Das Projekt wurde nicht zu Ende geführt, da der Papst vor dem Abschluß der Arbeiten starb. Es entstand aber eine Reihe bedeutender Renaissance-Bauwerke an der zentralen Piazza Pio II.

Der **Dom** zeigt an der Fassade die klaren, regelmäßig gegliederten Renaissance-Formen; der Innenraum weist daneben noch gotische Elemente auf. Zur Ausstattung gehören mehrere schöne Madonnenbilder des 15. Jh. (in der vierten Kapelle rechts »Himmelfahrt Mariae« von Vecchietta, in der fünften Kapelle »Madonna mit Heiligen« von Sano di Pietro, im linken Seitenschiff »Thronende Madonna« von Matteo di Giovanni). Bemerkenswert auch das geschnitzte Chorgestühl.

Der **Palazzo Piccolomini** wurde nach dem Vorbild florentinischer Stadtpaläste geschaffen. Seine festungsartigen, hohen Mauern sind durch Pilaster, Gesimse und differenziert gestaltete Fenster gelockert. Schöner Innenhof. Die Wohnräume des Papstes im ersten Stock können besichtigt werden.

Links vom Dom steht der **Bischofspalast,** gegenüber der Kathedrale das **Rathaus,** das mit seiner dreibogigen Loggia und den regelmäßig angeordneten Fenstern wie eine Übersetzung der mittelalterlichen Rathausbauten (z. B. in Florenz oder Siena) in die Formensprache der Renaissance wirkt.

AM WEGE

Pieve di Corsignano: Das romanische Kirchlein (11./12. Jh.) unterhalb von Pienza hat einen ungewöhnlichen zylindrischen Glockenturm. An beiden Portalen sind Skulpturen zu sehen: am Hauptportal eine Sirenengestalt, am Seitenportal die Geburt Christi, Anbetung der Hirten und der Weisen. Der Schlüssel zum Innenraum ist im benachbarten Bauernhof erhältlich (Trinkgeld!)

15

Steinmauern und Fabeltiere

Von Montalcino zur Kirche von Sant'Antimo und nach Castelnuovo dell'Abate

Ein einsamer Weg mit weiten Blicken auf das Hügelland der südlichen Toscana und den Vulkankegel des Monte Amiata. Im ersten Teil lassen sich einige Wegstrecken auf Asphaltstraßen nicht vermeiden; dann aber führt die Wanderung durch kaum besiedelte, reizvolle Landschaften. Besonders schön ist der Abstieg zur romanischen Kirche von Sant' Antimo, die zwischen Ölbäumen, Steinmauern, Ginsterbüschen emporwächst, von steinernen Löwen und Fabeltieren bewacht.

WEGVERLAUF: Montalcino – Villa a Tolli (1.30 Std.) – Sant'Antimo (1 Std.) – Castelnuovo dell'Abate (15 Min.)

DAUER: 2.45 Std.

HÖHENUNTERSCHIEDE: Knapp 100 m Anstiege

SCHWIERIGKEITSGRAD: Leicht

WEGBESCHAFFENHEIT: Fahr- und Feldwege, 45 Min. auf Asphaltstraße

EINKEHRMÖGLICHKEITEN: In Montalcino und Castelnuovo dell'Abate (Montag Ruhetag)

UNTERKUNFT: Hotels in Montalcino, s. S. 213

AN- UND ABFAHRT: Mit dem Bus: Rückfahrt Castelnuovo–Montalcino werktags 14.25, 18.45, Mo–Fr auch 16.50 Uhr, Fahrzeit 15 Min. Achtung: Die Busse fahren gelegentlich bis zu 10 Min. *vor* der fahrplanmäßigen Abfahrtszeit! Günstigste Verbindungen für einen Tagesausflug ab Siena: 10.45 Uhr ab Siena, 12.05 Uhr in Montalcino. Castelnuovo–Montalcino wie oben. 20.30 Uhr ab Montalcino, 21.50 Uhr in Siena. **Fahrkarten** für die Rückfahrt Castelnuovo–Montalcino kauft man am besten vor der Wanderung in Montalcino (Tabacchi-Geschäfte).

ÖFFNUNGSZEITEN der Klosterkirche Sant'Antimo: 10.30–12.30 und 15–18 Uhr, im Winterhalbjahr 11–12.30 und 15–17 Uhr

DER WANDERWEG

In Montalcino schlägt man die Asphaltstraße in Richtung Grosseto ein (oberhalb des Ortes, bei der Burg). Nach 100 m eine Gabelung: hier geradeaus auf ansteigender Straße in Richtung

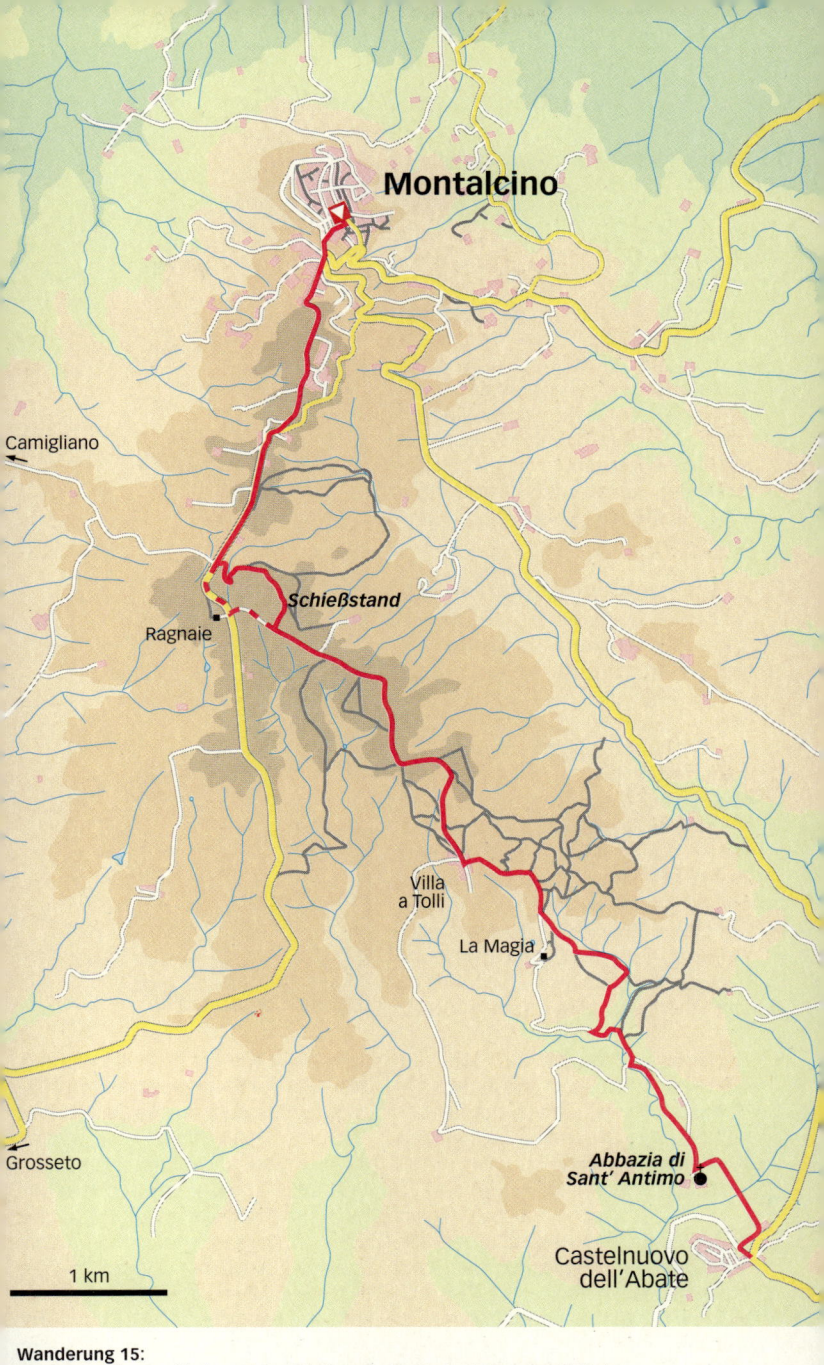

Wanderung 15:
Von Montalcino zur Kirche von Sant'Antimo und nach Castelnuovo dell'Abate

97

In der Nähe von Sant'Antimo

Pineta (Wegweiser). Wenige Minuten darauf, in einer Linkskurve dieser Straße, auf geradeaus ansteigendem Waldweg weiter. Auf diesem zu einem Hügel, über den Gipfel des Hügels und in südöstlicher Richtung erneut zur unterhalb sichtbaren Straße (knapp 15 Min.). Auf der Straße nach rechts, in südlicher Richtung. Gleich darauf eine Abzweigung, man geht geradeaus. Man erreicht neuerlich die Straße Montalcino–Grosseto (25 Min.). Nach rechts, weiter in südlicher Richtung. Ca. einen Kilometer weiter zweigt nach rechts eine Straße ab (Wegweiser: »Camigliano«).

Ab hier bieten sich für ein kurzes Wegstück zwei Möglichkeiten. Die schwierigere, aber **schönere Variante:** 50 m *vor* der Abzweigung Richtung Camigliano biegt man nach links in einen Waldweg. Der Weg biegt nach 150 m nach links, steigt leicht an, biegt dann nach rechts (Süden). Für ein kurzes Wegstück ist er recht zugewachsen. Bei einem Querweg nach links, bei weiterem Querweg nach 100 m nach rechts. Man passiert einen Schießstand, gelangt dann zu einer Wegkreuzung. Geradeaus abwärts zu einem breiten Fahrweg, dem man nach links – zunächst leicht ansteigend – folgt. Man gelangt zum Weiler **Villa a Tolli** (1.30 Std.).

Einfachere Variante: Man bleibt auf der Hauptstraße, biegt 300 m nach der Abzweigung in einen nach links führenden Fahrweg (Wegweiser: »La Magia«, »Villa a Tolli«), geht bis Villa a Tolli (1.30 Std.).

In Villa a Tolli bei einer Gabelung nach links (Wegweiser: »Fattoria La Magia«), auf einem Fahrweg bis an den Rand des Anwesens La Magia (gut 1.45 Std.; Schranke, linker Hand ein Weinberg). Hier biegt man in einen nach links abwärts abzweigenden, zunächst am Rand eines Weinberges entlangführenden Weg. Auf diesem schöner Abstieg zwischen Steineichen und Ginster; bald erscheint die Kirche von Sant'Antimo im Blick. Man kommt zu einem Querweg (2 Std.) und geht nach links abwärts. Immer diesem Weg folgen (bei einer Abzweigung geht man, auf dem Hauptweg bleibend, rechts, bei der darauffolgenden Abzweigung, wieder auf dem Hauptweg, links) bis **Sant'Antimo** (2.30 Std.). Von der Kirche aus folgt man dem Fahrweg (nach kurzem

Stück asphaltiert) in Richtung **Castelnuovo dell'Abate** und erreicht den Ort bei der Straße Montalcino–Seggiano (Bushaltestelle; 2.45 Std.).

AM WEGE

Montalcino: Mittelalterliches Städtchen im Zentrum eines bedeutenden Weingebiets. Im Ortsmittelpunkt der Palazzo Comunale (Rathaus; 13./14. Jh.). Kirche Sant'Egidio (1325), in gotischem Stil auf romanischem Grundriß. Romanische Kapitelle aus einer älteren Kirche.

Rocca (Festung) des 14. Jh., Diözesanmuseum und Museo Civico (jeweils mit Gemälden sienesischer Maler des 13.–15. Jh.); kleines Archäologisches Museum. Schöner Blick auf die Stadt von dem Platz vor der Kirche San Francesco.

Sant'Antimo: Romanische Klosterkirche des 12. Jh., s. S. 100 f.

Die Kirche von Sant'Antimo

Die Abteikirche von Sant'Antimo zählt zu den schönsten Kunstwerken der Toscana. Einsam liegt sie in einem Tal südlich von Montalcino, inmitten von Feldern, Olivenhainen und ginsterbewachsenen Hängen. Mit ihren hellen Travertinsteinen fügt sie sich vollkommen in die Landschaft ein. Eine große Zypresse flankiert den quadratischen Glockenturm, Ölbäume umgeben die Apsis, die steinernen Löwen des Portals blicken auf bröckelnde, grün bewachsene Steinmauern. Das Bauwerk wirkt wie aus der Landschaft emporgewachsen.

Das Kloster von Sant'Antimo wurde der Überlieferung nach gegen Ende des 8. Jh. von Karl dem Großen gegründet; mit Sicherheit hat es hier spätestens seit dem Jahr 813 ein Kloster gegeben. Aus dieser Zeit ist nur noch die unterirdische **karolingische Kapelle** an der Südseite des Baus erhalten. Mit dem Bau der heutigen Kirche wurde vermutlich kurz nach 1110 begonnen; um 1160 war sie fertiggestellt. Die Äbte von Sant'Antimo waren zu dieser Zeit mächtige Feudalherren. Im 13. Jh. begann der Niedergang des Klosters; 1462 wurde es aufgelöst.

Der **Turm** mit zwei schönen Reliefs aus dem 12. Jh. (Chimäre und Madonna mit Kind) ist vermutlich etwas älter als der Hauptbau. An der Nordseite der Kirche befindet sich – Überrest des älteren Bauwerks – eine Tür aus dem 9. Jh. mit langobardischen Flechtornamenten. Das **Hauptportal** flankieren Löwen, die »Wächter der Pforten«. Der dreischiffige **Innenraum** vermittelt den Eindruck von Klarheit, Stabilität und Helligkeit. Man spürt die Geborgenheit, die romanische Kirchen oft vermitteln – durch die Rundung von Bögen und Wölbungen, auch durch das Rund der Apsis (in die das Langhaus bruchlos ausläuft).

Im Unterschied zu anderen romanischen Kirchen aber ist Sant'Antimo zugleich eine Kirche des Lichts und des Emporstrebens. Der Raum ist außerordentlich hell; dazu trägt neben dem Lichteinfall auch der im Bau vielfach verwendete durchscheinende Onyx-Alabaster aus den nahegelegenen Steinbrüchen von Castelnuovo dell'Abate bei. Das Mittelschiff ist schmal im Verhältnis zur Höhe, die Vertikalrichtung dadurch betont. Der Bau hat nichts Gedrücktes oder Gedrungenes. Durch seine Solidität, durch die ›mütterlichen‹ Rundformen ist er dem Erdhaften verbunden wie die gesamte romanische Kunst; zugleich aber öffnet er sich dem Licht. Eine eigentümliche, in dieser Form einzigartige Harmonie stellt sich im Inneren des Raumes her.

Schön sind die **Kapitelle,** keines gleicht dem anderen. Das reichhaltigste befindet sich an der zweiten Säule rechts (vom Portal aus gesehen): Daniel in der Löwengrube, vom sogenannten Maître de Cabestany um 1150 geschaffen. Auf Kapitellen im Altarbereich erblickt man Adler, geflügelte Drachen, Widder- und Ziegenschädel. Über dem Altar ein hölzernes Kruzifix aus dem 12. Jh. Rechts vom Altar der Eingang zur kleinen Krypta, in der ein römischer Grabstein als Altartisch dient. Gegenüber gelangt man in die Sakristei – über der ›karolingischen Kapelle‹ – mit Fresken der Benedikt-Legende aus dem 15. Jh.

Die Klosterkirche Sant'Antimo

16

Stolze Burgen, weite Horizonte

Bei Bagno Vignoni

Der winzige Ort Bagno Vignoni ist ein traditionsreiches Thermalbad. Im Zentrum des Dorfes steigen aus einem großen gemauerten Wasserbecken die Dämpfe der über 50 °C heißen Quellen auf. Schon Lorenzo dei Medici badete hier. Die Wanderung führt von Bagno Vignoni zum befestigten Weiler Vignoni, dann mit weiten Ausblicken über den Kamm eines Hügelrückens zur Burg Ripa und schließlich durch das reizvolle Tal des Orcia zurück zum Ausgangspunkt.

WEGVERLAUF: Bagno Vignoni – Vignoni (1 Std.) – Ripa d'Orcia (1 Std.) – Tal des Orcia (35 Min.) – Bagno Vignoni (45 Min.)

DAUER: 3.20 Std.

HÖHENUNTERSCHIEDE: Rund 300 m An- und Abstieg

SCHWIERIGKEITSGRAD: Anfänglicher Anstieg von 200 Höhenmetern, dann leicht

WEGBESCHAFFENHEIT: Ca. eine Stunde auf breitem Fahrweg, im übrigen schmale Wege

EINKEHRMÖGLICHKEITEN: In Bagno Vignoni

UNTERKUNFT: Hotels in Bagno Vignoni, s. S. 214

AN- UND ABFAHRT: Busverbindungen nach Siena mit Umsteigen in Buonconvento (Siena–Buonconvento mit Bahn oder Bus). Fahrzeit 1.15 Std. Allerdings ist ein Tagesausflug von Siena nicht möglich: Anfahrt ab Siena 12.15 oder 14.15 Uhr, Rückfahrt ab Bagno Vignoni 14.15 Uhr (werktags).

MARKIERUNG: Im ersten und im letzten Drittel rote Pfeile und Punkte

---

DER WANDERWEG

Vom großen Wasserbecken in **Bagno Vignoni** nimmt man die in nordwestlicher Richtung aus dem Dorf führende Via Salimbeni. Nach 30 m beschreibt die Straße eine deutliche Rechtskurve; hier geradeaus auf einem Weg weitergehen, der unmittelbar rechts an einem weißen Haus vorbeiführt und sich dahinter gabelt. Man geht links (geradeaus), auf einem ebenen Feldweg. Dieser biegt nach 3 Min. bei einem Steinschuppen nach rechts ab und steigt kurz zu einem Querweg an. Man wendet sich nach links, folgt einem zunächst leicht absteigenden, dann ebenen Weg in lichtem Wald auf halber Höhe über dem Orcia-Tal. Man gelangt bei einer steinigen Fläche nach einem

Wanderung 16: Bei Bagno Vignoni

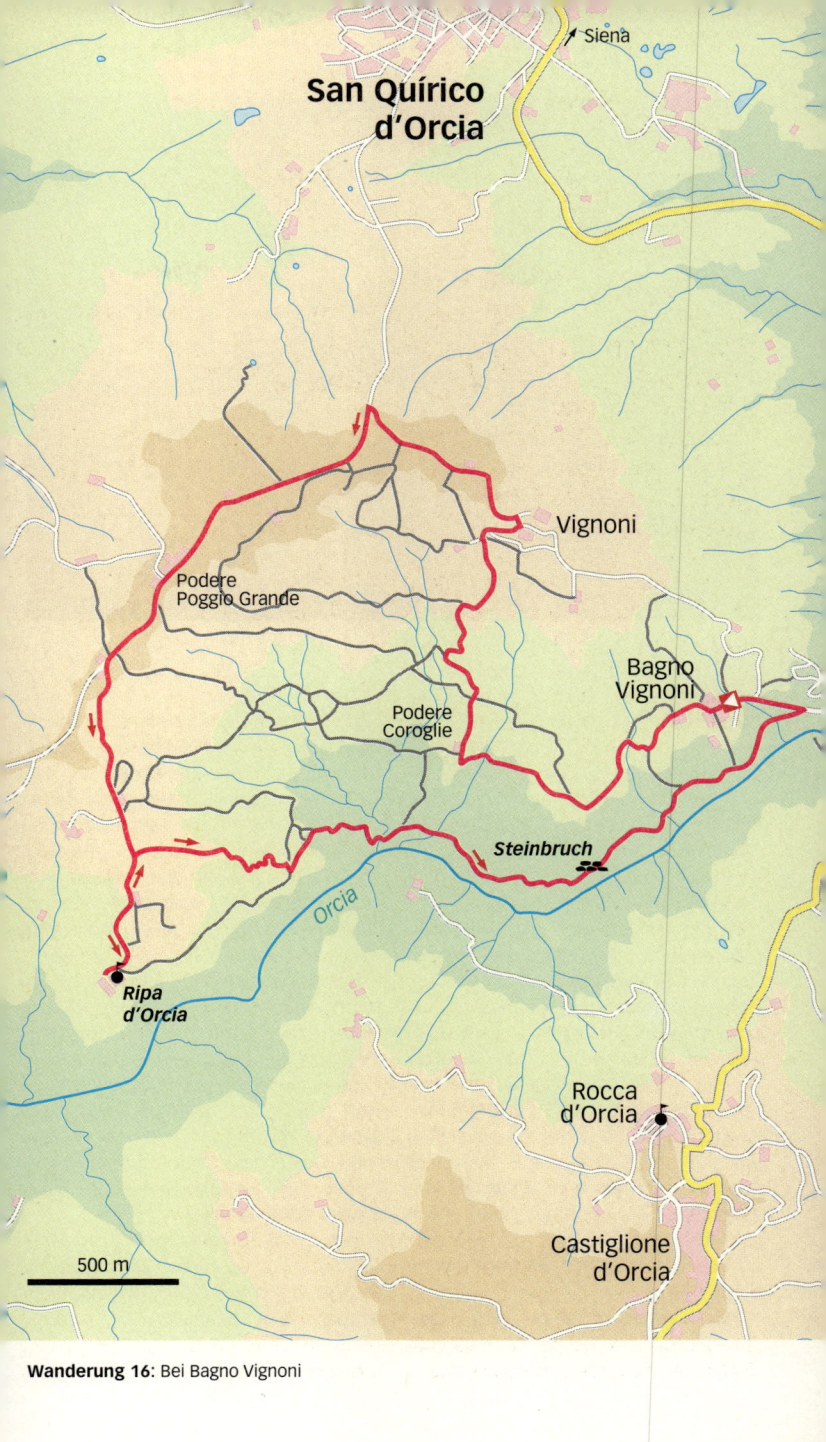

Blick auf Ripa d'Orcia

kurzen Anstieg zu einer Gabelung, biegt nach rechts (15 Min.). Etwa 100 m weiter nimmt man einen nach links abzweigenden Pfad, gelangt in ein Waldstück, geht bei einer Gabelung nach 50 m nach rechts und trifft auf einen Fahrweg. Auf diesem zwischen Feldern geradeaus. Rechts oberhalb wird das nächste Teilziel Vignoni sichtbar. Man erreicht das verlassene Anwesen Podere Coroglie (25 Min.). Hinter dem Gebäude wendet man sich nach rechts auf einen nach Norden ansteigenden Fahrweg. Man bleibt immer auf dem Hauptweg. Bei zwei Gabelungen hält man sich rechts. Nach gut 30 Min. Anstieg trifft man unterhalb des Dorfes auf einen breiten Fahrweg. Man geht 50 m nach rechts und schlägt dann – gegenüber vom Friedhof – einen nach links abzweigenden Pfad ein, der durch das alte Stadttor nach **Vignoni** hineinführt (1 Std.).

Man durchquert den Ort, geht in gleicher Richtung wie bisher auf breitem Weg weiter aufwärts. Nach Süden blickt man auf die markante Burg Rocca d'Orcia vor der Silhouette des Monte Amiata. In Gehrichtung wird in der Ferne Montalcino sichtbar. Nach Osten kann man Pienza und Montepulciano, nach Südosten Radicofani – die alte Grenzfeste zwischen der Toscana und dem Kirchenstaat – ausmachen. Knapp 10 Min. nach Vignoni, 20 m hinter dem höchsten Punkt des breiten Fahrwegs, wendet man sich nach links auf einen schmaleren Weg. Dieser führt einige Meter abwärts, trifft dann auf den breiten Fahrweg San Quirico d'Orcia – Ripa d'Orcia, dem man nach links folgt. Der Weg steigt noch etwas an, senkt sich dann ein langes Stück mit weitem Blick nach Westen, an zwei Bauernhäusern vorbei, zur einsam gelegenen Burg **Ripa d'Orcia** (2 Std.).

Von der Burg geht man ca. 10 Min. auf dem Hinweg zurück, zweigt dann vor einem dichten Zypressenhain nach rechts in einen schmaleren Weg (Markierungen: »AT« und Weg Nr. 6). Der Weg führt in einem halbstündigen Abstieg durch Buschwald ins **Tal des Orcia**. Bei einer Gabelung im Talgrund (2.35 Std.) hält man sich links. (Ein Abstecher nach rechts führt nach kurzem Stück zu einer zerstörten Hängebrücke am Flußufer.)

Der Weg ist ab hier mit roten Pfeilen und Punkten markiert. Er steigt zunächst etwas an. Bei der Abzweigung eines sehr schmalen Pfades nach 100 m geht man geradeaus, nimmt 50 m weiter den zweiten nach rechts abzweigenden Pfad (linker Hand ein Feld). Er gabelt sich nach 10 m. Man geht an der Gabelung wieder rechts. Auf schmalem Weg abwärts, dann ein Stück durch dichte Macchia-Vegetation parallel zum Fluß. Bei einer Pfadgabelung biegt man nach links aufwärts, kommt nach 10 m zu einem Feld, wandert an seinem unteren Rand weiter. Der Pfad führt nach rechts in ein Wäldchen und verläuft dann wieder parallel zum Fluß. Er verbreitert sich schließlich, erreicht das Gelände eines stillgelegten Steinbruchs und 15 Min. später die Kalkterrassen unterhalb von **Bagno Vignoni**. Geradeaus weiter bis zu einer Asphaltstraße, auf ihr nach links und in wenigen Minuten ins Ortszentrum (3.20 Std.).

AM WEGE

Vignoni: Winziges mittelalterliches Dorf in schöner Lage, mit kleiner romanischer Kirche und Ruinen des Palazzo degli Amerighi (15. Jh.).
Bagno Vignoni: Aus wenigen Häusern bestehendes Thermalbad. Die Heilquelle (günstig vor allem gegen rheumatische Beschwerden und Neuralgien) hat eine Temperatur von 52 °C. Bademöglichkeit im Schwimmbad des Hotels La Posta (langes Baden ist sehr anstrengend, es wird davon abgeraten). Am südlichen Ortsrand gibt es eine sehr schöne Stelle, wo das heiße Wasser in Bächen zu Tal strömt (frei zugänglich).

In den heißen Quellen von Bagno Vignoni badete bereits Lorenzo dei Medici

17 *3. Tag R-Hdrg.*

Gotische Ruinen, unbekannte Romanik

Bei San Galgano

Die verfallene Zisterzienserabtei von San Galgano wirkt wie ein Monument der Vergänglichkeit. Das Dach der Kirche ist eingestürzt, der Boden von Gras überwuchert. In unmittelbarer Nähe der Kirche steht ein kleines romanisches Oratorium. Die Rundwanderung führt durch das Hügelland in der Umgebung der Kirchen, durch eine Landschaft, die kaum ins bekannte Toscana-Bild paßt, sondern dunkler und herber, geheimnisvoller und auch ein wenig romantisch wirkt.

WEGVERLAUF: Palazzetto – Straße Chiusdino–Frássini (gut 1 Std.) – Frássini (35 Min.) – San Galgano (1.25 Std.) – Palazzetto (45 Min.)

DAUER: 3.50 Std.

HÖHENUNTERSCHIEDE: Insgesamt rund 300 m Anstiege

SCHWIERIGKEITSGRAD: Leicht bis mittelschwer

MARKIERUNG: Im ersten und letzten Drittel rote Pfeile und Punkte

WEGBESCHAFFENHEIT: Bequeme Fahr- und Feldwege

EINKEHRMÖGLICHKEITEN: In Palazzetto das gute ländliche Restaurant Il Palazzetto (✆ 05 77–75 00 32, Mittwoch Ruhetag)

UNTERKUNFT: Hotel Il Palazzetto**, s. oben

AN- UND ABFAHRT: Palazzetto liegt an der Buslinie Massa Marittima–Siena

WANDERUNG 17

(Fahrzeit in beide Städte rund 50 Min.). **Busse** ab Siena werktags 8.55, täglich 14.05 Uhr, nach Siena werktags 17.20, täglich 18.55 Uhr; ab Massa Marittima werktags 8.30 Uhr, täglich 10.55 Uhr, nach Massa M. täglich 14.50 und 16.45 Uhr, an Schultagen auch 19.50 Uhr. Es verkehren zwei Busgesellschaften, LFI und TRAIN, deren Fahrkarten nicht wechselseitig gültig sind!

DER WANDERWEG

In **Palazzetto** biegt man von der Straße Siena–Massa Marittima beim Hotel-Restaurant in eine Nebenstraße in nördlicher Richtung (aus Richtung Siena: nach rechts). Bei einer Gabelung nach 50 m links halten, auf einem Sträßchen aufwärts zu einer Häusergruppe am Ortsrand. Hier geht man auf einem breiten Fahrweg geradeaus weiter (rot-weiße Markierung).

Der Weg endet nach rund 10 Min. vor einem großen Bauernhof. Beim Platz vor der Häusergruppe nimmt man den nach links abwärts führenden Weg. Dieser durchquert ein Bachtal und steigt dann an zu einem weiteren Bauernhof. Der markierte Weg führt durch das Anwesen hindurch (die freundlichen Bauersleute und ihr ebenfalls freundlicher Hirtenhund sind damit einverstanden). Man wandert auf einem Fahr-

Die verfallene Zisterzienserabtei San Galgano

weg weiter, der lichten Wald passiert, dann unterhalb des Ortes Chiusdino verläuft. Über Wiesen und Schafweiden hinweg hat man einen schönen Blick auf den alten Ortskern. Der Weg steigt schließlich wieder stärker an, führt dabei rechts an einer Häusergruppe vorbei und trifft auf die **Schotterstraße Chiusdino–Frássini** (gut 1 Std.). Man geht auf der nicht-asphaltierten Straße nach rechts und gelangt in einer guten halben Stunde, meist leicht absteigend, zum Dorf **Frássini** (1.40 Std.).

Im Dorf geradeaus weiter, vorbei an der Kirche. Wenige Meter nach der Kirche, gegenüber vom Haus Nr. 89, biegt man nach rechts in einen abwärts führenden Weg. Bei einer Gabelung wenige Minuten später geht man nach links, weiter abwärts. Man überquert einen Bach, steigt wieder an, folgt immer dem Weg (nach einiger Zeit mit schönem Blick nach rechts auf Chiusdino). Der Weg steigt schließlich an zu einer Kreuzung (35 Min. ab Frássini).

Man biegt nach rechts (dieser Weg ist durch eine Kette für Fahrzeuge gesperrt). Weiter auf dem Hügelkamm. Nach wenigen Minuten wird San Galgano sichtbar. Der Weg senkt sich, beschreibt eine Rechtskurve, überquert einen Bach, steigt dann an zu einem breiten Fahrweg auf (50 Min. ab Frássini). Auf diesem nach links bis zur Straße Massa Marittima–Siena (1.10 Std. ab Frássini).

Auf der Straße nach rechts, über eine Brücke, gleich darauf nach links in einen ansteigenden Weg. Man folgt für etwa 10 Min. diesem Weg und

WANDERUNG 17

gelangt zum romanischen Oratorium **San Galgano** (gut 3 Std.).

Links an der Kirche vorbeigehend, gelangt man in wenigen Minuten zu den Ruinen der gotischen Abtei. Nach der Besichtigung wendet man sich vor der Abteiruine nach links auf einen Fahrweg, der durch eine Senke führt, rechts an einem verfallenen Anwesen vorbei ansteigt und sich 30 m dahinter – bei einem Teich rechter Hand – gabelt. Man geht nach rechts aufwärts (rot-weiße Markierung, Weg Nr. 5a). Der Weg führt rund 20 Min. durch Wald, dann an Wiesen entlang; schließlich läuft er auf ein verlassenes Gehöft kurz vor Palazzetto zu. Vor den Gebäuden biegt man nach rechts ab, geht zur Straße Siena–Massa Marittima und gelangt, sich nach links wendend, in gut 5 Min. zum Ausgangspunkt **Palazzetto** (3.45 Std.).

AM WEGE

Das **Oratorio San Galgano** wurde auf dem Hügel Montesiepi Ende des 12. Jh. als Grabkirche für den Einsiedler Galgano Guidotti (1185 heiliggesprochen) erbaut, der sich hierher zurückgezogen hatte. Der zweifarbige Rundbau stand vermutlich zunächst ohne Anbauten da; bald aber wurde die Torhalle hinzugefügt. Das Klostergebäude (mit dem Glockenturm), welches sich heute an die Kirche anschließt, war ursprünglich von der Kirche getrennt; seine gegenwärtige Gestalt verdankt es späteren Umbauten. Um 1340 entstand die rechteckige Kapelle, welche Ambrogio Lorenzetti mit schönen, leider schlecht erhaltenen Fresken ausmalte: Madonna mit Engeln und Heiligen (bemerkenswert die Figur der Eva zu Füßen der Maria), Verkündigung, Szenen aus dem Leben des hl. Galgano.

Ruinen der Abtei San Galgano: Das Kloster, einstmals eines der mächtigsten der Toscana, entstand nach Galganos Tod unterhalb seiner Grabkirche. Zwischen 1224 und 1288 wurde die große Abteikirche in gotischem Stil errichtet. Der Bau war von französischen Vorbildern beeinflußt. Im 15. und 16. Jh. begann das Kloster zunächst an Einfluß zu verlieren, dann zu verfallen. 1577 wurden die Gebäude noch einmal restauriert, 200 Jahre später aber stürzten Glockenturm und Kirchendach ein, so daß nur die imposanten Ruinen erhalten blieben.

Wanderung 17:
Bei San Galgano

18

In den Metallhügeln

Von Sassofortino nach Montemassi

Eine Wanderung in dem einsamen Mittelgebirge der Colline Metallifere, der ›metallhaltigen Hügel‹ südwestlich von Siena. Auf weiten Strecken des Weges genießt man eine herrliche Aussicht auf die Berge der Südtoscana und das Meer. Über den malerischen, bizarr über Laubwäldern an einen Fels gedrückten Ort Roccatederighi gelangt man nach Montemassi, einem mittelalterlichen Dorf mit einer weithin sichtbaren Burgruine.

WEGVERLAUF: Sassofortino–Roccatederighi (50 Min.) – Cerbaie (50 Min.) – Montemassi (1.35 Std.)

DAUER: 3.15 Std.

HÖHENUNTERSCHIEDE: Insgesamt rund 300 m Anstieg; hinter Roccatederighi 400 m Abstieg ins Tal

SCHWIERIGKEITSGRAD: Leicht bis mittel

WEGBESCHAFFENHEIT: Zwischen Sassofortino und Roccatederighi breite Wege (2 km kaum befahrene Asphaltsträßchen), ab Roccatederighi Feld- und Fahrwege sowie Pfade.

MARKIERUNG: Mit Ausnahme eines halbstündigen Wegstücks rot-weiße Markierungen des Rundwegs »Trekking Roccastrada«

EINKEHRMÖGLICHKEITEN: In allen Orten am Wege, vgl. S. ## »Gut einkehren«

UNTERKUNFT: In **Sassofortino** Da Momo* (✆ 05 64–56 97 70), in **Roccatederighi** Da Nada* (✆ 05 64–56 72 26)

AN- UND ABFAHRT: **Mit dem Bus:** Montemassi–Roccatederighi/Sassofortino täglich 15 und 23 Uhr, werktags außerdem 14.20, 18.55 Uhr; montags bis freitags auch 17.40 Uhr. Von Roccatederighi nach Sassofortino jeweils 15 Min. später. Fahrkarten sind in Montemassi im Lebensmittelgeschäft neben der Haltestelle erhältlich. Verbindungen nach Sassofortino bzw. Roccatederighi von Grosseto mehrmals täglich (ca. 1 Std. Fahrzeit).

ABKÜRZUNGSMÖGLICHKEITEN: Man kann problemlos nur ein Teilstück der Wanderung gehen, entweder das kürzere Stück von Sassofortino nach Roccatederighi (50 Min.) oder den Weg von Roccatederighi nach Montemassi (2.25 Std.).

DER WANDERWEG

Der Weg beginnt in **Sassofortino** an der Hauptstraße beim Haus Nr. 10 (Macelleria Falchi; Hinweisschilder »Trekking Roccastrada«.) Man geht nach links in die Via del Gioco, folgt dann

WANDERUNG 18

ihrer Verlängerung, der Via dell'Orfanotrofio, ortsauswärts nach Westen. Am Ortsrand, hinter dem Haus Nr. 43, biegt man in ein nach links abzweigendes Sträßchen und folgt nun dem gut markierten Weg in westlicher Richtung, teils durch Kastanienwald, teils mit Ausblicken auf das Meer. Nach 10 Min. endet die Asphaltierung. Man passiert zwei Sportplätze, biegt danach in einer Rechtskurve nach links in einen absteigenden Weg, der zur Straße führt. Man geht rechts und erreicht auf der Straße in wenigen Minuten **Roccatederighi** (50 Min.).

In Roccatederighi erreicht man die Via Vittorio Emanuele II und folgt dem Hinweisschild in Richtung »Centro Storico«. Nach wenigen Schritten auf der Piazza Garibaldi nach rechts (allerdings lohnt hier ein Abstecher nach links ins alte Ortszentrum). Auf gepflastertem Weg aus dem Ort, Abstieg in schönem Edelkastanienwald. In einer scharfen Linkskurve des Weges (15 Min. ab Roccatederighi) weist die rot-weiße Markierung in einen nach rechts abzweigenden Pfad; man wandert hier aber auf dem breiten Weg ohne Markierung weiter und folgt immer dem Hauptweg,

Wanderung 18: Von Sassofortino nach Montemassi

Von Sassofortino nach Montemassi

Blick von der Burgruine in Montemassi

WANDERUNG 18

der sich allmählich senkt. Nach einer weiteren Viertelstunde beschreibt er eine Linkskurve, steigt an und führt zu einem breiteren Fahrweg. Man geht nach rechts abwärts und trifft nach einem kurzen Stück wieder auf die Markierungen.

Auf dem Fahrweg zu dem Gehöft **Cerbaie** (50 Min. ab Roccatederighi, 1.40 Std. ab Sassofortino), durch das Anwesen hindurch. Noch weitere 15 Min. durch Steineichenwald abwärts. Bei einer Gabelung geht man dann rechts, biegt 10 m weiter vor einem Häuschen in einen Pfad nach links, steigt steil ab zu einem Bach, den man überquert. Dann auf breitem Weg nach links, bei einer Gabelung (Hinweisschild) rechts aufwärts. Man passiert einen kleinen Stausee, steigt dann eine gute halbe Stunde auf etwas langweiligem Weg im Buschwald an. Fast auf der Höhe gabelt sich der Weg, man geht nach links, weiter aufwärts, bei der nächsten Gabelung, unterhalb des Hügelgipfels, nach rechts. Der Blick wird frei auf Montemassi mit seinem Kastell, das Tal von Grosseto und die Hügel der Maremma. Auf dem markierten Pfad, immer mit schöner Aussicht, bis **Montemassi**. Im Ort folgt man dem Wegweiser »Grosseto« bis zur Bushaltestelle an der Umgehungsstraße (ab Roccatederighi 2.25 Std., ab Sassofortino 3.15 Std.).

AM WEGE

Sassofortino: Das Dorf wurde im 15. Jh. gegründet, als Siena die oberhalb gelegene Festung Sassoforte zerstörte und die Einwohner in den neuen Wohnort umsiedelte. Die alte Bausubstanz des Ortes ist erhalten, aber unter dem allgegenwärtigen Zementverputz nicht mehr zu erkennen.

Roccatederighi: Der Ort wurde unter großen Felsblöcken errichtet. Seine Häuser, die Felsen und die Burgruine bilden ein reizvolles, ungewöhnliches Ensemble. Im kleinen alten Ortskern finden sich reizvolle Gassen und ruhige Plätze.

Montemassi: Die Burgruine des mittelalterlichen Dorfes ist durch Simone Martinis Fresko »Guidoriccio da Fogliano auf dem Weg zur Belagerung von Montemassi« (Siena, Rathaus) in die Kunstgeschichte eingegangen.

GUT EINKEHREN

Bei **Nada** in Roccatederighi (✆ 0564–567226, Donnerstag Ruhetag) haben zwischen Farbfernseher, Weinflaschen und Töpfen mit eingelegten Pilzen gerade vier Tische Platz. Man sitzt beengt und wird dafür schnell entschädigt: köstliche in Öl konservierte Gemüse, hausgemachte Nudeln, frische Salate, ein unvergeßliches Tiramisù – mit Raffinesse zubereitete *Cucina casalinga*.

WANDERUNG 19

Auf alten Hirtenwegen

Von Roccalbegna nach Semproniano

Roccalbegna und Semproniano liegen im schönen, wenig besuchten Hügelland südwestlich des Monte Amiata. Zwischen den Orten erstreckt sich eine abwechslungsreiche Landschaft lichter Eichenwälder und einsamer Wiesen und Weiden mit verstreuten Gehöften. Der Wanderweg folgt streckenweise gepflasterten alten Maultierpfaden. Immer wieder begegnet man Schafherden. Die Schafzucht spielt in diesem bäuerlich geprägten Landstrich nach wie vor eine wesentliche Rolle.

WEGVERLAUF: Roccalbegna–Cadirossi (2 Std.) – Semproniano (1.20 Std.)

DAUER: 3.20 Std.

HÖHENUNTERSCHIEDE: Gut 500 m Anstiege in mehreren Abschnitten

SCHWIERIGKEITSGRAD: Mittelschwer

WEGBESCHAFFENHEIT: Fahrwege und Maultierpfade. Z.T. steinige Wegstücke. Zu Beginn 1 km auf wenig befahrener Landstraße

MARKIERUNG: Gut ein Drittel des Weges ist rot-weiß markiert.

EINKEHRMÖGLICHKEITEN: In Roccalbegna und Semproniano

UNTERKUNFT: In Roccalbegna und Semproniano, s. S. 214

RÜCKFAHRT ZUM AUSGANGSPUNKT: Werktags fahren um 13 und 14.25 Uhr **Busse** von Semproniano nach Roccalbegna (ab Piazza del Popolo, im Ortszentrum gegenüber der Touristeninformation *Pro Loco*).

DER WANDERWEG

In **Roccalbegna** nimmt man die Straße in Richtung Triana, folgt ihr für etwa einen Kilometer. Beim Kilometerstein 45,4 biegt man nach rechts in einen steil abwärts führenden Weg. Auf diesem zu einem Bach, unmittelbar danach bei einer Gabelung rechts. Man steigt auf dem Weg an, passiert nach 10 Min. ein landwirtschaftliches Gebäude linker Hand, geht nach weiteren 5 Min. bei der Abzweigung eines ansteigenden Weges (nach rechts) geradeaus weiter. Immer auf diesem Weg bleiben, bis er unterhalb einer Häusergruppe auf einen breiten Fahrweg stößt (1 Std.).

Man biegt nach links. Nach etwa 500 m mündet von rechts ein breiter Weg ein. Man geht hier geradeaus, bleibt weitere 500 m auf dem Hauptfahrweg, zweigt dann vor einer deut-

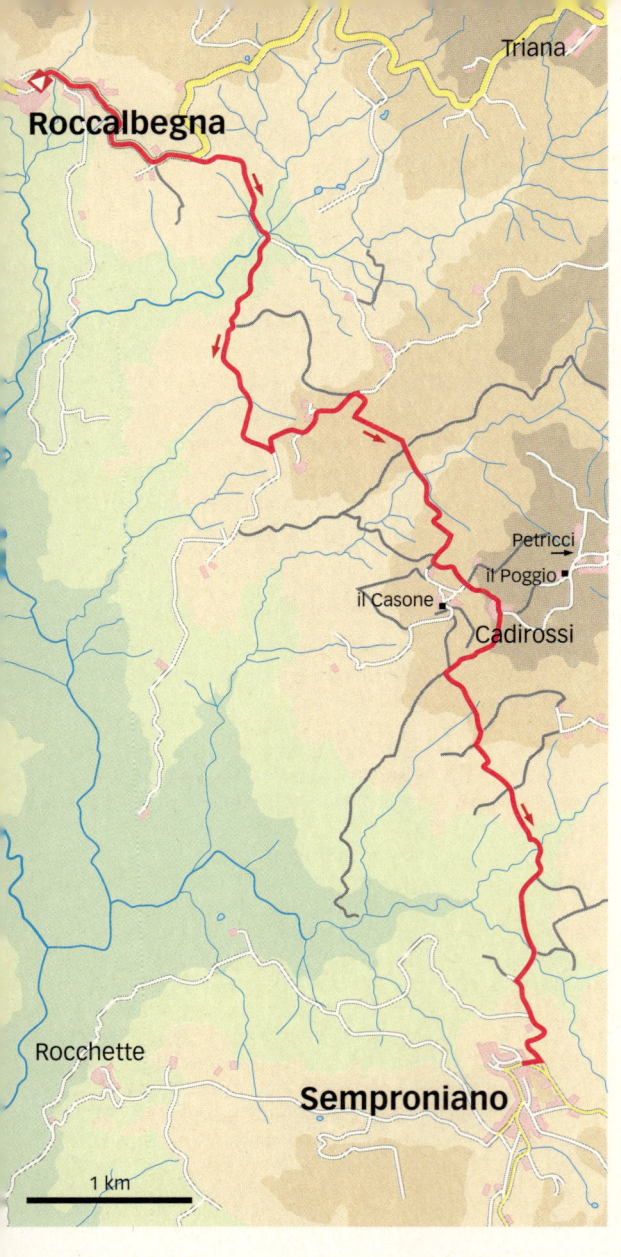

Wanderung 19:
Von Roccalbegna nach Semproniano

lichen Rechtskurve nach rechts auf einen breiten, rot-weiß-rot markierten Weg ab, der zu einem Bauernhaus ansteigt (1.15 Std.). 50 m vor dem Gebäude wendet man sich nach links, geht an einem Schuppen vorbei über eine Wiese und trifft auf einen vom Bauernhaus kommenden Weg, dem man nach links folgt. Der Weg steigt kurz an und gabelt sich; man geht

WANDERUNG 19

geradeaus (links). Durch einen Hohlweg steigt man zu Tal, kreuzt bei einer Wiese einen Querweg, geht dann in Serpentinen auf einem Waldpfad zu einem Bach hinab und überquert ihn (1.30 Std.).

Auf einem steingepflasterten Maultierweg steigt man aus dem Tal wieder auf. Etwa 100 m hinter einem Steinschuppen biegt man nach rechts in einen Querweg, der wenig später zu einem Haus führt. Hier verläßt man den markierten Weg und biegt nach links in einen Graspfad ein. Dieser trifft nach etwa 5 Min. ansteigend auf einen breiten Fahrweg. Geradeaus weiter bergan bis zum Weiler **Cadirossi** (2 Std.).

In Cadirossi biegt man zwischen zwei Häusern nach rechts in einem abwärts führenden schmaleren Weg. Bei einer Gabelung hält man sich rechts. Auf einem alten Maultierweg geht es im Eichenwald abwärts. Gut 10 Min. nach Cadirossi trifft man auf einen Querweg und folgt ihm nach links. Der Weg beschreibt nach weiteren 10 Min. eine deutliche Rechtskurve; hier nach links auf einen schmaleren Weg abzweigen. In südöstlicher Richtung abwärts zu einer Wiese. Auf einer Stiege überquert man einen Zaun, geht über die Wiese bergab und wendet sich 50 m weiter nach links auf eine Fahrspur. Diese passiert ein Gatter und trifft bei einem Schuppen mit Wellblechdach auf einen Fahrweg (2.35 Std.). Man geht nach rechts. Ab hier folgt man wieder der rot-weißen Markierung. Der Weg senkt sich ins Tal, verengt sich bei einem Schuppen zu einem Pfad und durchquert ein Waldstück. Man überquert einen Bach, steigt danach für knapp 10 Min. kräftig an bis zu einem Fahrweg unterhalb von Semproniano (gut 3 Std.). Man wendet sich nach links, steigt auf dem Fahrweg weiter an. Kurz vor der Hauptstraße biegt man nach rechts auf einen Waldweg und geht zur Kirche von **Semproniano** hinauf (3.20 Std.).

AM WEGE

Roccalbegna: Ort in landschaftlich schöner Lage mit der romanischen Kirche Santi Pietro e Paolo (13. Jh.) und einem kleinen Museum (Tryptichon von Ambrogio Lorenzetti, 14. Jh.).

Zwischen Roccalbegna und Semproniano

20

Etruskerschluchten

Von San Martino sul Fiora nach Sovana

Auf einem Panoramaweg steigt man ab ins Tal des Flusses Fiora, wandert dann durch die eindrucksvolle, ins vulkanische Tuffgestein geschlagene Nekropole von Sovana. Dichte Vegetation, hohe Felswände, das Rauschen der Bäche schaffen eine geheimnisvolle Atmosphäre in der etruskischen Gräberstadt. Sovana, das Ziel der Wanderung, gehört mit seinem Dom und der Kirche Santa Maria zu den interessantesten Orten der Südtoscana.

WEGVERLAUF: San Martino sul Fiora – Fiora-Brücke (1.10 Std.) – Tomba Ildebranda (40 Min.) – Cavone (20 Min.) – Sovana (45 Min.)

DAUER: knapp 3 Std.

HÖHENUNTERSCHIEDE: Von San Martino (446 m) ins Tal des Fiora (260 m) ein allmählicher Abstieg; Anstiege insgesamt rund 100 m

SCHWIERIGKEITSGRAD: Mittelschwer, allerdings muß man sich beim Abstieg ins Fiora-Tal mühselig unter einem Zaun durchwinden und wenig später den Fluß überqueren – unter Umständen sind Schuhe und Strümpfe auszuziehen!

WEGBESCHAFFENHEIT: Fahrwege und Pfade, kurze Wegstücke querfeldein, 20 Min. auf wenig befahrenen Straßen

EINKEHRMÖGLICHKEITEN UND UNTERKUNFT: In San Martino und Sovana, siehe S. 214

RÜCKFAHRT ZUM AUSGANGSPUNKT: **Busse** Sovana–San Martino werktags 13.30 Uhr, Fahrzeit 15 Min.

ÖFFNUNGSZEITEN des Etruskergrabes Tomba Ildebranda: Sommerhalbjahr 9–18 Uhr, Oktober bis März 10–13 und 15–17.30 Uhr

---

DER WANDERWEG

In **San Martino** geht man vorbei am Hotel-Restaurant Pellegrini in östlicher Richtung durch das Dorf, überquert am Ortsende die Hauptstraße, gelangt zu einem kleinen Platz, wendet sich hier nach halblinks, überquert beim Km-Stein 19 nochmals die Straße nach Sovana, geht auf einem Fahrweg abwärts. Aussicht auf Pitigliano und – links davon, hinter einem Wäldchen – Sovana. Bei einer Gabelung 100 m nach der Straße hält man sich rechts. Man folgt immer diesem Weg, der sich am Hang senkt, und gelangt zu einem Anwesen (knapp 30 Min.).

Das monumentale Etruskergrab »Tomba Ildebranda« bei Sovana

Unmittelbar vor den beiden Gebäuden biegt man durch ein Gatter auf einen Weg nach rechts ab, geht an einem Feldrand entlang. Schöne Blicke auf das Fiora-Tal. Der Weg endet nach einigen Minuten vor einem Feld. Man geht durch ein weiteres Gatter (bitte unbedingt wieder schließen!).

Von San Martino sul Fiora nach Sovana

Im folgenden Abschnitt, in dem man teilweise querfeldein wandert, ist die Grobrichtung eindeutig: Man geht flußabwärts bis zu einer großen Straßenbrücke. Wer Orientierungsschwierigkeiten haben sollte, kann immer querfeldein ins Tal absteigen und dann dem Lauf des Flusses folgen. Bitte durchqueren Sie dabei auf keinen Fall eingesäte Felder!

Man geht am oberen Rand des Feldes, links von einem Gebüsch, in gleicher Richtung wie bisher weiter. Am Ende des Feldes erreicht man wiederum ein Gatter, geht dann über ein weiteres Feld etwas mühselig hinab ins Tal. Am besten hält man sich rechts am Waldrand. Man findet rechter Hand einen Zaun, durchsteigt ihn und geht auf einem breiten grasbewachsenen Weg weiter.

Dieser Weg führt zu einem Flußübergang. Sofern der Wasserstand es erlaubt, überquert man den Fluß, geht dann nach rechts bis zur Straße San Martino – Sovana, die man bei der **Fiora-Brücke** erreicht (1.10 Std.). Sollte der Fluß Hochwasser führen, so bleibt man am rechten Ufer und gelangt etwas mühsam auf sehr schmalen Pfaden – z. T. durch Gestrüpp – ebenfalls zur Straße.

Auf der Straße geht man nach links und folgt ihr 15 Min. bis zur Kilometermarke 12. Direkt davor biegt man in einen nach links ansteigenden breiten Weg. Man passiert einige Häuser. Nach einer guten Viertelstunde führt der Weg auf einer Etruskerspur zwischen Tuff-Felsen abwärts. Am Ende des Hohlwegs wendet man sich zunächst nach rechts und erreicht dann das monumentale Grab **Tomba Ildebranda** (1.50 Std.; Hinweisschilder. Beschreibung der Nekropole s. S. 122 f.). Auf dem gleichen Weg kehrt man zum Fahrweg zurück, kreuzt ihn und folgt einem Pfad im Gebüsch zur Tomba del Tifone. Von der Tomba del Tifone nach rechts absteigend, gelangt man zur Straße.

Nach links zweigt der eindrucksvolle, tief in die Felsen geschnittene etruskische Hohlweg **»Cavone«** ab (Hinweisschild) – ein Abstecher (hin und zurück 20 Min.) ist unbedingt empfehlenswert!

Der Weg nach Sovana führt auf der Straße nach links. Nach einem kurzen Stück – kurz vor einer Brücke bei Kilometer 10,8 – biegt man nach rechts in

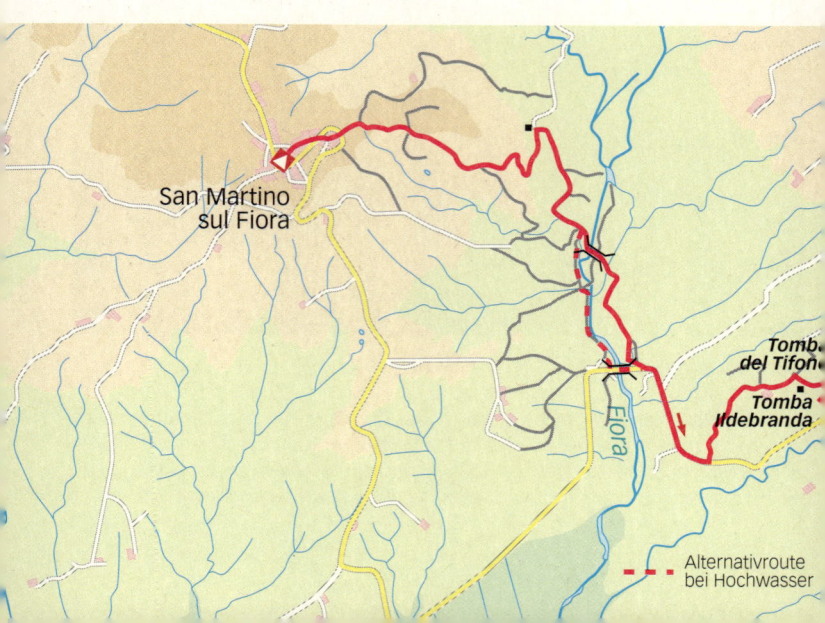

- - - Alternativroute bei Hochwasser

WANDERUNG 20

eine Fahrspur. Dieser folgend, überquert man einen Bach, steigt auf der anderen Seite ohne Weg an, geht gleich darauf rechts an den Ruinen der Kirche San Sebastiano vorbei (das Gemäuer ähnelt eher einem verfallenen Bauernhaus als einer Kirche). Oberhalb der Ruine biegt man in einen zunächst kaum sichtbaren Pfad, der steil nach rechts ansteigt. Auf der Höhe angelangt, beschreibt der Pfad eine Linkskurve. Bald darauf geht man bei einer Gabelung links. (Rechts ein weiterer in den Tuff geschlagener etruskischer Weg, ein kleiner Abstecher lohnt sich.)

Kurz darauf bei einer Abzweigung geradeaus, bei einer gleich darauf folgenden Gabelung nach rechts gehen (unter einem überhängenden Felsen hindurch). Man kommt zu zahlreichen einfachen, in den Fels gehauenen Etruskergräbern vorbei, findet schließlich zwei interessante ›Halbwürfel-Gräber‹ (Wegweiser »Tombe etrusche III–II sec.«). Wenige Meter danach folgt rechts die Tomba della Sirena. Man folgt dem Pfad weiter, gelangt wieder zur Straße. Auf der Straße geht man durch einen Tunnel (lohnender Abstecher zu einer frühchristlichen Felskapelle, 10 Min.: unmittelbar vor dem Tunnel steigt man auf einem Pfad nach links an, findet die Grotten oberhalb des Tunnels), biegt nach dem Tunnel in einen rechts aufwärts führenden Weg und gelangt auf diesem in wenigen Minuten, am Dom vorbeigehend, in die Ortsmitte von **Sovana** (knapp 3 Std. einschließlich Abstecher zum »Cavone«).

AM WEGE

Sovana: Kleiner Ort mit mehr als zweieinhalbtausendjähriger Geschichte. Existierte als ›Suana‹ bereits im 7. Jh. v. Chr. Bedeutendes etruskisches Zentrum. Im Mittelalter Bischofssitz; Geburtsort des Papstes Gregor VII.

Große etruskische Nekropole, Dom (12./13. Jh.), Kirche Santa Maria (12./13. Jh.), Burg aus dem 11. Jh. Beschreibung s. S. 122 f.

Außer den an der Wanderstrecke liegenden Etruskergräbern befinden sich zahlreiche weitere Gräber in der Umgebung Sovanas, insbesondere im Osten des Ortes (Monte Rosello; italienischsprachige Beschreibung und nähere Informationen in Geschäften in Sovana).

GUT EINKEHREN

Im Ristorante **Scilla** in Sovana (☏ 0564–616531, Dienstag Ruhetag) sitzt man schön auf der Terrasse unter Weinlaub; gute ländliche Küche. Auch das Restaurant **Taverna Etrusca** (☏ 0564–616183, Montag Ruhetag) bringt gute regionale Gerichte auf den Tisch.

Wanderung 20:
Von San Martino Sul Fiora nach Sovana

Sovana

Etruskische Nekropole, romanische Kirchen

Das kleine Sovana zählt zu den interessantesten Orten der Toscana. Es war einst eine wichtige Stadt der Etrusker, in der frühchristlichen Zeit wurde es Bischofssitz. Hier wurde Hildebrand von Sovana geboren, der spätere Papst Gregor VII., der Heinrich den Vierten zum Gang nach Canossa zwang. Im Mittelalter aber verlor das Städtchen seine Bedeutung und versank für Jahrhunderte im Dunkel der Geschichte. Erst im letzten Jahrhundert wurde es durch englische Reisende ›wiederentdeckt‹: ein ärmliches, durch die Malaria gequältes Dorf mit wenigen Dutzend Einwohnern. Heute ist Sovana ein ruhiger kleiner Ort in schöner landschaftlicher Umgebung. Man meint, noch die »besondere Schönheit, die zugleich melancholisch, streng und machtvoll ist«, zu verspüren, von welcher der italienische Schriftsteller Nicolosi sprach. Besondere Anziehungspunkte sind die etruskische Nekropole – durch die unser Wanderweg führt – und die romanischen Kirchen des Ortes.

Die Etruskergräber stammen vor allem aus dem 3. bis 1. Jh. v. Chr. Der Wanderweg führt zunächst zur **Tomba Ildebranda.** Sie entstand um 200 v. Chr. Ihr repräsentativer Außenbau in der Form eines Tempels wurde aus einem großen Tuff-Felsen herausgearbeitet und dann mit einer Stuckglasur überzogen, auf die Farben aufgetragen wurden. Die Grabkammer unterhalb des Scheintempels war nur für eine Person gedacht – gewiß für einen Machthaber, denn anders ließe sich die Größe des Monuments kaum erklären. Erhalten blieben der Kern des Tempelbaus, eine Säule und elf Säulenstümpfe des Umgangs, ein Teil des Frieses sowie Reste der Bemalung. Rechts neben dem Hildebrandsgrab befindet sich ein Grab des 4. Jh. mit *Dromos* (Zugangsweg) und schöner, fein gearbeiteter, Decke.

Die **Tomba del Tifone** (2. Jh. v. Chr.) hat die Form eines Hauses. An der stark verwitterten Fassade sieht man die Reste eines aus dem Tuff geschlagenen Kopfes.

Dem Wanderweg folgend, erreicht man den **Cavone,** eine in den Tuff geschlagene Etruskerstraße. Im oberen Teil der Felswand erblickt man einfache etruskische Gräber, in der

WANDERUNG 20

Mitte Nischen, in denen sich im Mittelalter Madonnenbilder befanden. Die **Halbwürfel-Gräber** *(Tombe a semidado),* zu denen der Weg als nächstes führt, sind aus dem Fels geschlagene, an einer Seite mit ihm verbundene kubische Grabkammern, die zum Teil noch die Reste früherer Verzierungen aufweisen. Schließlich folgt die **Tomba della Sirena** (3.–2. Jh. v. Chr.), das Sirenengrab. Oberhalb des Eingangs die Skulptur der Sirene (in Wirklichkeit wohl eine Skylla) mit zwei Fischschwänzen; rechts und links – kaum noch zu erkennen – zwei geflügelte nackte Gestalten.

Am Rand der heutigen Ortschaft erreicht man zuerst den romanischen Dom **Santi Pietro e Paolo.** Er stammt aus dem 12./13. Jh., bewahrt Reste einer älteren Kirche, so die einfache Krypta aus dem 8. Jh. (Eingang unterhalb der Apsis). Teilstücke aus der ersten Kirche finden sich auch an dem schönen Portal mit reicher Dekoration. Im Innenraum läßt sich der Übergang von der Romanik zur Gotik verfolgen. Schöne Kapitelle, unter denen das mittlere auf der linken Seite einen reichen Figurenschmuck zeigt. Zahlreiche biblische Geschichten sind hier auf engem Raum zusammengedrängt: das Opfer Isaaks, Daniel in der Löwengrube, der Gang durch das Rote Meer, Adam und Eva im Paradies u. a. Im rechten Seitenschiff befinden sich das Grabmal des heiligen Mamiliano (15. Jh.) und eine römische Grabstele. Der Taufbrunnen stammt aus dem Jahr 1484.

Am Hauptplatz, der **Piazza del Pretorio,** steht eine Reihe historischer Gebäude: die Ruinen der Kirche San Mamiliano auf den Grundmauern eines etruskisch-römischen Gebäudes, der Palazzo Bourbon del Monte aus dem 17. Jh., die Loggia del Capitano mit großem Medici-Wappen und der romanische, im 15. Jh. umgebaute Palazzo Pretorio. Der interessanteste Bau ist die Kirche **Santa Maria.** Sie stammt (mit Ausnahme des Glockenturms) aus dem 12./13. Jh. und beherbergt ein ungewöhnliches Kunstwerk: einen langobardischen Altarbaldachin aus dem 8./9. Jh., der aus einer älteren Kirche hierher gebracht wurde. Die schöne Dekoration zeigt Flechtbandornamente, Blattwerk, Trauben, Pfauen, Sonnen. In der Kirche finden sich auch mehrere Renaissance-Fresken, darunter eine Verkündigungsszene (in der Kapelle gegenüber vom Eingang).

21

Der Ort auf dem Felsen

Von Sovana nach Pitigliano

Gleich zu Beginn der Wanderung führt ein Abstecher zur etruskischen Nekropole Folonia. Dann öffnet sich der Blick zurück auf Sovana vor dem Hintergrund der Berge. Auf Etruskerpfaden und uralten Fahrspuren geht es weiter; am Wege liegen jahrtausendealte Grabkammern. Durch ein Stadttor erreicht man schließlich Pitigliano. Der Ort thront großartig auf einem Felsen. Mit seinen engen Gassen, Brunnen, Torbögen trägt er schon eher latinisches als toscanisches Gepräge.

WEGVERLAUF: Sovana – Fosso del Puzzone (40 Min.) – Tal des Lente (1.25 Std.) – Pitigliano (30 Min.)

DAUER: 2.35 Std.

HÖHENUNTERSCHIEDE: Jeweils rund 150 m An- und Abstiege

SCHWIERIGKEITSGRAD: Die Wanderung ist nicht anstrengend, verläuft aber streckenweise auf schmalen, steinigen Pfaden in Tuffschluchten.

WEGBESCHAFFENHEIT: Fahrwege und Pfade, 15 Min. auf einem Asphaltsträßchen ohne Verkehr

MARKIERUNG: Im ersten Teilstück (etwa die Hälfte der Wanderstrecke) rote Punkte

EINKEHRMÖGLICHKEITEN UND UNTERKUNFT: In Sovana und Pitigliano, siehe S. 214

RÜCKFAHRT ZUM AUSGANGSPUNKT: Pitigliano – Sovana werktags 13.20 Uhr, Fahrzeit 25 Min.

BESONDERER HINWEIS: Bitte schließen Sie mit Rücksicht auf die Bauern alle Gatter am Wege sorgfältig!

DER WANDERWEG

Man verläßt **Sovana** in östlicher Richtung auf der Straße nach Sorano, biegt am Ortsausgang, hinter der Burg Rocca Aldobrandini, in eine nach rechts abwärts führende Straße (Wegweiser: »Necropoli etrusca«). Von der Straße zweigt nach wenigen Metern nach links ein Pfad zur Nekropole Folonia ab (Hinweisschild). Der Abstecher (hin und zurück 15 Min.) ist unbedingt empfehlenswert! Ein schmaler Pfad führt oberhalb eines rauschenden Baches zwischen Tuff-Felsen aufwärts. Nach 5 Min. erreicht man die Felsgräber aus dem 2.–1. Jh. v. Chr. Sie sind stark beschädigt, man erkennt im Tuffgestein über den Grabkammern aber noch Reste des Reliefschmucks.

Zurück zur Straße und weiter zunächst zwischen Tuff-Felsen, dann mit Blick auf Sovana. Nach knapp 15 Min.

Wanderung 21:
Von Sovana nach Pitigliano

auf dem Sträßchen geht man in einer scharfen Rechtskurve geradeaus in einen kleineren, abzweigenden Weg. 50 m danach biegt man nach rechts in einen abwärts führenden Weg (Fahrspuren im Tuff).

Das folgende Wegstück ist bei feuchtem Untergrund schwierig zu passieren. In diesem Fall geht man stattdessen noch 100 m weiter geradeaus, biegt dann in eine Fahrspur nach rechts und findet einen abwärts führenden Weg. Dieser Weg biegt nach wenigen Minuten im Tal oberhalb einer Wiese nach links ab und erreicht einen Bach. Man geht am Bach entlang querfeldein nach rechts, findet nach ca. 100 m zur Linken einen versteckten Bachübergang. Weiter wie unten ab »Auf schmalem Pfad durch …«.

Auf schmalem Weg zwischen Tuff-Felsen gelangt man nach 5 Min. zu einer freien Fläche im Tal, geht oberhalb eines Baches – des **Fosso del Puzzone** – 50 m nach links, dann nach rechts über den Bach (40 Min.). Auf schmalem Pfad durch Felsen und Gebüsch in einem kleinen Tal aufwärts bis zu einer Hochfläche (55 Min.). Man folgt einer Fahrspur in südöstlicher Richtung, zunächst parallel zu einer Stromleitung. Die Fahrspur biegt leicht nach links, passiert dann nach einem Rechtsbogen ein Haus. 200 m hinter dem Haus stößt man auf einen Querweg, wendet sich hier nach rechts. Nach gut 5 Min. bei einem breiteren Querweg wieder nach rechts (1.20 Std.). Man wandert auf dem Fahrweg in westlicher Richtung; schöne Blicke nach links auf Pitigliano. Nach knapp 15 Min. zweigt eine Zufahrt zu einem Haus nach links ab (rotes Tor); man geht hier weiter geradeaus. Einige Minuten später wendet man sich in einen kleinen Fahrweg nach links (100 m vor einer einzeln stehenden Zypresse; an der Ecke ein Briefkasten »Rinaldi/Ragnini«). Nach knapp 5 Min. nimmt man einen schmaleren Weg nach links (kurz vor einer Rechtskurve des Hauptweges). Dieser schmalere Weg führt nach 50 m in einer Linkskurve zwischen Tuff-Felsen abwärts. Auf einem herrlichen, in den Tuff geschlagenen Pfad oberhalb des Lente-Tals hinab zum Flüßchen **Lente**, das man bei einer Straßenbrücke unterhalb von Pitigliano erreicht (2.05 Std.).

Man geht nach rechts über die Brücke, biegt 100 m danach – beim

Im mittelalterlichen Pitigliano

WANDERUNG 21

Grabräuber

Schon in der Antike wurden die etruskischen Nekropolen von Grabräubern geplündert. Kostbare Gegenstände, vor allem Edelmetalle verschwanden. Heute hat auch die einfache etruskische Vase und die kleine Weihfigur ihren Wert. Der Staat kann die vielen tausend Gräber, die sich im Gebiet des alten Etrurien befinden, nicht überwachen. Und so sind in der Toscana und in Latium zahlreiche *tombaroli* (wie die Grabräuber auf italienisch heißen) unterwegs. Kaum je gelingt es ihnen, ein unberührtes Grab zu finden. Im allgemeinen werden Gräber geöffnet, deren wertvollste Stücke bereits seit Jahrhunderten verschwunden sind. Zwar stehen auf illegale Grabungen und die Ausfuhr von Fundstücken Gefängnisstrafen. Aber offenbar lohnt der Gewinn das Risiko. Die Nachfrage ist groß; die Objekte werden unter der Hand weiterverkauft, häufig ins Ausland.

Allerdings wird es immer schwieriger, neue Funde zu machen. Man kann sie ersetzen: durch Fälschungen. Einem deutschen Industriellen, so wird erzählt, habe man eine ganze Grabkammer mit solchen Objekten gefüllt; er durfte, nichtsahnend, sie dann selber ausgraben und war froh über die reichen Funde. Seine archäologischen Forschungen kosteten ihn zwei Millionen Mark, die er seinen einheimischen Führern zu zahlen hatte. Aber es wird viel erzählt ...

Kilometerstein 0,9 – in einen nach links abzweigenden Pfad (Via Cava della Tombolina). Ansteigend erreicht man das alte Stadttor Porta di Sovana und geht durch den mittelalterlichen Ortskern auf der Via Aldobrandini und der Via Generale Orsini ins Zentrum von **Pitigliano** (2.35 Std.).

AM WEGE

Sovana: s. S. 121
Pitigliano: Mittelalterliches Städtchen mit einer Reihe von Gebäuden der Renaissance und Spätrenaissance. Beeindruckend ist die Lage des Ortes auf einem Tuff-Felsen oberhalb zweier an dieser Stelle zusammentreffender Schluchten. Der Ort war bereits in etruskischer und römischer Zeit besiedelt, wurde im Mittelalter Bischofssitz.

Palazzo Orsini (im 14. Jh. errichtet, im 15. und 16. Jh. vergrößert und umgebaut); Dom (im Mittelalter erbaut, im 16. und 18. Jh. verändert; barocke Fassade). – Pitigliano ist ein wichtiges Zentrum des Weinhandels und der Weinproduktion (Bianco di Pitigliano).

Am Meer

Nur wenige Abschnitte der toscanischen Festlandsküste sind zum Wandern geeignet. Die flachen, von breiten Sandstränden und Pinienwäldern gesäumten Ufer bieten meist nicht genug Abwechslung für längere Fußtouren; streckenweise ist das Gebiet auch zu zersiedelt.

Reizvolle Ausflüge sind vor allem im südlichen Küstenabschnitt möglich: auf dem Vorgebirge von Piombino (Wanderung 22), in der großartigen Macchia-Landschaft des Naturparks der Maremma (Wanderung 23), aber auch im unmittelbaren Hinterland der Küste (Wanderung 24). Auf Elba bieten sich dagegen vielfältige Wandermöglichkeiten. Sie können in diesem Buch nicht umfassend beschrieben werden; stellvertretend wurde eine der schönsten Inselwanderungen ausgesucht (Wanderung 25).

Blick auf den Golf von Baratti

Über dem Golf von Baratti

Von Ghiaccioni zur Nekropole Populonia

Der Weg führt durch dichten mediterranen Buschwald über das kleine Vorgebirge von Piombino zum mittelalterlichen Ort Populonia. Auf einem Abstecher kann man eine Steilküste von unerwarteter Wildheit und Einsamkeit erreichen. Das Ziel der Wanderung, der Golf von Baratti, ist eines der schönsten toscanischen Ufer: eine weitgeschwungene Bucht mit Stränden, ausladenden Schirmpinien, dümpelnden Booten und nur wenigen Häusern. In der Nähe des Meeres befindet sich eine sehenswerte etruskische Gräberstadt.

WEGVERLAUF: Ghiaccioni – San Quirico (1.15 Std.) – Populonia (30 Min.) – San Quirico (30 Min.) – Golf von Baratti (1 Std.)

DAUER: 3.15 Std. Mit dem empfehlenswerten Abstecher zur Felsküste verlängert sich die Wanderung um 50 Min.

HÖHENUNTERSCHIEDE: Rund 250 m An- und Abstieg. Abstecher zusätzlich 150 m An- und Abstieg

SCHWIERIGKEITSGRAD: Mittelschwer

WEGBESCHAFFENHEIT: Schmale Pfade im Buschwald, Fahrwege, 20 Min. auf Asphalt

EINKEHRMÖGLICHKEITEN: Bars in Populonia und am Golf von Baratti, Restaurant am Golf von Baratti

AN- UND ABFAHRT: Mit dem Bus: Von Piombino (Hauptbahnhof) Stadtbusse Nr. 1 oder 2a (jeweils stündlich) nach Ghiaccioni. Bei der Endstation *(Capolinea)* beider Linien beginnt der Wanderweg. Golf von Baratti – Piombino: 13.20 Uhr werktags, 14.20 Uhr werktags (nicht während der Schulferien), 16.20 Uhr montags bis freitags. Fahrkarten kauft man am besten bereits in Piombino (Tabacchi-Geschäfte).

ÖFFNUNGSZEITEN der Nekropole Populonia: Täglich von 9 Uhr bis zum Sonnenuntergang, im Sommer von 9–19 Uhr

DER WANDERWEG

Bei der Bus-Endhaltestelle in **Ghiaccioni** nimmt man den vom Wendeplatz wegführenden breiten, ebenen Weg. Er beschreibt sofort eine Linkskurve. Nach 20 m zweigt man nach links auf einen schmaleren, nach Westen ansteigenden Weg ab, der stellenweise asphaltiert ist und an drei Eukalyptusbäumen linker Hand vorbeiführt. Auf der Höhe, nach etwa 5 Min. Anstieg, biegt der Weg leicht nach Norden und gabelt

Wanderung 22:
Von Ghiaccioni
zur Nekropole
von Populonia

sich; man geht rechts. Man bleibt nun immer auf dem sich etwas verengenden Hauptweg, der durch artenreichen Buschwald bergan führt. Hier und da werden durch das Buschwerk die Küste und die Insel Elba sichtbar. Nach rund 35 Min. säumen einige Korkeichen den Weg. Ein weiteres langes Wegstück führt durch die Macchia. Noch einmal wird das Meer sichtbar, dann verbreitert sich der Weg und steigt in Richtung einer Kuppe mit einem rot-weißem Sendemast an. Man bleibt weiter auf dem Hauptweg. Dieser senkt sich östlich an der Kuppe vorbei und führt zur Ruine des Kirchleins **San Quirico** (1.15 Std.).

Bei der Gabelung hier bleibt man auf dem breiten Weg geradeaus (der linke der beiden Wege) und geht in nordwestlicher Richtung bis zur Zufahrtsstraße nach Populonia, die man bei einem Bergsattel mit Blick auf den alten Ort erreicht. Das aussichtsreiche Sträßchen führt in gut 10 Min. nach **Populonia** (1.45 Std.). Nach der Besichtigung der mittelalterlichen Ortschaft wandert man auf gleichem Weg zurück bis zum Bergsattel, bei dem man auf dem Hinweg auf die Straße traf.

Von hier bietet sich der **Abstecher** zur Küste an (hin und zurück 50 Min.): Man biegt in der Linkskurve der Straße nach rechts und überquert eine Wiese mit Fahrspuren bis zu einem Zaun, über den zwei Holzstiegen hinwegführen. Man klettert über die rechte (nördliche) der beiden Stiegen, nimmt danach einen Pfad nach rechts. Er führt einige Meter durch Buschwald, biegt dann nach links und senkt sich zur Küste hin (vereinzelte weiß-gelbe Markierungen und weiße Pfeile). Der Pfad führt bald wieder in dichten Buschwald, passiert einige einfache Etruskergräber rechter Hand und endet 20 m über dem Meer. Die Erosion hat hier eine bizarre Felslandschaft entstehen lassen. – Auf dem gleichen Weg kehrt man zur Straße nach Populonia zurück.

Vom Bergsattel kann man, auf dem Sträßchen bleibend, in 30 Min. direkt zum Golf von Baratti gelangen; der nachfolgend beschriebene Weg ist jedoch schöner und länger. Man folgt für weitere 20 Min. dem Hinweg bis zum Kirchlein **San Quirico** (2.15 Std.). Vor der Kirche biegt man ganz links auf einen mit roten Punkten markierten Waldpfad. 100 m weiter nimmt man einen nach rechts abzweigenden Pfad (rot markiert). Dieser führt durch dichten Buschwald in knapp 10 Min. abwärts zu einem Querpfad. Man biegt nach links (nicht der roten Markierung folgen, die hier nach rechts bergauf weist!). Weitere 10 Min. Abstieg bis zu einem Zaun mit einer Holzstiege. Hinter

Ausladende Schirmpinien sind typisch für die toscanische Küste

Etruskergrab in der Nekropole Populonia

dem Zaun folgt man einem breiteren Weg nach links.

Nochmals ein kurzer Anstieg, dann führt der Weg über einen karg bewachsenen Hang abwärts in Richtung auf eine Kuppe mit einem hölzernen Turm. Bei einer Wegkreuzung am Fuß dieser Kuppe biegt man nach links, wandert ein Stück durch ein Wäldchen, geht danach mit Blick zum Golf von Baratti hangabwärts bis zu einem Querweg vor einem Hausgrundstück (knapp 3 Std.). Man folgt dem breiten Weg nach links und gelangt in 20 Min. zum **Golf von Baratti** und der etruskischen Nekropole von Populonia. Die Bushaltestelle für die Rückfahrt nach Piombino befindet sich an der Uferstraße 200 m zur Linken.

✚ AM WEGE

Populonia: Die Ortschaft war bereits in der Eisenzeit (9. Jh. v. Chr.) besiedelt und hieß unter den Etruskern *Pupluna*. Sie zählte als Industrie- und Hafenstadt zu den bedeutendsten etruskischen Zentren. Die heutige Ansiedlung geht auf das 14. Jh. zurück. Am Ortseingang befindet sich eine mittelalterliche Burg. Das kleine etruskische Museum zeigt Funde aus der nahegelegenen Nekropole.

Etruskische Nekropole Populonia: Das Gebiet der Nekropole wurde in späteren Jahrhunderten von den Etruskern zur Eisenverhüttung genutzt; man hat hier, in der wichtigsten bekannten Industriezone des alten Etrurien, die Schlacken aus hunderten von kleinen Hochöfen gefunden. Die Gräber wurden in mühevoller Arbeit zu Beginn dieses Jahrhunderts unter Metallrückständen freigelegt. Besonders bemerkenswert sind die Tomba dei Flabelli (7. Jh. v. Chr.), in deren Grabkammer man noch die Steinbänke für die Sarkophage sieht, und die Tomba a edicola (5. Jh. v. Chr.) im Stil eines kleinen Tempels.

Macchia am Meer

Im Naturpark der Maremma

Südlich von Grosseto hat sich eine einzigartige Küstenlandschaft unversehrt erhalten. Im Naturpark der Maremma steht auf einer Fläche von 70 Quadratkilometern kein bewohntes Haus. Nur einige mittelalterliche Wachttürme und die Ruinen eines Klosters zeugen von einstiger spärlicher Besiedlung. Die Stille dieser Landschaft ist kaum vorstellbar. Nirgendwo sonst auf dem toscanischen Festland läßt sich in vergleichbarer Weise erleben, wie die Mittelmeerküste vor der touristischen Erschließung aussah.

WEGVERLAUF: Pratini – Poggio Lecci (1.40 Std.) – Kloster San Rabano (10 Min.) – Castelmarino (1.10 Std.) – Strand (30 Min.) – Collelungo (20 Min.) – Pratini (40 Min.); kürzere Variante: Pratini – Castelmarino (40 Min.) – Collelungo (50 Min.) – Pratini (40 Min.)

DAUER: 4.30 Std.; Variante gut 2 Std.

HÖHENUNTERSCHIEDE: 450 m Anstiege; Variante: 100 m Anstiege

SCHWIERIGKEITSGRAD: Mittelschwer; Variante: Leicht

WEGBESCHAFFENHEIT: Meist steinige Pfade, 30 Min. (Variante 50 Min.) auf unbefahrenem Asphaltsträßchen

WANDERKARTE: Multigraphic »Parco dell'Uccellina / Monte Argentario« 1:25 000. Eine Kartenskizze mit den markierten Wanderwegen des Naturparks ist am Parkeingang erhältlich.

MARKIERUNG: Die Wege sind als »Itinerario 1« bzw. »Itinerario 2« ausgeschildert und gut markiert.

EINKEHRMÖGLICHKEITEN: Restaurants und Geschäfte nur in Alberese am Parkeingang; unterwegs auch kein Trinkwasser!

AN- UND ABFAHRT: **Mit dem Bus:** Grosseto – Alberese (Parkeingang), nur werktags! Stadtbus Grosseto *(autobus urbano)* Nr. 15 und 16, ab Bahnhof 7.50, 11.55, 13, 13.15, 14 Uhr. Rückfahrt Alberese – Grosseto 12.55, 13.50, 15, 18.05 Uhr. Fahrzeit 30 Min. Vom Parkeingang fährt stündlich ein Bus nach Pratini, dem Ausgangspunkt der Rundwege (Fahrzeit 15 Min.).

ÖFFNUNGSZEITEN des Naturparks (s. S. 136): Zum Schutz der Tierwelt ist der Zugang zum Park reglementiert und nur an einigen Tagen der Woche erlaubt: Zwischen 1. Oktober und 15. Juni mittwochs, samstags und sonntags von 9 Uhr bis Sonnenuntergang. Vom 15. Juni bis 30. September

Im Naturpark der Maremma

täglich geöffnet, aber es sind dann nur geführte Rundgänge möglich. Mittwochs wird man das Gebiet ruhiger erleben als an den Wochenenden.

BESONDERE HINWEISE: Man plane Zeit für den Aufenthalt am Strand ein – in solcher Einsamkeit, mit solcher Vegetation und solchen Düften kann man das Meer anderswo in der Toscana kaum erleben.

▶ DER WANDERWEG

Vom Parkeingang in Alberese fährt man mit dem Bus in den Park nach **Pratini** (s. »Busverbindungen«). Hier biegt man nach links auf den ausgeschilderten »Itinerario 1«. Der Weg steigt im Buschwald an. Bald wird der Blick frei auf das Meer, die Inseln Elba, Giglio und Montecristo, die Wachttürme Collelungo und Castelmarino, die Ombrone-Mündung – ein Panorama, das sich unter wechselnden Perspektiven auf der Wanderung immer wieder bietet. Weiterer Anstieg bis zum **Poggio Lecci** (417 m), dem höchsten Punkt der Monti dell' Uccellina (1.40 Std.). Wenige Schritte hinter der Anhöhe eine Wiesenfläche mit besonders schöner Aussicht; links wird jetzt auch der Monte Argentario sichtbar.

Zehnminütiger Abstieg zu den Ruinen des Klosters **San Rabano.** Vor dem Kloster biegt der Weg Nr. 1 nach rechts (Wegweiser). Man folgt diesem ausgeschilderten Weg, der als Pfad in der Macchia zunächst eben verläuft,

Wanderung 23: Im Naturpark der Maremma

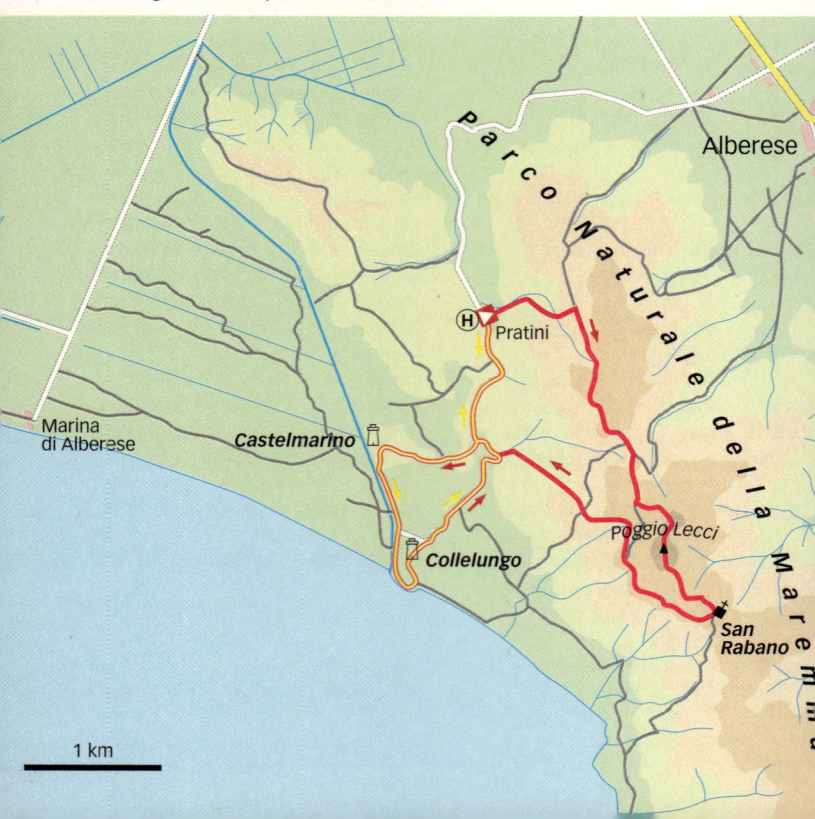

Blick über den fast völlig von Macchia bedeckten Maremma-Naturpark

dann für eine längere Strecke absteigt; gelegentlich bieten sich schöne Ausblicke auf das Meer. Schließlich erreicht man einen Olivenhain und gleich darauf ein Sträßchen (50 Min. ab San Rabano und 2.40 Std. ab Ausgangspunkt).

Man geht auf dem Sträßchen nach rechts. Geradeaus gelangt man in 20 Min. wieder zur Bushaltestelle Pratini. Die Wanderung führt aber nach wenigen Minuten nach links durch ein Gatter in einen Waldweg (Schild »Itinerario No. 2, Le Torri«). Bei einer Gabelung im Wald kurz darauf geradeaus, Anstieg zum Wachtturm **Castelmarino** (3 Std.). Erneut fantastisches Küstenpanorama.

Vor dem Turm nach links, Abstieg auf felsigem Pfad zu einem großen Platz unter Pinien. Nach rechts, gleich wieder links, zum Wendekreis am Ende des Sträßchens, rechts zum **Strand** (3.30 Std.). Am Strand geht man nach links, passiert einen Felsen direkt am Ufer, biegt dann wieder nach links, steigt auf zum Turm **Collelungo** (3.50 Std.). Um den Turm herum, dann nach links abwärts und zum Sträßchen. Nach rechts, auf dem Sträßchen zurück zum Ausgangspunkt (4.30 Std.).

Variante (kürzerer Rundweg)

Wer im Naturpark nur eine kurze Wanderung durchführen möchte, sollte sich auf den »Itinerario 2« beschränken, der die schönsten Panoramen bietet und durch abwechslungsreiche Vegetation direkt ans Meer führt. Kleiner Nachteil dieses Weges: Man geht rund 50 Min. lang auf Asphalt, allerdings auf völlig unbefahrener Straße.

Von der Bushaltestelle Pratini geht man auf dem Sträßchen geradeaus weiter. Nach 20 Min. rechts durch ein Gatter auf den ausgeschilderten »Itinerario No. 2, Le Torri«. Ab hier weiter wie im zweiten Teil der beschriebenen Rundwanderung.

AM WEGE

Kloster San Rabano: Die Abtei wurde vermutlich im 12. Jh. gegründet und im 15. Jh. aufgegeben. Der Festungscharakter der einsam gelegenen Anlage ist noch erkennbar, obwohl die meisten Mauern eingestürzt sind. Gut erhalten blieben der romanische Glockenturm, die Kirchenfassade und die Apsis.

Die **Wachttürme Castelmarino und Collelungo** aus dem 15. Jh. sind Teile des Verteidigungssystems der Republik Siena an der Küste zwischen Castiglione della Pescaia und Talamone.

Flora und Fauna
im Naturpark der Maremma

Die Monti dell'Uccellina – der Höhenzug, der den größeren Teil des Naturparks einnimmt – sind fast vollständig von mittelmeerischem Buschwald, der **Macchia,** bedeckt. Alle typischen Macchia-Pflanzen sind vertreten, darunter Steineiche und Steinlinde, Erdbeerbaum, Mastix-Pistazie, Baumheide, Ginster, Rosmarin, Lorbeer, Myrte und Zistrose. Die Hauptblütezeit liegt im Mai/Juni; dann entfaltet der Buschwald auch starke Pflanzenaromen. Neben der Macchia finden sich in Ufernähe auch **Pinienwälder** mit Strandkiefern und Schirmpinien sowie an besonders sonnigen Stellen Zwergpalmen. In höher gelegenen, kühleren Bereichen stehen Ahorn, Ebereschen und Buchen.

Zahlreiche **Wasservögel** überwintern im Park; in der kalten Jahreszeit hat man fast 150 Vogelarten gezählt. Viele Vögel leben ganzjährig hier, darunter Fischadler, Reiher, Regenpfeifer, Wasserhühner, Stockenten. Auch **Säugetiere** sind im Park häufig; dazu gehören u. a. Wildschweine, Hirsche, Rehe, Stachelschweine, Füchse, Wildkatzen, Marder und Wiesel. Wanderer werden allerdings meist nur den frei umherlaufenden Maremma-Rindern begegnen, die mit ihren geschwungenen Hörnern bedrohlich wirken, aber friedlich zur Seite trotten, nachdem sie die Passanten eingehend betrachtet haben.

Im Maremma-Naturpark leben zahlreiche Wasservögel, wie z. B. Fischadler (rechts) und Reiher (links)

WANDERUNG 24

24

7. Tag

Im Hinterland der Küste

Von Campiglia Marittima nach Suvereto

Campiglia Marittima und Suvereto sind den wenigsten Toscana-Reisenden bekannt, obwohl beide Orte mittelalterliche Stadtbilder aufweisen. Vor allem Campiglia Marittima gehört zu den verborgenen Schätzen der Toscana. Ein aussichtsreicher Wanderweg durch das Hügelland der Maremma Pisana – wenige Kilometer oberhalb der Küste – verbindet die atmosphärisch reizvollen Kleinstädte.

WEGVERLAUF: Campiglia Marittima – Monte Calvino (1 Std.) – Crocino (1.15 Std.) – Suvereto (45 Min.)

DAUER: Gut 3 Std.

HÖHENUNTERSCHIEDE: 250 m Anstiege

SCHWIERIGKEITSGRAD: Mittelschwer. Die kurze Überquerung eines Geröllhangs nach gut 1.15 Std. verlangt Trittsicherheit.

WEGBESCHAFFENHEIT: Überwiegend bequem zu gehende Fahrwege; 30 Min. auf schmalem, teilweise steinigem Pfad

MARKIERUNG: Bis Monte Calvino keine Markierung, Orientierung nicht immer einfach. Von Monte Calvino bis Crocino mit blauen Balken, von Crocino bis Suvereto mit gelben Balken markiert.

EINKEHRMÖGLICHKEITEN: In Suvereto und Campiglia Marittima

UNTERKUNFT: Mehrere einfache Hotels in Venturina

AN- UND ABFAHRT: Es gibt keine direkte Busverbindung von Suvereto nach Campiglia Marittima. Ausgangspunkt bei der Anfahrt mit **öffentlichen Verkehrsmitteln** ist sinnvollerweise der Bahnhof Campiglia Stazione (D-Zug-Halt an der Strecke Pisa–Rom), bei Anfahrt mit dem **Pkw** entweder ebenfalls Campiglia Stazione oder der Ort Venturina an der Via Aurelia, 5 km südlich von Campiglia Marittima. **Hinfahrt**: Busse Campiglia Stazione–Campiglia Marittima 8.40, 9.20, 10.20, 11.20, 13.05, 14.40 Uhr, sonn- und feiertags 11.20 und 14.45 Uhr. Alle Busse halten ca. 5 Min. später auch in Venturina an der Hauptstraße Via Indipendenza. **Rückfahrt**: Suvereto–Venturina–Campiglia Stazione werktags 12.55, 13.30, 15, 18.30, 19.20 Uhr, sonn- und feiertags 12.55, 16.30, 20.55 Uhr. Fahrkarten erhält man an der Bar des Bahnhofs und in Tabacchi-Geschäften.

DER WANDERWEG

Von der Bus-Endstation in **Campiglia Marittima** geht man durch das Stadttor Porta a Mare in die Altstadt und auf der Via Roma aufwärts zur Piazza della Repubblica. Auf der Via Cavour weiter ansteigend, passiert man das wappengeschmückte Rathaus (Palazzo Pretorio) und verläßt das historische Zentrum durch die Porta Pisana. Hinter dem Stadttor folgt man der Via 25 Luglio 1943 in einem Rechtsbogen bis zur Hauptstraße östlich unterhalb der Burg (Rocca).

Man überquert die Hauptstraße, geht auf der kleinen Via di Campiglia Vecchia in südöstlicher Richtung bergan. Nach ca. 5 Min. biegt das Sträßchen nach links; die Asphaltierung endet. Mit schöner Aussicht geht es weiter auf dem hoch am Hang verlaufenden Fahrweg. Beim Zurückblicken schaut man auf die Küste und Elba, in Gehrichtung kurz auf Suvereto, das Ziel der Wanderung. Man folgt dem Hauptweg, der eben oder leicht ansteigend verläuft. Man geht zwischen einem Bauernhof und einem Lagerschuppen hindurch (25 Min.), passiert wenig später ein weiteres Haus. Der Weg beschreibt schließlich eine deutliche Linkskurve, führt dabei unter einer niedrigen Leitung mit hellen Betonmasten hindurch und senkt sich nach Norden auf ein Bauernhaus zu (45 Min.). Im Westen wird erneut kurz die Küste sichtbar.

Vor dem Bauernhaus biegt man nach rechts, hält sich bei einer Gabelung 30 m weiter links (der rechte Weg ist Privatweg und für den Durchgang gesperrt). Der Weg führt durch ein niedri-

Wanderung 24: Von Campiglia Marittima nach Suvereto

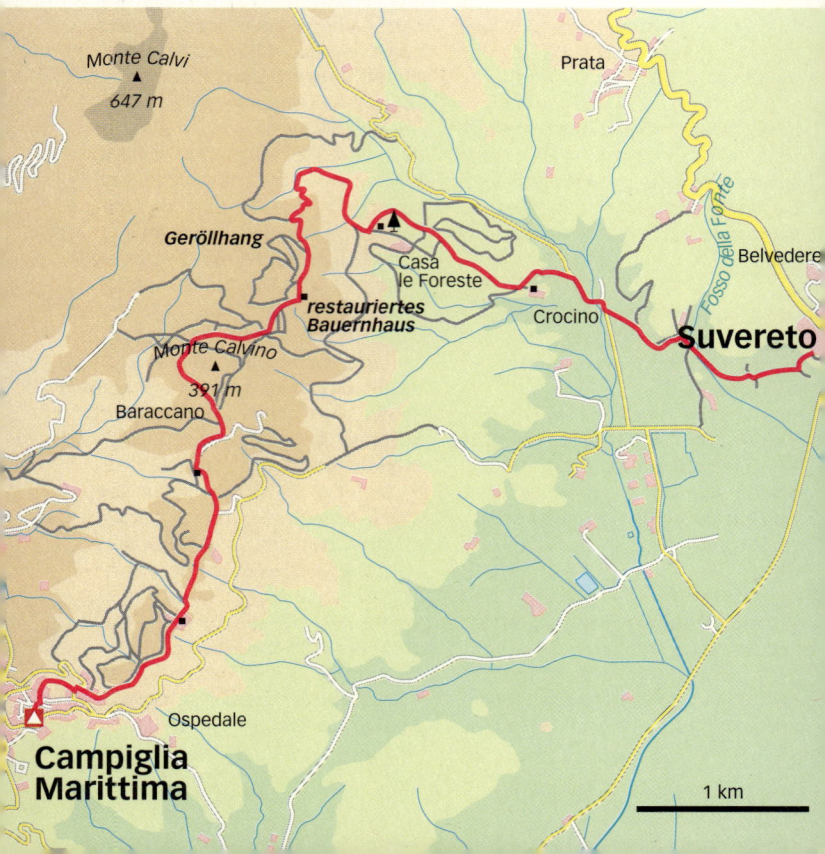

ges Wäldchen und gabelt sich erneut. Man hält sich rechts, kreuzt einen Querweg und steigt gut 5 Min. steil an zu einem Sattel etwas unterhalb der kargen Kuppe des **Monte Calvino** (1 Std.).

Man folgt weiter dem Hauptweg geradeaus, der sich kurz senkt und 200 m nach dem Sattel nach links aufwärts biegt. An dieser Stelle verläßt man den Hauptweg, nimmt den schmaleren Weg geradeaus (Markierung ab hier: blauer Balken, blaue Pfeile). Der Weg passiert eine Absperrung für Fahrzeuge und endet nach ca. 200 m bei einem restaurierten alten Steinhaus mit schönem Küstenpanorama. 20 m vor dem Gebäude schlägt man einen grasbewachsenen Pfad nach links ein. Der Pfad führt am Hang durch Buschwald und gabelt sich nach 5 Min.; man hält sich links, steigt an.

Nach Norden abbiegend, überquert man eine niedrige Kuppe, geht danach auf einer Strecke von 50 m über einen Geröllhang (1.15 Std.; Vorsicht, damit keine Steine losgetreten werden!). Anschließend verläuft der Pfad wieder im Buschwald. Bei einem Querpfad biegt man nach rechts und steigt auf einem abschüssigen Waldpfad parallel zu einem Bacheinschnitt linker Hand bis zum Talgrund ab (1.35 Std.). Der Pfad führt dann durch dichte mediterrane Vegetation, verbreitert sich und trifft auf einen Fahrweg (1.45 Std.).

Man folgt diesem breiten Weg nach links, geht nach 100 m bei einer Wegkreuzung vor einer niedrigen Kuppe mit einem restaurierten Bauernhaus und einigen Zypressen wieder links. Auf einem breiten Weg bergab. Von rechts mündet ein Weg vom Anwesen Le Foreste ein; kurz darauf folgt ein Abzweig nach links, an dem man sich rechts hält. Der Weg senkt sich durch Wiesen, Schafweiden und Olivenhaine nach Südosten. Vor einem Bauernhaus biegt man nach links ins Tal, wo man auf einen Querweg trifft. Man geht nach rechts. 5 Min. später passiert man einen kleinen Marienaltar links vom Wege und erreicht gleich darauf bei einer Orientierungstafel den Platz **Crocino** (2.15 Std.).

Gegenüber der Orientierungstafel zweigt man nach links auf einen Feldweg (Markierung: gelber Balken). Dieser steigt etwas an. In einer deutlichen Linkskurve ca. 20 m vor dem höchsten Punkt des Weges wendet man sich nach rechts auf einen Pfad. Dieser führt nach 10 m, etwas nach links biegend, in einem Waldsaum abwärts zu einem Bach. Man überquert den Bach, folgt ihm dann auf einem schönen Pfad im Wiesengrund, geht an einem Brunnen vorbei, stößt schließlich auf einen Fahrweg. Nach rechts gehen, nach 20 m bei einem breiteren Weg nach links biegen (2.45 Std.). Auf diesem Weg zwischen einigen neueren Häusern erreicht man eine Straße beim Ortsrand von **Suvereto.** Auf der Straße nach links, in 5 Min. – an der Busstation vorbei – zum alten Ortskern (3 Std.).

AM WEGE

Campiglia Marittima: Hervorragend erhaltene mittelalterliche Kleinstadt mit alten Gassen, steinernen Häusern, Treppenwegen und Torbögen. Die Burg (Rocca) stammt aus dem 12./13. Jh. Das mittelalterliche, in späteren Jahrhunderten mehrfach umgebaute Rathaus (Palazzo Pretorio) zeigt an der Fassade zahlreiche Wappen von Bürgermeistern der Renaissance-Zeit.

Suvereto: Auch Suvereto hat ein weitgehend mittelalterliches Stadtbild. Gut erhalten sind die Stadtmauern und das Stadttor. Unmittelbar vor den Mauern steht am südlichen Stadtrand die romanische Kirche San Giusto mit reichgeschmücktem Portal. Bemerkenswert sind auch das Rathaus (Palazzo Communale) aus dem 13. Jh., der kleine San Francesco-Kreuzgang und die Ruinen der Burg.

25
Auf der Insel Elba

Von Marciana nach Pomonte

Die Wanderung führt mit herrlichen Ausblicken auf das Meer und die felsige Berglandschaft durch den Westen Elbas, den ursprünglichsten und am wenigsten erschlossenen Teil der Insel. Von dem hübschen Dorf Marciana (im Unterschied zu Marciana Marina wird es auch als Marciana Alta bezeichnet) gelangt man auf einem gepflasterten Pilgerweg zur Wallfahrtskirche Madonna del Monte, wandert dann durch schöne, vor allem im Mai und Juni intensiv blühende Macchia-Vegetation hoch am Hang nach Pomonte.

WEGVERLAUF: Marciana – Madonna del Monte (45 Min.) – Il Troppolo (1.30 Std.) – Pomonte (1.45 Std.)

DAUER: 4 Std.

Erdbeerbaum

HÖHENUNTERSCHIEDE: Rund 450 m Anstieg, 900 m Abstieg

SCHWIERIGKEITSGRAD: Mittelschwer bis anstrengend

WEGBESCHAFFENHEIT: Feld- und Waldwege, stellenweise gepflastert, einige steinige Abschnitte; schmale Pfade

WANDERKARTE: Multigraphic Isola d'Elba 1:25 000, Kompaß Nr. 650 Isola d'Elba 1:30 000

MARKIERUNG: Rot-weiß; gut 3 Std. auf Weg Nr. 3, am Schluß auf Weg Nr. 4

EINKEHRMÖGLICHKEITEN: In Marciana und Pomonte

AN- UND ABFAHRT: **Anfahrt** nach Marciana: **Mit dem Bus** von Portoferraio und Marciana Marina werktags vormittags alle ein bis zwei Stunden, sonn- und feiertags ab Portoferraio 9.45, 11.10 Uhr, ab Marciana Marina 10.20, 11.45 Uhr. **Rückfahrt** von Pomonte: Nach Marciana – Marciana

WANDERUNG 25

Blick auf den Monte Capanne, Elba

Marina – Portoferraio werktags 15, sonn- und feiertags 16.55 Uhr; Busstation bei der Kirche von Pomonte.
Busauskunft Elba: ✆ 91 43 92/ 91 47 83

▶ DER WANDERWEG

Von der Dorfkirche in **Marciana** geht man auf dem rot-weiß markierten Wanderweg Nr. 3 durch die Gassen des Ortes aufwärts und folgt dabei zuerst dem Hinweisschild zum Museo Archeologico, dann den Wegweisern nach Madonna del Monte. Hinter den letzten Häusern von Marciana kreuzt man eine Querstraße und wandert auf einem ansteigenden Pflasterweg im Kastanienwald weiter. Bei einem Querweg nach gut 10 Min. geradeaus. Danach wird die Landschaft offener. Der gepflasterte Weg steigt mit schönem Blick zur Küste weiter an und führt schließlich zur Wallfahrtskirche **Madonna del Monte** (45 Min.).

Man geht rechts an der Kirche vorbei, hält sich bei der Gabelung nach 100 m

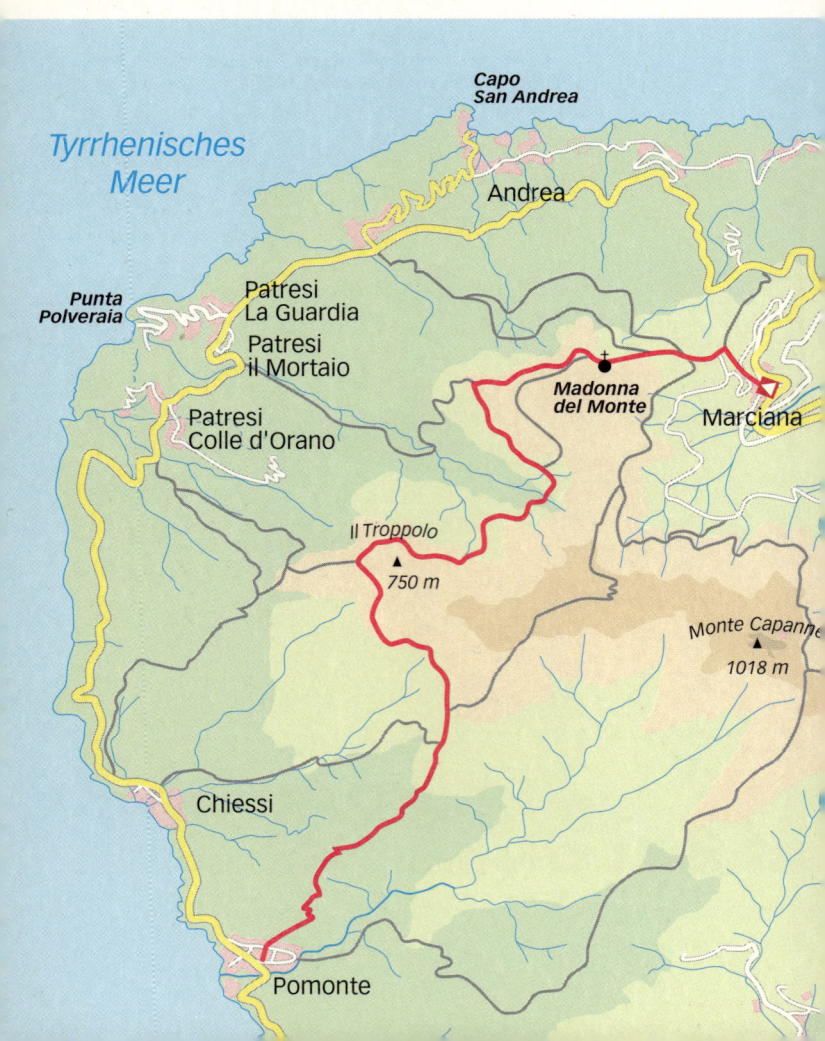

WANDERUNG 25

links in Richtung Chiessi/Pomonte (Wegweiser). Der Weg beschreibt hoch am Hang einen Linksbogen und passiert dabei einige bizarr verwitterte Findlingsblöcke. Gut 20 Min. nach Madonna del Monte steigt man durch dichte Macchia-Vegetation mit zahlreichen Erdbeerbäumen nach Südosten in ein Tal. In einem Kastanienhain passiert man eine Quelle (1.25 Std.). Der Weg beschreibt dann einen weiten Rechtsbogen und beginnt 5 Min. nach der Quelle zunächst leicht, später kräftig anzusteigen. Westlich unterhalb des Berggipfels **Il Troppolo** erreicht man schließlich den höchsten Punkt der Wanderung (692 m, 2.15 Std.).

Bei einer Gabelung 5 Min. später hält man sich links (Wegweiser »Chiessi«). Der Weg senkt sich durch offene Landschaft und bietet immer wieder schöne Ausblicke zum Meer. Zeitweise verengt er sich zu einem schmalen, etwas überwachsenen Pfad. Nach einem leichten Anstieg zweigt der markierte Weg Nr. 10 nach links ab (knapp 3 Std.); man bleibt hier, geradeaus gehend, auf dem Weg Nr. 3, der sich wieder in Richtung Meer senkt. Bei der folgenden Gabelung nach weiteren 15 Min. verläßt man den Weg Nr. 3, um in Richtung Pomonte dem beschilderten Weg Nr. 4 nach links abwärts zu folgen. Der Weg steigt in Serpentinen – stellenweise durch dichtes Kakteengestrüpp – nach **Pomonte** ab. Am Ortsrand trifft man auf eine Straße, folgt ihr 50 m nach rechts, biegt dann nach links auf einen Weg ins Dorfzentrum (4 Std.).

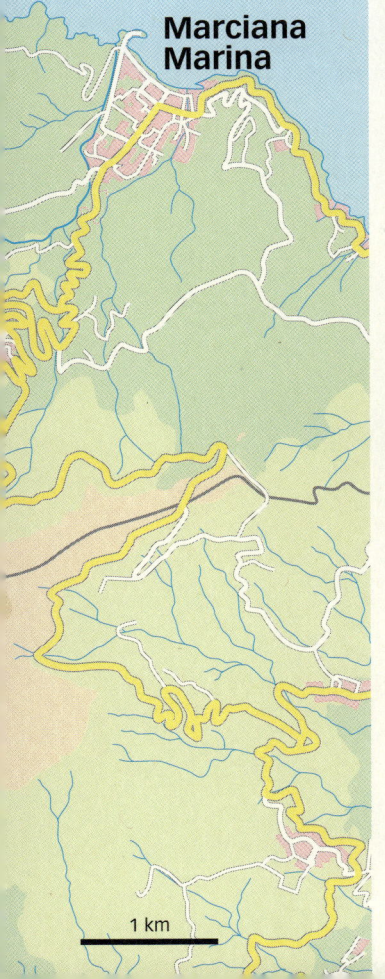

AM WEGE

Marciana: ein verwinkeltes Dorf auf 375 m Höhe mit hübschen Gassen und alten Plätzen.
Madonna del Monte: In der Wallfahrtskirche wird ein auf einen Felsen gemaltes Madonnenbild des 15. Jh. verehrt. In der benachbarten Einsiedelei lebte vom 23. August bis 5. September 1814 Napoleon Bonaparte.

Wanderung 25:
Von Marciana nach Pomonte

Toscanische Gebirge

Die Gebirgszüge der Toscana erreichen Höhen von 1500 bis gut 2000 m. Mit Ausnahme der schroffen und felsigen Apuanischen Alpen haben sie Mittelgebirgscharakter, sind mit Wiesen bewachsen und von ausgedehnten Wäldern bedeckt. Sie bieten zahlreiche Möglichkeiten zum Wandern. Allerdings erleben wir hier nicht die ›typische‹ Toscana der Hügellandschaften mit ihren Weinbergen, Zypressenreihen und Ölbaumpflanzungen; die Vegetation ist wegen der Höhenlage meist nicht mehr mediterran, sondern wirkt ›nordischer‹ und dunkler.

Die folgenden Wege führen in besonders charakteristische Gebiete der toscanischen Gebirge: in die **Apuanischen Alpen** mit ihren Marmorbrüchen und bizarren Felsformationen (Wanderungen 26 und 27) sowie in den **Apennin** bei Pistoia (Wanderung 28) und beim Franziskaner-Kloster La Verna (Wanderung 29).

In den Apuanischen Alpen

WANDERUNG 26

Felswildnis über grünen Tälern

In den Apuanischen Alpen bei Pietrasanta

Dichte Mischwälder bedecken die Flanken der südlichen Apuanischen Alpen. Darüber erheben sich steile Wände, Spitzen und Felstürme, die dem Gebirge trotz vergleichsweise geringer Höhe (bis 1945 m) einen ausgesprochen alpinen Charakter verleihen. Die Wanderung führt zum isolierten Felskegel des Monte Procinto, einem landschaftlich besonders markanten Punkt dieser Region. Für geübte Wanderer besteht die Möglichkeit, von hier aus auf einem Abstecher den Aussichtsberg Monte Nona zu besteigen.

WEGVERLAUF: Stazzema – Aglieta (1.10 Std.) – Rifugio Forte dei Marmi (40 Min.) – Stazzema (55 Min.); Variante: Stazzema – Aglieta (1.10 Std.) – Rifugio Forte dei Marmi (40 Min.) – Monte Nona (1.30 Std.) – Rifugio Forte dei Marmi (1 Std.) – Stazzema (55 Min.)

DAUER: 2.45 Std.; Variante: 5.15 Std.

HÖHENUNTERSCHIEDE: Gut 400 m An- und Abstieg; Variante: 900 m

SCHWIERIGKEITSGRAD: Mittelschwer; Variante: Anstrengend. Der Weg vom Rifugio Forte dei Marmi zum Monte Nona verlangt zwar keine bergsteigerische Erfahrung, ist aber stellenweise exponiert und deshalb für Wanderer mit Höhenangst nicht geeignet. Trittsicherheit ist hier unerläßlich.

WEGBESCHAFFENHEIT: Gut zu gehende Waldwege und Bergpfade

WANDERKARTE: Multigraphic Nr. 101/102 »Alpi Apuane« 1:25 000

MARKIERUNG: Rot-weiß, wechselnde Numerierung (s. Wegbeschreibung)

EINKEHRMÖGLICHKEITEN: In Stazzema sowie beim Rifugio Forte dei Marmi und in der Berghütte La Baita. Beide Hütten sind nicht immer geöffnet.

UNTERKUNFT: Procinto* in Stazzema, ✆ 05 85/7 80 04. Ein weiteres Hotel in Ponte Stazzemese (4 km entfernt), weitere Hotels in Pietrasanta.

AN- UND ABFAHRT: **Busverbindung** Pietrasanta – Stazzemese werktags um 7.40, 12.20, 13, 14 und 17 Uhr. Rückfahrt ab Stazzemese um 8.15, 13.05, 13.40, 14.40 und 17.35 Uhr. Sonn- und feiertags keine Verbindung. Pietrasanta liegt an der **Bahnstrecke** Pisa – La Spezia.

DER WANDERWEG

Die Wanderung beginnt in **Stazzema** an der kleinen Piazza Umberto I. Man

145

durchquert den Ort auf der Hauptgasse in östlicher Richtung, geht am Brunnen Fontana di Carraia und dem Albergo Procinto vorbei, folgt dann der Via Renzo Sberna. Auf einem asphaltierten Weg verläßt man das Dorf, steigt an zu einer Querstraße (15 Min.) und geht auf ihr nach links. Die Straße beschreibt nach 100 m eine scharfe Rechtskurve. Nach weiteren 100 m zweigt man nach rechts auf einen Waldweg ab (rot-weiße Markierung, Weg Nr. 5/6, Wegweiser »Monte Forato«). Der Weg steigt an und beschreibt erneut eine Rechtskurve. Bei der gleich darauf folgenden Gabelung hält man sich auf dem markierten Weg Nr. 6 links.

Es geht im Wald auf einem meist steingepflasterten Maultierweg stetig bergauf. Vor einem kleinen Gebäude zur Linken (45 Min.) beschreibt der Weg einen Rechtsbogen und gelangt, etwas steiler ansteigend, zu einem Haus mit schönem Meerblick. Man passiert ein weiteres Grundstück, wandert ein Stück unterhalb der im Osten aufragenden Steilwand des Monte Procinto und erreicht das Anwesen **Aglieta** (Holzschild, 1.10 Std.) mit guter Sicht auf den höchsten Berg dieses Teils der Apuanischen Alpen, den Pania della Croce (1858 m).

Es folgt ein ebenes Wegstück im Wald. An seinem Ende biegt man scharf nach rechts auf den Weg Nr. 121 (Hinweisschild: »Per la Baita«). Der Weg steigt im Wald an. Bei einer Gabelung hält man sich links und gelangt zu einem Aussichtsplatz mit weitem Blick zur Küste. Von hier geht man nach links abwärts zur Berghütte La Baita. Hinter der Hütte folgt man einem absteigenden Waldpfad, erreicht in 5 Min. einen Brunnen und dahinter einen Querweg. Sich links (geradeaus) haltend, kommt man in weiteren 5 Min. zum **Rifugio Forte dei Marmi** am Fuß der Steilwand des Monte Nona (868 m, 1.50 Std.).

Von hier können trainierte Wanderer zum Monte Nona aufsteigen (s. Variante). Der direkte Rückweg nach Stazzema folgt zunächst für 5 Min. dem Hinweg. Bei der Gabelung vor dem Brunnen biegt man nach links abwärts (rotweiße Markierung Nr. 5). Auf diesem nicht zu verfehlenden Maultierweg gelangt man absteigend nach ca. 30 Min. wieder auf den Hinweg und geht auf ihm zurück bis **Stazzema** (2.45 Std.).

Variante
Für den Aufstieg zum Monte Nona geht man links an den Gebäuden des Rifugio

WANDERUNG 26

Das Bergdorf Cardoso

vorbei, zweigt 100 m danach nach links in den Weg Nr. 5. Dieser steigt in Serpentinen an, führt, nach Süden biegend, ein Stück exponiert unterhalb einer Felswand am Hang entlang. Danach geht es im Wald weiter bergauf. Man passiert ein Felstor und gelangt schließlich zum Bergsattel südlich des Monte Nona (1139 m, knapp 3 Std.). Hier wendet man sich nach links und folgt jetzt einem durch rote Punkte und blaue Striche markierten Pfad, der nach Norden auf den langgestreckten, völlig offenen Höhenrücken des **Monte Nona** hinaufführt. Etwa 25 Min. nach dem Sattel erreicht man den Gipfel (1279 m, 3.20 Std.), von dem sich herrliche Ausblicke auf die umgebende Bergwelt bieten. Man geht auf dem gleichen Weg zurück zum **Rifugio Forte dei Marmi** (4.20 Std.). Von hier nach Stazzema folgt man dem oben beschriebenen Hauptweg.

Wanderung 26:
In den Apuanischen Alpen bei Pietrasanta

27

In den Marmorbergen

Bei Carrara

Carrarischer Marmor gilt als der schönste der Welt. Hier fand bereits Michelangelo das Material für seine Skulpturen. Doch die Arbeit in den Marmorbrüchen war – und ist noch immer – äußerst mühselig und gefährlich. Die Wanderung führt in die Marmorberge oberhalb von Carrara, eine alpin wirkende Landschaft mit steilen Graten und Felsbastionen. Man genießt auf der Höhe weite Ausblicke auf das Meer und auf die einsame Bergwelt.

WEGVERLAUF: Colonnata – Vergheto (1 Std.) – Foce Luccica (30 Min.) – Colonnata (1 Std.). Hin- und Rückweg sind identisch.

DAUER: 2.30 Std.

HÖHENUNTERSCHIEDE: Rund 500 m An- und Abstieg zwischen Colonnata (532 m) und Foce Luccica (1029 m)

SCHWIERIGKEITSGRAD: Mittelschwer bis anstrengend

WEGBESCHAFFENHEIT: Waldwege und Bergpfade

WANDERKARTE: Multigraphic Nr. 101/102 »Alpi Apuane« 1:25000

MARKIERUNG: Rote bzw. rot-weiße Balken, Weg Nr. 38

EINKEHRMÖGLICHKEITEN: Bar und Restaurants in Colonnata; in Vergheto eine Schutzhütte (Rifugio Monte Sagro) mit Bar und Restaurant (von Juni bis September täglich, sonst nur am Wochenende geöffnet).

UNTERKUNFT: Hotels in Carrara. Einfache Unterbringung (eigenen Schlafsack mitbringen!) im Rifugio Monte Sagro in Vergheto (s. oben; telefonische Auskunft abends unter ✆ 0585/315284 bzw. 315389).

AN- UND ABFAHRT: Werktags 7 **Busverbindungen** zwischen Carrara und Colonnata, sonn- und feiertags 3 Verbindungen

---

DER WANDERWEG

In **Colonnata** verläßt man den Dorfplatz (Bus-Endhaltestelle) auf der Zufahrtsstraße nach Osten, zweigt nach 20 m vor einer Trattoria nach links in eine leicht ansteigende Gasse (ab hier Wegmarkierung, Weg Nr. 38). Man erreicht nach 5 Min. eine Kirche; einige Minuten danach endet die Asphaltierung. Man geht auf schmalem Pfad geradeaus weiter, passiert gleich das Haus Nr. 41. Auf einem steingepflasterten Maultierpfad wandert man oberhalb eines Bachtals. Nach 15 Min. über-

WANDERUNG 27

Marmorsteinbruch bei Carrara

quert man den Bach auf einer kleinen Brücke nach rechts.

Es folgt ein längerer Serpentinenanstieg im Kastanienwald. Bei verschiedenen undeutlichen Abzweigen bleibt man auf dem markierten, stellenweise gepflasterten Hauptweg. Der Weg erreicht schließlich eine Waldlichtung mit Aussicht auf das Meer und bald darauf den Höhenkamm, auf dem man in nördlicher Richtung weiterwandert. An einem schön gelegenen Bruchsteinhaus vorbei steigt der Weg weiter an. Man erreicht den alten, nicht mehr ständig bewohnten Weiler **Vergheto,** der nur zu Fuß erreichbar ist (865 m, 1 Std.).

Der markierte Pfad führt mit guter Sicht auf die umliegenden Berge am Höhenkamm entlang weiter nach Norden und beschreibt nach rund 15 Min. am Hang einen leichten Linksbogen. Schließlich schwenkt er etwas nach rechts und steigt für ein kurzes Stück steiler an bis zum Paß **Foce Luccica** (1029 m, 1.30 Std.). Von hier oben genießt man weite Ausblicke zu den schroffen Bergflanken des Monte Cavallo (1886 m) und des Monte Tambura (1895 m).

Man kehrt auf gleichem Weg in rund einer Stunde nach **Colonnata** zurück (2.30 Std.).

Wanderung 27: Bei Carrara

28

Maultierpfade zu den Höhen

Im Apennin bei Pistoia

Nördlich von Pistoia liegen in den Vorbergen des Apennin mehrere alte Weiler, die man bis in jüngste Zeit nur auf gewundenen Maultierpfaden erreichen konnte. Die Wanderung folgt ein langes Stück einem dieser kunstvoll angelegten Wege. Vom Tal des Flüßchens Limentra steigt sie an zum abgeschiedenen Dorf Sambuca, dann weiter auf den Poggio la Croce, einen Aussichtsberg mit weitem Panorama über die einsame Bergwelt des mittleren Apennin.

WEGVERLAUF: Taviano – Sambuca (45 Min.) – Poggio la Croce (1.30 Std.) – Sambuca (1 Std.) – Taviano (30 Min.)

DAUER: 3.45 Std.

HÖHENUNTERSCHIEDE: 550 m An- und Abstieg

SCHWIERIGKEITSGRAD: Der lange Anstieg von Taviano zum Poggio la Croce ist weniger anstrengend, als es die Höhendifferenz vermuten läßt. Auf dem Maultierweg geht es nirgendwo übermäßig steil bergauf.

WEGBESCHAFFENHEIT: Überwiegend schmale Waldwege, teilweise mit gut erhaltener alter Pflasterung. Rund 30 Min. auf kaum befahrenem Asphaltsträßchen.

WANDERKARTE: Multigraphic Nr. 21/23 »Appennino Toscoemiliano« 1:25 000

MARKIERUNG: Rot-weiß

EINKEHRMÖGLICHKEITEN: Bar in Taviano

AN- UND ABFAHRT: Mit öffentlichen Verkehrsmitteln: Mit der Bahn zur Station Ponte della Venturina an der Linie Pistoia – Porretta Terme – Bologna (ab Pistoia 8.17, 9.20, 11.20, 12.19 Uhr, zurück 13.23, 15.23, 17.23, 18.23, 20.23 Uhr; Fahrzeit 50 Min.). Von hier weiter mit dem Bus zum 4 km entfernten Taviano (täglich 8 Verbindungen, nur werktags.) Mit dem **Pkw** von Pistoia aus auf der N 64 Richtung Poretta/Bologna nach Taviano (30 km).

DER WANDERWEG

Der Ausgangspunkt befindet sich beim Dorfkirchlein von **Taviano,** an der Hauptstraße nach Pistoia. Man überquert hier auf einer schmalen Steinbrücke die Limentra, geht zwischen einigen Häusern hindurch und steigt ca. 50 m an. 20 m vor einem weiteren Haus zweigt man nach rechts auf einen grasüberwachsenen Pfad ab (Markierung: roter und weißer Balken). Der gepflasterte alte Weg steigt in Serpentinen aus dem Tal auf. Bei einer Kirche

Wanderung 28:
Im Apennin
bei Pistoia

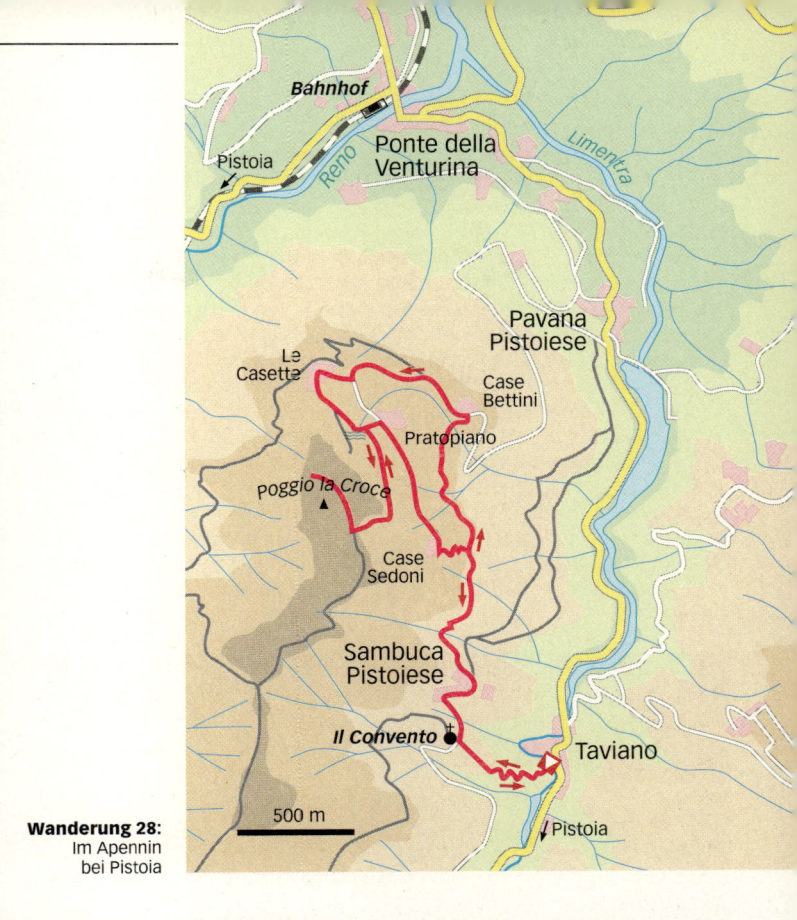

gelangt man zu einem Sträßchen und folgt ihm nach rechts zum Dorf **Sambuca Pistoiese** (45 Min.).

Das Sträßchen mündet in einen Pflasterweg, der in den für Fahrzeuge nicht zugänglichen winzigen Ort hineinführt. Bei einem Brunnen wendet man sich nach links zur Dorfkirche aufwärts. Hinter dem Kirchturm nimmt man den nach Westen ansteigenden grasüberwachsenen Pfad, der 50 m weiter zwischen dem Friedhof und einer Ruine nach rechts biegt. Die Mauerreste rechter Hand gehören zur mittelalterlichen Burganlage von Sambuca, das eine strategisch wichtige Position an der »Via Francesca«, der alten Verbindung von Bologna nach Pistoia, einnahm.

Bei einem Querpfad gleich nach dem Friedhof wendet man sich nach links. Man folgt weiter dem rot-weiß markierten Hauptpfad, der ein Stück eben verläuft, dann nach ca. 5 Min. mit gut erhaltener Pflasterung ansteigt. Ca. 20 Min. nach Sambuca führt der Weg ein Stück durch dichten Tannenwald und gabelt sich; man geht rechts. (Auf dem linken Weg kommt man zurück). Bei einigen Häusern (Case Bettini) trifft man schließlich auf ein Sträßchen (1.25 Std.), dem man nach links aufwärts folgt. Bei der Gabelung am Ende der Asphaltierung hält man sich rechts und erreicht gleich darauf den nur aus wenigen Häusern bestehenden Weiler **Le Cassette** (1.40 Std.).

Beim ersten Haus zweigt man nach links auf einen Pfad ab, der kurz durch dichten Tannenwald führt und 5 Min. ab Le Cassette bei einem Brunnen und einem Betongebäude rechter Hand endet. Hier geradeaus einige Meter die Böschung hochsteigen, dann nach rechts einen deutlichen Pfad einschlagen. Dieser steigt gut 20 Min. in einem langgezogenen Rechtsbogen im Wald an. Bei einer Gabelung (2.05 Std.) verläßt man den markierten Weg und geht nach rechts. Auf schmalem Pfad über Wiesen und durch Buschwerk noch ca. 10 Min. in nordwestliche Richtung weiter aufwärts bis zur offenen Kuppe des **Poggio la Croce** (2.15 Std.). Man blickt weit über bewaldete Täler und die Bergflanken des Apennin, der hier nach Nordwesten bis auf 2160 m ansteigt.

Vom Poggio la Croce geht es zunächst auf dem Hinweg zurück bis zum Brunnen am Betongebäude bei Le Cassette. Hier nimmt man die Fahrspur nach rechts abwärts zum Weiler Pratopiano, der 100 m unterhalb liegt. Beim Querweg am Ortsrand biegt man nach rechts (rot-weiße Markierung), geht durch den kleinen Ort (2.40 Std.) und an seinem Ende geradeaus auf einem Fahrweg weiter. Der Fahrweg endet, nach links biegend, bei einigen verlassenen Häusern im Wald, den Case Sedoni (2.55 Std.). Man geht nach links zwischen den Häusern Nr. 2 und 3 hindurch, nimmt 20 m weiter den nach rechts abwärts führenden Maultierpfad. Auf diesem trifft man nach gut 5 Min. auf den Hinweg und folgt ihm zurück nach **Sambuca** (3.15 Std.) und **Taviano** (3.45 Std.).

Blick auf das Dorf
Sambucca Pistoiese

29

Der Wald des heiligen Franziskus

Rundweg bei La Verna

Buchen, Eichen und Tannen bedecken die Hänge des Monte Penna im toscanischen Apennin. An seinem Fuß liegt das Kloster La Verna. An diesen Ort zog sich der heilige Franziskus häufig zum Gebet und zur Meditation zurück, hier empfing er der Überlieferung nach 1224 die Stigmata. Die Wanderung führt an der Klosteranlage vorbei durch schattige Wälder zum aussichtsreichen Gipfel des Monte Penna.

WEGVERLAUF: Chiusi della Verna – Kloster La Verna (40 Min.) – Monte Penna (45 Min.) – Kloster La Verna (20 Min.) – Chiusi della Verna (30 Min.)

DAUER: 2.15 Std.

HÖHENUNTERSCHIEDE: Von Chiusi della Verna (960 m) über La Verna (1129 m) zum Monte Penna (1282 m) gut 300 m Anstieg und entsprechender Abstieg auf dem Rückweg.

SCHWIERIGKEITSGRAD: Langer Anstieg zum Monte Penna, der allerdings fast durchgehend auf schattigen Waldwegen verläuft und durch die Klosterbesichtigung unterbrochen wird.

WEGBESCHAFFENHEIT: Schmale Waldwege, zum Teil am Rande des Steilabfalls des Monte Penna. Vor allem mit Kindern ist hier Aufmerksamkeit geboten.

WANDERKARTE: Multigraphic Nr. 33/35 »Appennino Toscoromagnolo« 1:25 000

MARKIERUNG: Rot-weiße Längsbalken, Weg Nr. 051

EINKEHRMÖGLICHKEITEN: In Chiusi della Verna; im Kloster La Verna gibt es außerdem eine Bar.

UNTERKUNFT: Drei Hotels in Chiusi della Verna

ANFAHRT: Von Bibbiena (an der Privatbahnlinie Arezzo – Pratovecchio-Stia) fahren werktags fünf **Busse** nach Chiusi della Verna. **Mit dem Pkw:** Von Arezzo bis Chiusi della Verna 40 km, von Florenz aus 80 km

DER WANDERWEG

Die Wanderung beginnt im oberen Ortsteil von **Chiusi della Verna** an der N 208 (Bibbiena – Pieve S. Stefano) beim Abzweig der Nebenstraße nach Chitignano/Caprese Michelangelo. Man folgt der N 208 für 50 m in Richtung Pieve, biegt dann vor dem Ristorante/Albergo Da Giovanna nach links in den ausgeschilderten Weg zum Santuario della Verna (rot-weiße Markierung). Auf streckenweise gepflastertem Weg geht man in nordwestlicher Richtung bergauf.

Nach rund 20 Min. werden rechts oberhalb die Gebäude des Klosters La Verna sichtbar. Man trifft auf einen breiteteren Pflasterweg, folgt ihm nach rechts und steigt steil bis **La Verna** an (40 Min.). Durch ein Tor in der Klostermauer nach links biegend, gelangt man in das Innere der Anlage. Vom Platz vor der Klosterkirche hat man eine weite Aussicht über die bewaldeten Berge des Casentino.

Für den Aufstieg zum Monte Penna geht man, aus der Klosterkirche kommend, nach rechts durch ein Tor, steigt sofort danach nach links über Steinstufen an. Beim Ende der Treppe wendet man sich nach links aufwärts und gelangt 100 m weiter zu einem Steinhäuschen (Kapelle) am Rande des Hauses, von wo man einen weiten Blick nach Westen hat (Vorsicht am Rand der Steilkante!). Es folgt ein zehnminütiger steiler Anstieg an der Höhenkante entlang, dem Verlauf eines Holzzaunes rechter Hand folgend, dann ein kurzes ebenes Wegstück und ein erneuter Anstieg von 5 Min. zu einem Rastplatz unter Bäumen mit Blick auf eine Steilwand. Man folgt weiter dem markierten Pfad. Er steigt, dem Verlauf des Höhenrandes folgend, zunächst in nordöstlicher, dann in östlicher Richtung an. Bei einer weiteren Kapelle erreicht er den Gipfel des **Monte Penna** (1282 m, 1.25 Std.). Nach Norden öffnet sich von hier ein weites Panorama über das Bergland des mittleren Apennin.

Auf einem Waldpfad steigt man für 5 Min. nach Osten ab, biegt dann nach rechts in südliche Richtung. Bei einer deutlichen Gabelung im Wald (1.45 Std.) hält man sich rechts und erreicht auf bequemem, ebenen Weg gut 5 Min später erneut **La Verna.**

Man verläßt den Klosterbezirk auf der Zufahrtsstraße, die nach ca. 200 m bei Km-Stein 1,3 eine Talsenke durchquert. Hier biegt man nach rechts auf einen Waldpfad (rot-weiße Markierung), dem Hinweis »Docciane« folgend. Durch schönen Buchenwald abwärts gelangt man zum Hinweg und auf diesem wenig später zurück zum Ausgangspunkt (2.15 Std.).

AM WEGE

Das **Kloster La Verna** geht auf eine Schenkung des Grafen Orlando Cattani von Chiusi an Franziskus von Assisi zurück. Franziskus errichtete hier für sich und seine Glaubensbrüder einige einfache Hütten. Der Bau aufwendiger Klosterbauten hätte nicht den Vorstellungen des Heiligen entsprochen, der jeden weltlichen Besitz ablehnte. Von den heutigen Gebäuden geht nur das Kirchlein Santa Maria degli Angeli auf die Zeit des Franziskus zurück; es wurde in den folgenden Jahrhunderten allerdings erweitert und verändert. In der Kirche befindet sich ein schönes Terrakotta-Relief der Himmelfahrt Mariens von Andrea della Robbia (15. Jh.).

Wanderung 29:
Rundweg bei La Verna

WANDERUNG 29

In der Nähe des Klosters La Verna

Die große Chiesa Maggiore wurde zwischen 1348 und 1509 errichtet. Sie birgt zwei weitere Werke von Andrea della Robbia, die »Anbetung Christi« und die »Verkündigung«. Die Chiesa delle Stimmate stammt aus dem späten 13. Jh.

La Verna ist in der franziskanischen Tradition als der Ort von Bedeutung, an dem Franziskus die Stigmata (die Wundmale Christi) empfing. Dante schrieb darüber in der »Göttlichen Komödie«:

»Empfing auf rauhem Felsen
zwischen Tiber
Und Arno er das letzte Siegel,
welches
Sein Leib zwei Jahre lang noch trug
von Christus.«

Das Franziskanerkloster La Verna

Cortona und der Trasimenische See

Vom mittelalterlichen Städtchen Cortona bietet sich eine besonders schöne Aussicht über den südöstlichen Teil der Toscana. Das Panorama umfaßt die weite Ebene des Chiana-Tals, das Hügelland um Montepulciano und Pienza und die markanten Erhebungen des Monte Amiata und des Monte Cetona. Steigt man von der Stadt weiter an, so kommt auch die große Wasserfläche des Trasimenischen Sees in den Blick (Wanderung 30). Eine zweite Wanderung führt, ebenfalls mit herrlicher Aussicht, über die Hügelkämme unmittelbar am See. Sie hat ihren Ausgangspunkt in der Toscana, verläuft aber zum größeren Teil im benachbarten Umbrien (Wanderung 31).

Der Trasimenische See bei Tuoro

Grenzenloses Panorama

Bei Cortona

Schon von Cortona aus genießt man weite Blicke. Beim Anstieg zwischen Ginster- und Brombeerbüschen, Wacholder und kleinen Eichen werden die Panoramen im Osten der Stadt immer faszinierender. Nach den Bergen, den Hügeln und Ebenen der südöstlichen Toscana erscheint schließlich der Trasimenische See mit den Höhenzügen Umbriens. Auf einem steingepflasterten Maultierpfad kehrt man durch schönen Laubwald nach Cortona zurück. Im Frühjahr ist der Weg von blühenden Zistrosen, Erika und Ginster gesäumt.

WEGVERLAUF: Cortona–Torreone (30 Min.) – Straße Castel Gilardi-Sant' Egidio (gut 1 Std.) – Torreone (1.10 Std.) – Cortona (30 Min.)

DAUER: 3.10 Std. Da Hin- und Rückweg bis Torreone identisch sind, kann man eine Strecke Cortona-Torreone mit dem Bus fahren und die Wanderung so um 30 Min. verkürzen.

HÖHENUNTERSCHIEDE: 350 m An- und Abstieg

SCHWIERIGKEITSGRAD: Mittelschwer

WEGBESCHAFFENHEIT: Feld- und Waldwege, streckenweise steinige Pfade; 45 Min. auf Asphaltsträßchen ohne Verkehr

MARKIERUNG: Der zweite Teil des Weges ist rot-weiß markiert

EINKEHRMÖGLICHKEITEN: In Cortona. Bar auch in Torreone

UNTERKUNFT: Zahlreiche **Hotels** in Cortona, u. a.: San Michele****, Via Guelfa 15, ✆ 05 75/60 43 48, Fax 63 01 47; Miravalle***, Torreone, ✆ 05 75/6 22 32; Italia**, Via Ghibellina 5, ✆ 05 75/60 32 54, Fax 60 32 64. **Herbergen:** Istituto Santa Margherita, Via C. Battisti 15, ✆ 05 75/63 03 36 (wird von Nonnen geführt, preiswert); Convento Betania, Via G. Severini 50, ✆ 05 75/6 28 29 (kirchlich, Mehrbettzimmer); **Jugendherberge,** Via Maffei 57, ✆ 05 75/60 13 92.

Busverbindungen Cortona–Torreone (ab Piazzale Garibaldi; Bus Richtung Teverina) werktags 14.05 Uhr. Torreone – Cortona montags bis freitags (nicht in den Schulferien) 15.10 und 19 Uhr.

DER WANDERWEG

In **Cortona** steigt man auf zur Porta Montanina unterhalb der Festung (von der zentralen Piazza della Repubblica über Via Benedetti – gleich rechts in den Treppenweg Via Santucci – Via Berrettini – Piazza della Pescaia, hier nach links – Via San Cristoforo). Hinter dem Stadttor geht es knapp 1 km auf ebenem Sträßchen zum Weiler **Torreone** (knapp 30 Min. ab Piazza della Repubblica). Hier geradeaus über die Straße Cortona – Città di Castello, in einen Weg links neben der Kirche. Nach 100 m biegt man rechts in einen kleineren, steil ansteigenden Weg. Aufwärts zu einem Friedhof, vor diesem auf breitem Weg nach links. Man folgt dem leicht ansteigenden Weg mit schöner Aussicht, geht etwa 15 Min. nach dem Friedhof zwischen zwei Häusern hindurch und gleich danach bei einer Kreuzung geradeaus. Der Weg beschreibt einen Linksbogen, anschließend folgt man einem nach links aufwärts führenden Pfad (55 Min. ab Cortona. Geht man hier irrtümlich geradeaus, erreicht man nach wenigen Metern einen kleinen Neubau, bei dem ein breiterer Weg beginnt.)

Der Pfad steigt an bis zu einem breiten Weg vor einem gelben Haus. Man geht nach rechts und biegt wenige Schritte danach in einen ansteigenden Fahrweg nach links. 200 m weiter zweigt – kurz hinter einer Rechtskurve des Fahrwegs – ein steiniger breiter Weg nach rechts ab. Man folgt diesem ansteigenden Weg, der nach gut 10 Min. scharf nach rechts, dann wieder nach links biegt. Herrliche Aussicht auf den Trasimenischen See, die umbrischen Berge im Süden und Osten, den Monte Cetona und Monte Amiata im Südwesten, das Chiana-Tal und die toscanischen Hügel. Man geht auf einen Neubau zu, biegt 50 m vor ihm nach rechts und erreicht das **Sträßchen Castel Gilardi – Sant' Egidio** (1.35 Std.).

Man geht auf der Straße nach links, folgt ihr für eine knappe Viertelstunde. Bei der Toreinfahrt zum Grundstück Nr. 489 geradeaus, 5 Min. später in einen Fahrweg nach links abwärts (Schranke). Man geht vorbei an einem nach links abzweigenden Weg.

Gleich darauf biegt man nach links in einen den Weg kreuzenden Pfad (rotweiße Markierungen ab hier bis Cortona, Nr. 561) und steigt auf gepflastertem Maultierweg ab. Bald wird wieder der Blick auf Cortona und den Monte Amiata frei, später geht man durch Laubwald. Bei einem Anwesen wird der Weg breiter (2.20 Std.), am Hang geht es talabwärts. Bei einer Gabelung (der rechte Weg ist asphaltiert) geradeaus halten und zurück nach **Torreone** (2.45 Std.). Von hier nach Cortona mit dem Bus oder zu Fuß wie auf dem Hinweg (3.10 Std.).

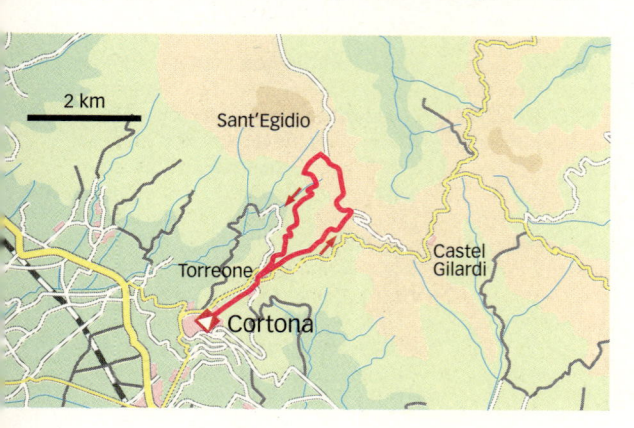

Wanderung 30: Bei Cortona

WANDERUNG 30

Cortona, historisches Rathaus

AM WEGE

Cortona, einst eine wichtige Stadt der Etrusker, bildet ein sehr gut erhaltenes mittelalterliches Architektur-Ensemble. Interessanter als die einzelnen Sehenswürdigkeiten ist das Gesamtbild der Stadt mit ihren steil ansteigenden Gassen und Treppenwegen am Berghang. Das Etruskermuseum zeigt etruskische, römische und ägyptische Funde. Das bedeutendste Einzelstück ist ein etruskischer bronzener Kronleuchter aus dem 5. Jh. v. Chr., ein einzigartiges Werk mit Musikanten-Reliefs. Das Diözesanmuseum beherbergt einige herausragende Gemälde von Fra Angelico und Pietro Lorenzetti (beide Museen sind montags geschlossen). Unterhalb der Stadt in Richtung Camucia befinden sich die Renaissance-Kirche Madonna del Calcinaio und das Etruskergrab Tanella di Pitagora (Hinweisschilder).

31

Friede über Hannibals Schlachtfeld

Vom Bahnhof Terontola nach Tuoro

Der Weg umrundet in einem Bogen eines der großen Schlachtfelder der Weltgeschichte: Hier besiegte Hannibal 217 v. Chr. die römische Armee. Aber nichts, außer einigen Gedenktafeln, erinnert an das grausame Geschehen. Im Gegenteil, der Weg ist ausgesprochen friedlich. Aus dem Chiana-Tal steigt man auf die Hügel über dem See. Mit herrlicher Aussicht auf Inseln, Dörfer und die umbrischen Berge wandert man auf der Höhe, steigt dann nach Tuoro ab. Der große Wasserspiegel, die Ölbaumkulturen, der Laubwald an den Hängen der Berge vermitteln den Eindruck der Idylle.

WEGVERLAUF: Bahnhof Terontola – Cortoreggio (20 Min.) – Sanguineto (1.30 Std.) – Tuoro (40 Min.) – Bahnhof Tuoro (25 Min.)

DAUER: 2.30 Std. bis Tuoro, 3 Std. bis Bahnhof Tuoro

HÖHENUNTERSCHIEDE: Rund 200 m An- und Abstiege

SCHWIERIGKEITSGRAD: Mittelschwer

WEGBESCHAFFENHEIT: Meist bequeme breite Wege. Zwischen Tuoro und Bahnhof Tuoro Asphaltsträßchen

EINKEHRMÖGLICHKEITEN: In Terontola Stazione und Tuoro

AN- UND ABFAHRT: **Mit der Bahn:** Am Bahnhof Terontola (10 km von Cortona entfernt) halten die Express- und Personenzüge der Linien Florenz–Arezzo–Rom und Foligno–Perugia–Terontola. **Rückfahrt** nach Terontola vom Bahnhof Tuoro täglich 12.14, 14.15, 18.10, 20.17 Uhr, werktags auch 14.39 Uhr, Fahrzeit 7 Min. Es empfiehlt sich, die Abfahrtszeiten vor Beginn der Wanderung am Bahnhof Terontola zu überprüfen. Dort auch Gepäckaufbewahrung. **Busse** von Tuoro zum Bahnhof Terontola montags bis freitags 13.50 und 15 Uhr. **Mit dem Pkw:** Zufahrt nach Terontola Stazione (3 km) von der Schnellstraße, welche die Autobahn Florenz–Rom mit Perugia verbindet (Abfahrt Castiglione del Lago/Cortona).

DER WANDERWEG

Am **Bahnhof Terontola** nimmt man die Via XX Settembre, überquert eine Querstraße, geht geradeaus in die Via Dante, dann rechts in die folgende Querstraße. Gleich darauf geht es auf breiter Straße nach links; 50 m weiter vor einer Kirche nach rechts. Auf

WANDERUNG 31

schmalem Weg zwischen Kornfeldern und Reben in östlicher Richtung. Man überquert eine Straße (15 Min.), geht auf einem asphaltierten Weg weiter nach Osten. Bei einem Quersträßchen zwischen den Häusern des Weilers **Cortoreggio** (20 Min.) nach links, gleich anschließend nach rechts biegen. 50 m weiter geht man bei der Abzweigung eines Weges (nach links) geradeaus; nach weiteren 50 m bei einer Gabelung links halten (die Asphaltierung endet). Anstieg unter Ölbäumen mit schönen Blicken zurück auf das Chiana-Tal. Nach rund 10 Min. biegt der Hauptweg unter Eichen nach rechts; hier geht man auf etwas schmalerem Weg geradeaus weiter.

Anstieg von weiteren 15 Min. bis zu einem Querweg auf der Höhe. Man biegt nach links, folgt dem Weg gleich darauf nach rechts (linker Hand steht hier ein gemauerter Brunnen). Nach weiteren 50 m biegt man vor einer Reihe von Pinien nach links (45 Min.). Der Weg steigt in Kurven an. Nach wenigen Minuten erblickt man rechts unten zum ersten Mal den See. Jetzt verläuft der Weg eben am Hang in nordöstlicher Richtung; nach kurzer Zeit taucht, ebenfalls rechts unten, das nächste Ziel auf, das Dörfchen Sanguineto, auf das die Wanderung in einem Bogen zuführt. Dahinter erblickt man Tuoro, in der Ferne liegt Passignano am Seeufer.

Man gelangt zu einer Wegkreuzung (nach links Aussicht ins Chiana-Tal und auf die Hügel der Toscana; 1 Std. ab Bahnhof Terontola). Bei der Kreuzung wendet man sich nach rechts in einen schmalen, bergan führenden Weg. Nach gut zehnminütigem Anstieg erreicht man einen breiteren, ebenen Weg (rot-weiße Markierung), dem man geradeaus folgt. Nach weiteren gut 5 Min. folgt eine Gabelung; man biegt nach rechts (abweichend von der Markierung, die nach links weist). Der Weg senkt sich. Mit schöner Aussicht auf den See wandert man absteigend rund 30 Min. bis zum Dorf **Sanguineto** (1.50 Std.).

Beim ersten Anwesen des Dorfes geradeaus gehen (nicht dem roten Pfeil nach rechts hinab folgen). Man passiert einen Gedenkstein für die Hannibal-Schlacht, gleich darauf eine Kapelle, erreicht in einem Rechtsbogen eine Kreuzung. Geradeaus weiter auf einem absteigenden Weg, der sofort nach links

Wanderung 31: Vom Bahnhof Terontola nach Tuoro

Fischer am Trasimenischen See

biegt. Knapp 5 Min. auf diesem breiten Weg bleiben, dann biegt man in einen schmaleren Weg nach rechts abwärts. (Rechts unterhalb steht hier eine Aussichtsplattform mit Erklärungen zur Schlacht.) Der Weg senkt sich, führt an einem Bauernhaus vorbei, biegt dann nach rechts. Wenige Meter hinter der Rechtskurve nimmt man die nach links abzweigende Via Fornello. Man folgt diesem Weg bis zur Asphaltierung. Hier wendet man sich nach links und sofort darauf wieder nach rechts, steigt leicht an bis **Tuoro** (2.30 Std.).

In Tuoro kann man die Wanderung beenden oder aber auf asphaltierten Sträßchen weiter absteigen bis zum Bahnhof Tuoro am Seeufer: Man überquert unterhalb des alten Ortskerns die Hauptstraße, geht dann schräg nach rechts abwärts. Kurz darauf wieder auf der Hauptstraße nach links, dann, 30 m weiter, in die erste Straße rechts (Schild »Senso unico«). An einer Gabelung rechts halten, dann gleich wieder links. Vorbei an einer Säule des römischen Forums mit einem Text, der an die Hannibal-Schlacht erinnert. Weiter geradeaus abwärts, vorbei an neueren Häusern. An einer Querstraße links. Blick auf das von Neubauten umgebene, alte Tuoro. Entlang der Straße bis zu einer Kreuzung, dort nach rechts abbiegen zum **Bahnhof Tuoro** (Wegweiser »Stazione«; knapp 3 Std.).

AM WEGE

Der **Trasimenische See** ist der viertgrößte See Italiens, jedoch nur bis zu 6 m tief. An den Ufern des Sees – in dem Gebiet, das man durchwandert – fand 217 v. Chr. eine Schlacht zwischen den karthagischen Truppen Hannibals und den Römern unter dem Konsul G. Flaminius statt. Hannibal drängte die Römer in einer Umfassungsschlacht in den See, der damals einen höheren Wasserstand hatte und das gesamte Becken ausfüllte, welches man umwandert.

Abstecher nach Latium – Am Bolsena-See

Der Bolsena-See gehört nicht mehr zur Toscana. Die folgenden Wanderungen fallen insofern aus dem Rahmen dieses Buches. Doch die Schönheit der Landschaft um den großen Vulkansee im Norden Latiums, seine leichte Zugänglichkeit und die Nähe zur Toscana, deren Grenze nur wenige Kilometer entfernt liegt, rechtfertigen die Ausnahme.

Seit jeher hat der See die Reisenden begeistert: *»Weithin öffnet sich die Gegend; Unten glänzt ein blauer See«*, beschrieb Ludwig Tieck 1805 seinen ersten Eindruck vom Lago di Bolsena. Von den Höhen blickt man auf die große Wasserfläche mit den Inseln Martana und Bisentina, auf die vielfältige Vegetation der Ölbäume, Weinreben und kleinen Laubwälder und auf die hübschen Fischerdörfer. In der warmen Jahreszeit lassen sich die Wanderungen mit Badepausen verbinden.

Am Bolsena-See

32

Warme, heitere Töne ...

Bei Grádoli

Die Rundwanderung am Westufer des Sees verläuft zunächst auf der Höhe, mit weiten Blicken über den Lago di Bolsena mit seinen Inseln, Dörfern und Städtchen, die Schlösser von Capodimonte und Marta. Man geht hinab zum Ufer, wandert am See entlang und steigt schließlich wieder an zum Ausgangspunkt Grádoli. »Die lichten Formen, die warmen, heiteren Töne«, von denen der Romantiker Ludwig Tieck sprach, kann man auf diesem Weg intensiv empfinden.

WEGVERLAUF: Grádoli – Straße Valentano-Fitigliano (1 Std.) – San Magno (1.10 Std.) – Piccione (1.15 Std.) – Grádoli (45 Min.)

DAUER: 4.10 Std.

HÖHENUNTERSCHIEDE: Rund 300 m Anstieg in zwei Abschnitten

SCHWIERIGKEITSGRAD: Mittelschwer

WEGBESCHAFFENHEIT: Meist breite bequeme Wege

MARKIERUNG: Bis San Magno rote Punkte und Pfeile

EINKEHRMÖGLICHKEITEN: Restaurant La Ripetta in Grádoli (ausgezeichnete Fischküche); Bar am Wanderweg (nach 2.40 Std., unregelmäßig geöffnet).

UNTERKUNFT: In Grádoli, s. S. 214

AN- UND ABFAHRT: **Busse** Bolsena – Grádoli 8.45, 13, 13.50, 14.30 Uhr, Grádoli – Bolsena 14.10, 14.50, 17.30 Uhr. Alle Busse nur werktags.

HINWEIS: Die Wanderung bietet gute Badegelegenheiten!

DER WANDERWEG

In **Grádoli** geht man vor einem Brunnen am Stadttor des alten Ortskerns auf einem Sträßchen (Via Margherita) nach rechts abwärts, gleich darauf an einem Platz nach links in die Via Montecorvo und an der nächsten Gabelung nach rechts. Über eine Brücke gelangt man zu einer Weggabelung am Ortsrand (Brunnen). Hier auf breitem, zunächst asphaltiertem Weg nach links aufwärts. Der Weg beschreibt eine Rechtskurve, verläuft dann eben durch Wein-, Öl- und Gemüsegärten.

Nach ca. 10 Min. kommt man an eine Gabelung; weiter auf dem rechten, nach 50 m im Bogen nach rechts abwärts führenden Weg. In ein kleines Tal, über eine Brücke, dann bei einer Gabelung (15 Min.) nach rechts aufwärts und rechts an einem Marienbild vorbei. Bei einer Gabelung fünf Minuten später hält man sich links. (Der Weg beschreibt

WANDERUNG 32

direkt nach der Gabelung eine Linkskurve). Bei den folgenden Abzweigungen bleibt man – streckenweise mit sehr schönen Blicken auf den See – immer auf dem ansteigenden Hauptweg, der in westlicher Richtung zum Kraterrand führt. Man erreicht den höchsten Punkt des Anstiegs kurz vor der **Straße Valentano–Pitigliano**, biegt – auf der Höhe angelangt – nach links (1 Std.). Man geht parallel zu der Straße, passiert ein Haus (linker Hand). Der Hauptweg biegt nach links ab; hier wandert man auf kleinerem Weg durch ein Wäldchen geradeaus, weiter parallel zur Straße. Man trifft wieder auf einen breiteren Weg. Hier neuerlicher Blick auf den See.

Kurz darauf folgt eine Wegkreuzung: Zwei Wege führen nach rechts zur Straße, einer schräg nach links (Grobrichtung: parallel zur Straße), ein vierter scharf nach links abwärts (Richtung See). Man nimmt den Weg parallel zur Straße. In der folgenden Linkskurve, ca. 150 m weiter, zweigt man nach rechts auf einen Feldweg ab und geht weiter parallel zur Straße. Beim folgenden Querweg, der vom Bauernhaus La Montagnola kommt, wendet man sich nach rechts zur Straße Pitigliano–Valentano, die man bei Km-Stein 37,6 erreicht. Man geht auf der Straße nach links, folgt ihr für etwa 150 m in südlicher Richtung, nimmt dann den zweiten Abzweig nach links, beim Beginn einer Rechtskurve der Straße (1.30 Std.). Der Weg verzweigt sich sofort. Man schlägt den abwärts führenden breiten Fahrweg ein, der zunächst nach rechts, dann in Richtung See nach links biegt.

Der Weg gabelt sich nach ca. 5 Min. oberhalb eines Häuschens. Man geht rechts, weiter abwärts. Der Weg führt durch Olivengärten und kleine Weinberge mit weiter Aussicht zum See. Man trifft auf die Uferstraße, biegt nach links, gelangt nach 200 m zur Kirche **San Magno** (2.10 Std.).

Weiter in gleicher Richtung auf der Seeuferstraße. Nach einigen Minuten biegt in einer leichten Linkskurve der Straße nach rechts ein Fahrweg ab, dem man am Seeufer entlang folgt. Eine Bar (2.40 Std.); bald darauf wird das Ufer, das bis dahin zumeist schilf-

Wanderung 32:
Bei Grádoli

Blick auf den Bolsena-See

bewachsen ist, besser zugänglich; verschiedene schöne Badeplätze. Nach 3.25 Std. biegt man zwischen einem neueren Haus (**Casa Piccione**) und einer Wellblechhütte nach links in einen Fahrweg ab. (Wenige Meter danach stehen rechts am Strand einige Nadelbäume. – Diese Abzweigung kann leicht mit anderen, vorangehenden verwechselt werden. Sicherer Anhaltspunkt: Es ist die letzte Abzweigung, bevor der Fahrweg auf ein Asphaltsträßchen trifft. Im Zweifelsfall gehe man bis zu dem Sträßchen, kehre dann zur Abzweigung zurück (ca. 500 m).

Der Weg kreuzt nach einigen Minuten eine Straße, steigt dann an. Ein Querweg bei einer Kapelle (3.50 Std.); man geht hier rechts. Schöner Blick auf den See und auf Grádoli. Man gelangt zu einer Straße, biegt auf ihr nach links, erreicht **Grádoli** (4.10 Std.).

AM WEGE

Grádoli, am Hang ca. 160 m über dem See gelegen, hat einen mittelalterlichen Ortskern. Großer Farnese-Palast des 16. Jh. (erbaut von Antonio da Sangallo il Giovane). Links neben dem Palazzo die Pfarrkirche Santa Maria Maddalena, mit Barockfassade.

Der Bolsena-See

Der Bolsena-See ist der größte See vulkanischen Ursprungs in Italien, der fünftgrößte See des Landes. Er ist kein einfacher Kratersee, sondern ging aus komplizierteren geologischen Prozessen hervor. Man nimmt an, daß sich unterhalb der Krater dieser Region durch den andauernden Ausstoß von Magma Hohlräume bildeten und nach und nach die Erdkruste über den Hohlräumen einbrach, so daß schließlich jene große Senke entstand, welche heute vom See ausgefüllt wird.

Die geschichtlich interessanteste Stadt auf den Wanderungen am Bolsena-See ist Montefiascone. Sie entstand in der Völkerwanderungszeit. In der Antike hatte sich – nach einer allerdings nie bewiesenen Überlieferung – an gleicher Stelle eines der bedeutendsten etruskischen Heiligtümer, das *Fanum Voltumnae,* befunden, bei dem sich einmal jährlich die Abgesandten aller etruskischen Stadtstaaten trafen. Im 13. Jh. diente Montefiascone, an der Frankenstraße nach Rom gelegen, vielen Päpsten als Sommerresidenz.

In den Orten am Seeufer, auch in den etwas weiter entfernten Grádoli und Montefiascone, ißt man hervorragende Fischgerichte. Besonders erwähnt seien Hecht *(luccio),* Aal *(anguilla),* Schlei *(tinca),* Karpfen *(carpa)* und *coregone* (entfernt dem Felchen ähnelnd). Grádoli hat einen eigenen Süßwein, den »Aleático di Grádoli«, Marta seinen lokalen Rotwein (»Cannaiola«) und Montefiascone den berühmten Weißwein »Est Est Est«, der ordentlich ist, aber nicht so, daß er zu Exzessen anregte. Ich habe insofern nie verstanden, wieso der Prälat Fugger sich ausgerechnet am »Est Est Est« zu Tode trank (vgl. S. 169). Vielleicht erklärt es sich am besten mit Victor Hehns Bemerkung zu den mittelalterlichen Trinkgebräuchen: »*Die Normannen im Süden, die deutschen Könige auf ihren Römerzügen und die sie begleitenden Herzöge, Grafen, Edlen und Mannen waren allesamt wackere Trinker, aber keine allzu kritischen und wählerischen Kenner.*«

33

Vom Weinstädtchen zum Fischerdorf

Von Montefiascone nach Marta

Montefiascone ist berühmt für seinen Weißwein »Est-est-est«, an dem sich angeblich einst ein deutscher Prälat zu Tode trank. Auf einer schönen und bequemen Wanderung am See erreicht man von hier aus Marta, das charakteristischste Fischerdorf des Lago di Bolsena. Die wunderbaren Ausblicke und die ruhige Stimmung gleichen den einzigen Nachteil des Weges aus: Er ist für rund 45 Minuten asphaltiert. Unterwegs bieten sich zahlreiche Badegelegenheiten.

WEGVERLAUF: Montefiascone – Le Coste (25 Min.) – Seeufer (45 Min.) – Marta (1.20 Std.)

DAUER: 2.30 Std.

HÖHENUNTERSCHIEDE: 200 m Abstieg, kein Anstieg

SCHWIERIGKEITSGRAD: Leicht

WEGBESCHAFFENHEIT: Feld- und Fahrwege, ca. 3 km asphaltiert

EINKEHRMÖGLICHKEITEN: Restaurants und Bars in Montefiascone und Marta sowie am Seeufer (Fischspezialitäten)

UNTERKUNFT: In Montefiascone: Altavilla**, Via del Pino 3, ✆ 0761/826414; Rondinella**, ✆ 0761/826162; Dante*, Via Nazionale 2, ✆ 0761/826015

AN- UND ABFAHRT: Rückfahrt Marta–Montefiascone etwa alle 2 Std., letzter **Bus** 15.30 Uhr, Fahrzeit 20 Min. Nur werktags! Verbindungen nach Bolsena: Bolsena–Montefiascone 8.45, 10.25, 11.30, 13, 13.55 Uhr; Marta–Bolsena direkt 13.20, 14.45 Uhr, mit Umsteigen in Montefiascone 15.30 Uhr. Ebenfalls nur an Werktagen.

DER WANDERWEG

Von der Piazza Roma in **Montefiascone** (Bushaltestelle) geht man auf der Hauptstraße in Richtung Bolsena. Nach knapp 10 Min. biegt man hinter einem Motorradgeschäft in ein Sträßchen nach links (Via Solferino della Battaglia). Das Sträßchen führt nach 30 m auf eine kleine Kuppe, senkt sich dann, mit Aussicht auf den See nach rechts führend. Bei einer Gabelung gleich darauf nach links hinab. Man folgt diesem Weg vorbei an einigen Neubauten; die Asphaltierung endet. Schöne Blicke auf den See.

Man gelangt wieder zu einem Asphaltsträßchen, biegt auf diesem nach links, kommt nach einigen Minuten bei den ersten Häusern des Dorfes **Le Coste** (25 Min.) zu einem Waschhaus. Hier nach links in einen abwärts führenden kleineren Weg. Bei zwei aufeinanderfolgenden Gabelungen geht man jeweils rechts. Man erreicht schließlich im Tal einen Querweg (50 Min.), geht auf diesem nach rechts. Leichter Anstieg, ein weiterer Querweg (1 Std.). Man geht links, erreicht die Straße Montefiascone – Lago und auf dieser das **Seeufer** (1.10 Std.). Auf der Seeuferstraße nach links biegen; am See entlang wandernd erreicht man **Marta** (2.30 Std.).

AM WEGE

Marta ist ein tausendjähriges Fischerdorf mit einer Reihe von mittelalterlichen Häusern und einer Burg (13. Jh.).

MONTEFIASCONE

Größte Ortschaft am Bolsena-See (4 km vom Seeufer entfernt auf einer Anhöhe gelegen; s. S. 167). Oberhalb des Ortszentrums Reste der **Festung** (Papstpalast); Blick über den Bolsena-See, zum Monte Amiata und den Ciminischen Bergen.

Dom Santa Margherita, Renaissance-Bau (16./17. Jh.) von Michele Sanmicheli und Carlo Fontana, mit großer Kuppel. Im Innern Marmorstatue der hl. Margherita (13. Jh.), Krypta.

San Flaviano, interessante romanische Kirche mit gotischen Stilelementen. Die Kirche besteht aus Unter- und Oberkirche. Die Unterkirche, mit gotischer Fassade, wurde im 11./12. Jh. erbaut, im 14. Jh. umgebaut (romanische Bögen an der Eingangsseite, gotische an der Altarseite). Sie erhält ihr Licht von der Oberkirche.

In der dritten Kapelle links die Grabplatte des Augsburger Prälaten Johannes Fugger mit der – kaum noch lesbaren – Inschrift »Est Est Est pr(opter) nim(ium) est hic Jo(annes) De-Fuk do(minus) meus mortuus est« – »Est Est Est, wegen zuviel davon ist hier mein Herr Johannes Fugger gestorben«. Eine berühmte Anekdote erzählt, der geistliche Würdenträger habe auf einer Reise nach Rom seinen Diener vorausgeschickt mit dem Auftrag, die Wirtshäuser mit gutem Wein mit der Aufschrift »Est« (»Hier ist er«) zu bezeichnen. In Montefiascone habe der Diener vor lauter Begeisterung »Est Est Est« an das Wirtshaus geschrieben; der Herr, der den Montefiasconeschen Wein gleichermaßen schätzte, habe sich dann daran zu Tode getrunken. Seither heißt der Wein von Montefiascone »Est Est

Wanderung 33: Von Montefiascone nach Marta

Zahlreiche Fresken schmücken das Innere der Kirche San Flaviano in Montefiascone

Est«; die Grabplatte in San Flaviano zieht, wie der Führer des Touring Club Italiano schreibt, »zahlreiche – vor allem deutsche – Touristen an«.

Schöne, vielfältige Kapitelle. Am vorletzten Pfeiler rechts Kapitell mit einem Männchen, das sich den Bart hält und der lateinischen Inschrift: »Ihr, die ihr unsere Kirche anschaut, betrachtet auch meinen Bart!« An einer anderen Seite desselben Kapitells sieht man die gleiche Figur sich lachend den Bauch halten; die Inschrift lautet: »Hier bin ich, ein gemeißelter Wächter, um die Dummköpfe hereinzulegen.«

Zahlreiche Fresken, die vor allem aus dem 14. Jh. stammen, schmücken die Wände. An der Eingangswand, rechts vom Portal: Verkündigung, Geburt Christi, Anbetung der Weisen. Im ersten Bogen rechts: Kreuzigung; Wunder des hl. Nikolaus. Zweiter Bogen: Madonna und Heilige; Kreuzigung; Johannes der Täufer und rechts unten Papst Urban IV. (Urban IV. ließ die Burg von Montefiascone erbauen). Rechte Apsis: Verkündigung (1575); mittlere Apsis: Christus mit hll. Paulus und Petrus; Martyrium des hl. Florian (16. Jh.); linke Apsis: Taufe Christi (16. Jh.). Im linken Seitenschiff, neben der Apsis: Grablegung, Heimsuchung, Gottvater, Verkündigung (alle 16. Jh.). Erste Kapelle links: Kindermord von Bethlehem (Pastura, 15. Jh.); über dem Eingang der Kapelle (Beleuchtung): Triumph des Todes, häufig gemaltes Motiv im von der Pest heimgesuchten 14. Jh.: Drei höfisch gekleidete Adlige treffen auf einem Ausritt auf zwei Skelette; im Hintergrund ein Eremit in einer Felslandschaft. An der Eingangswand, links vom Portal: Kreuzigung; Leben der hl. Katarina. In der Oberkirche, an der Eingangsseite, Thron Urbans IV. (1262) und päpstlicher Altar.

Durch das Chianti-Gebiet

Von Florenz nach Siena (5 Tage)

Eine fünftägige Wanderung in der wein- und waldbewachsenen Hügellandschaft des Chianti. Ginsterbestandene Hochflächen wechseln mit Ölbaumhainen, Bauernhäuser stehen neben mittelalterlichen Burgen, aus dunklen Bachtälern gelangt man in die hitzeflimmernde Luft der Kammwege. Große Strecken der Wanderung führen mit weiten Ausblicken am Hang entlang; immer wieder sieht man auf die charakteristische toscanische Landschaft der sich hintereinander wellenden Hügelreihen mit ihren sanften, verschwimmenden Farbtönen.

Es ist dies fast ausschließlich eine Wanderung der Natureindrücke. Das mag überraschen in einer Gegend, welche als ›Kunstlandschaft‹ berühmt ist. Aber die toscanische Kultur des Mittelalters und der Renaissance war Stadtkultur; außerhalb der Städte ist das Gebiet zwischen Florenz und Siena an Kunstwerken ärmer als die etruskische Südtoscana. Im Gebiet dieser Wanderung stellt die Landschaft selbst das ›Kunstwerk‹ dar: sie ist von Menschenhand kultiviert und ›ästhetisiert‹ worden (s. S. 14 f.). Die Formen der Bauernhäuser fügen sich mit den Pflanzungen der Weinreben, der Ölbäume, mit den Reihen der Zypressen vielfach zu Bildern von vollkommener Harmonie. Immer wieder erblickt man die ›typischen‹ Ansichten der Toscana. Daneben aber trifft man auch auf Seiten, welche mit den üblichen Toscana-Vorstellungen kaum übereinstimmen, sieht große dunkle Wälder, gelangt in macchia-artiges Gebüsch, erlebt die Stille feuchter Bachtäler.

Im ersten Abschnitt der Wanderung stellt sich ein Organisationsproblem: Zwischen Bagno a Ripoli (am Stadtrand von Florenz) und Passo dei Pecorai gibt es keine Übernachtungsmöglichkeit. Die Strecke ist auch von sehr geübten Wanderern kaum an einem Tag zurückzulegen (mehr als acht Stunden Wegstrecke). Es bleiben zwei Möglichkeiten, sofern man nicht mit dem Zelt wandert und somit von Hotels unabhängig ist: Man lasse das erste Teilstück aus und beginne die Wanderung in San Donato in Collina oder in San Polo in Chianti. Oder aber – die schönere Lösung – man kehre am Abend des ersten Wandertages von San Polo mit dem Bus nach Florenz zurück, übernachte dort, fahre am nächsten Morgen wieder nach San Polo und beginne dann die fortlaufende Wanderung. Busse zwischen Florenz und San Polo verkehren allerdings nur werktags!

Von Florenz nach Siena: 1.-3. Tag

Ich schlage folgende Einteilung der Tagesabschnitte vor:
1. Tag Bagno a Ripoli – San Polo in Chianti (4.30 Std.)
2. Tag San Polo – Passo dei Pecorai (3.20 Std.)
3. Tag Passo dei Pecorai – Greve in Chianti (3 Std.)
4. Tag Greve – Castellina in Chianti (5 Std.)
5. Tag Castellina – Siena (gut 5 Std.)

Alle **Hotels** am Wege sind auf Seite 176 f. aufgeführt. Die Wanderung ist auf dem ersten Teilstück bis kurz vor San Polo rot-weiß, im weiteren Verlauf mit roten Punkten und Pfeilen markiert.

Wanderkarten: Multigraphic Nr. 42/43 Monti del Chianti (1:25 000), Kompaß Nr. 660 Firenze–Chianti (1:50 000). Beide Karten decken die letzte Tagestour nicht ab; sie ist – allerdings nicht ganz vollständig – auf der Kompaß-Karte Nr. 661 Siena–Chianti (1:50 000) verzeichnet.

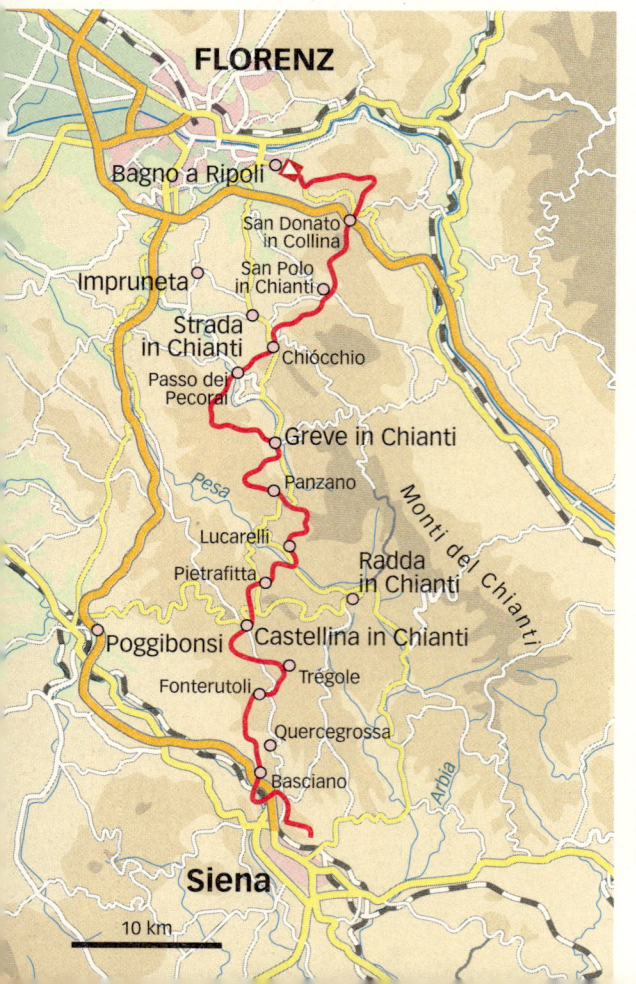

Wanderung 34:
Von Florenz nach Siena (5 Tage)

1. Tag: Von Bagno a Ripoli nach San Polo in Chianti

Wegbeschreibung: Siehe S. 43 ff. (Wanderung 3) und S. 67 f. (Wanderung 8, erster Teil). Dort finden sich auch alle Hinweise zur Anfahrt Florenz–Bagno a Ripoli und zur Hin- und Rückfahrt San Polo–Florenz.
Dauer: 4.30 Std.

2. Tag: Von San Polo nach Passo dei Pecorai

Wegbeschreibung: Siehe S. 69 ff. (Wanderung 8, Abschnitt San Polo in Chianti–Chiócchio.
Von Chiócchio bis Passo dei Pecorai: Aus Richtung San Polo in Chiócchio ankommend, biegt man auf der Hauptstraße nach rechts, nach 30 m (vor dem Restaurant »Il Gallo«) links in einen Fahrweg in südwestlicher Richtung (Via Colombaia). Man folgt immer diesem Weg mit Blick auf ausgedehnte Rebkulturen. Man erreicht das Weingut Villa Nozzole (20 Min. ab Chiócchio), biegt vor dem Anwesen scharf nach links, geht weiter auf breitem Fahrweg bis **Passo dei Pecorai** (50 Min. ab Chiócchio, 3.20 Std. ab San Polo).

Hotel, Restaurant, Lebensmittelgeschäfte: In Passo dei Pecorai, s. S. 72
Busverbindungen: Nach Florenz ab Passo dei Pecorai letzter Bus werktags 18.08, sonn- und feiertags 14.43 Uhr.
Hinweise zur Wanderstrecke: Siehe S. 67 (Wanderung 8)

3. Tag: Von Passo dei Pecorai nach Greve in Chianti

Wegbeschreibung: Siehe S. 72 ff. (Wanderung 9)
Dauer: 3 Std.

34
4. Tag: Im Herzen der Chianti-Region

Von Greve nach Castellina in Chianti

Diese Tour im Herzen des Chianti-Gebiets kombiniert zwei Wanderungen, die an anderer Stelle beschrieben wurden: Von Greve bis Lucarelli folgt man der Wanderung 10, von Lucarelli bis Castellina geht man – allerdings in der Gegenrichtung – auf dem Weg Nr. 11.

WEGVERLAUF: Greve in Chianti – Case Nuove (1.10 Std.) – Panzano (50 Min.) – San Leolino (30 Min.) – Lucarelli (30 Min.) – Scovo (30 Min.) – Pietrafitta (gut 30 Min.) – Castellina in Chianti (1 Std.)

DAUER: 5 Std.

HÖHENUNTERSCHIEDE: Zwei größere Anstiege: Greve – Panzano 300 m, Lucarelli – Pietrafitta 280 m. Insgesamt knapp 700 m Anstieg

SCHWIERIGKEITSGRAD: Bequem zu gehende Wege, aber anstrengend wegen der Dauer und der Anstiege

WEGBESCHAFFENHEIT: Feld- und Waldwege, Pfade, Fahrwege; rund 1 Std. auf kaum befahrenen Asphaltsträßchen

MARKIERUNG: Rote Punkte und Pfeile

EINKEHRMÖGLICHKEITEN: Restaurants in Greve, Panzano, Castellina. Bar mit Lebensmittelgeschäft auch in Lucarelli (Freitag Ruhetag)

UNTERKUNFT: In Greve, Panzano und Castellina, s. S. 176

HINWEIS: Die Kirche San Leolino bei Panzano ist von 12 bis 15 Uhr geschlossen.

DER WANDERWEG

Von Greve in Chianti bis Lucarelli s. Wanderung 10, S. 75 ff.; von Lucarelli bis Castellina in Chianti vgl. Wanderung 11, S. 80 ff. (Gegenrichtung).

In **Lucarelli** (3 Std. ab Greve) wendet man sich am Ortsrand auf der Hauptstraße nach links (Richtung Radda), durchquert das Dorf. Am Ortsende steht linker Hand eine Bar. Gegenüber der Bar steigt man auf einer Treppe nach rechts zum Fluß Pesa hinab, überquert den Fluß auf einer Brücke, biegt dann nach links, wandert parallel zum Fluß in südöstlicher Richtung. Nach einigen Minuten biegt der Weg nach rechts und führt – zwischen Weinreben rechter Hand und einem Gebüsch links – in südwestlicher Richtung auf die Hügel zu. Gleich darauf kreuzt man einen Fahrweg (links eine Brücke), geht auf einem Weg rechts vom Bach in gleicher Richtung wie bisher weiter. Man steigt in südlicher Richtung an, überquert nach einigen Minuten in einer scharfen Linkskurve den

WANDERUNG 34

Bach, steigt steil an. Bei einer Gabelung nimmt man den linken, zwischen Weinreben eben verlaufenden Weg und gelangt 100 m danach zu dem Anwesen **Scovo** (30 Min. ab Lucarelli). Geradeaus weiter zwischen einem Weinberg und einem Steinmäuerchen. 200 m hinter dem Haus, am Ende des Weinfeldes, biegt man in einen nach rechts ansteigenden Weg. Dieser wendet sich nach 20 m nach links, verläuft am Hang rechts oberhalb des Baches. Nach einigen Minuten beschreibt der Weg eine Rechtskurve, wendet sich dann wieder nach links, steigt – undeutlicher und etwas unwegsamer werdend – aus dem Tal heraus in südwestlicher Richtung steiler an.

Auf der Höhe wendet man sich nach links, geht auf ein Haus zu (Casuccia; 50 Min. ab Lucarelli) und rechts an diesem vorbei. An der Eingangsseite des Hauses trifft man auf einen breiteren Weg, geht auf diesem noch 20 m bis zu einer Gabelung und hält sich dort links, in südlicher Richtung. Gut 5 Min. nach dem Gehöft Casuccia trifft man auf einen breiteren Fahrweg; nach rechts gehen. Kirche und Burg von Pietrafitta werden sichtbar.

Man erreicht **Pietrafitta** (gut 1 Std. ab Lucarelli, 3.50 Std. ab Greve). Bei einer Gabelung am Ortsanfang links hoch zur Kirche, dann rechts an der Kirche vorbei. Der Weg senkt sich, beschreibt eine Linkskurve. Bei der Kreuzung unterhalb der Kirche geradeaus, dann eine Rechtskurve. Durch eine Zypressenallee abwärts zur Straße Florenz–Siena. Man überquert diese, steigt auf der anderen Seite auf einem Fahrweg an, biegt nach wenigen Metern hinter einem Haus nach links in einen ansteigenden, zunächst unscheinbaren Weg, welcher gleich darauf deutlicher erkennbar wird und auf dem Kamm eines Hügelrückens in südlicher Richtung weiter aufwärts führt. Schöne Blicke auf Wein- und Waldgebiete, einzelne Gehöfte und Kastelle, die Dörfer Pietrafitta und Panzano.

An einem Anwesen, dann an einer Häusergruppe vorbei; 50 m hinter der Häusergruppe biegt man – gegenüber von einem Schuppen – in einen ansteigenden Weg nach rechts (den linken

Bei Greve in Chianti

von zwei hier abzweigenden Wegen). Der Weg führt auf der Höhe weiter nach Süden. Nach einigen Minuten biegt man bei einer Gabelung nach rechts, gleich darauf wird Castellina sichtbar (35 Min. ab Pietrafitta). Bei einer Gabelung gleich danach geht man links. Der Weg führt bald darauf links an einem Haus vorbei abwärts zur Straße, erreicht diese bei den Quellen des Flusses Arbia. Man wendet sich nach rechts, folgt der Straße für gut fünf Minuten aufwärts, biegt dann – 100 m nach einer Linkskurve der Straße – nach rechts in einen Pfad im Gebüsch. Man erreicht neuerlich die Straße, geht rechts und gleich darauf in einen Fahrweg, welcher rechts aufwärts zu den Etruskergräbern des Monte Calvario führt (Wegweiser »Tombe Etrusche«). Auf gleichem Weg zurück zur Straße und zum Ortszentrum von Castellina (1 Std. ab Pietrafitta, 5 Std. ab Greve)

AM WEGE

Panzano und **San Leolino,** s. S. 78
Etruskergrab Monte Calvario und **Castellina in Chianti,** s. S. 82

---

5. Tag: Von Castellina in Chianti nach Siena

Wegbeschreibung und Hinweise: Siehe S. 86 ff. (Wanderung 13)
Dauer: gut 5 Std.

HOTELS
(Zwischen Florenz und Siena)

50122 **Florenz** (Auswahl)
Telefon-Vorwahl 0 55
Loggiato dei Serviti***, Piazza Santissima Annunziata 3, ✆ 28 95 92, Fax 28 95 95; Porta Rossa***, Via Porta Rossa 19, ✆ 28 75 51, Fax 28 21 79. Liana**, Via Vittorio Alfieri 18, ✆ 24 53 03, Fax 2 34 45 96. Mirella*, Via degli Alfani 36, ✆ 2 47 81 70; Azzi*, Via Faenza 56, ✆ und Fax 21 38 06.

Jugendherbergen und Campingplätze s. »Wanderinfos von A bis Z«

Passo dei Pecorai
Da Omero**, ✆ und Fax 0 55/85 07 16; Postanschrift: 50020 Greve – Passo dei Pecorai. Mit gutem Restaurant.

50022 **Greve in Chianti**
Albergo del Chianti***, ✆ 0 55/85 37 62, Fax 85 37 64; Da Verrazzano***, ✆ 0 55/ 85 31 89, Fax 85 36 48

Panzano
Villa Sangiovese***, ✆ 0 55/85 24 61, Fax 85 24 63. Preise auf Vier-Sterne-Niveau. Postanschrift: 50020 Greve in Chianti-Panzano

53011 **Castellina in Chianti**
Villa Casalecchi****, ✆ 05 77/74 02 40, Fax 74 11 11 (2 km vom Ort entfernt). Il Colombaio***, ✆ 05 77/74 04 44; Salivolpi***, ✆ 05 77/74 04 84, Fax 74 09 98; Villa Cagnano***, ✆ 05 77/74 09 21 (2 km vom Ort entfernt am Wanderweg in Richtung Siena).

Zwischen Castellina und Siena
Belvedere di San Leonino***, ✆ 05 77/ 74 08 87, Fax 74 09 24. Postanschrift: Loc. San Leonino, 53011 Castellina in Chianti. Ein besonders angenehmes Haus in schöner Lage auf dem Land. Knapp 3 Std. ab Castellina: Vom Wanderweg biegt man nach 2.30 Std. bei der Kreuzung Quattrostrade nach links ab in Richtung San Leonino, vgl. S. 89.

53100 **Siena** (Auswahl)
Telefon-Vorwahl 05 77
Minerva***, Via Garibaldi 72, ✆ und Fax 28 44 74; Duomo***, Via Stallo-

In der Nähe von Pietrafitta

reggi 34, ✆ 28 90 88, Fax 4 30 43. Lea**, Viale XXIV Maggio 10, ✆ 28 32 07. Garibaldi*, Via Dupré 18, ✆ 28 42 04. Alma Domus, Via Camporegio 37, ✆ 4 41 77 (kirchliches Hotel).

Jugendherberge und Campingplatz s. »Wanderinfos von A bis Z«.

Möglichst frühzeitige Voranmeldung ist in allen Hotels dringend empfohlen – gerade in der Wandersaison, im Frühjahr und Herbst, sind sie häufig langfristig ausgebucht. In Greve und Castellina gibt es keine Häuser der unteren Preisklassen; hier muß man mit mindestens 100 DM für eine Übernachtung im Doppelzimmer rechnen. Die einzige Alternative: Wildes Zelten (an der Wanderstrecke gibt es Campingplätze nur in Florenz und Siena). Bitte entzünden Sie dabei auf keinen Fall Feuer (Waldbrandgefahr!).

»Die Zeit der großen Anemonen«

Toscanische Landschaft in der Literatur

Die Toscana-Leidenschaft ist erst mit dem Beginn des 20. Jh. entstanden. Bis dahin zählte die Toscana – mit Ausnahme von Florenz – nicht zu den klassischen Reisezielen. In der romantischen Italien-Malerei ist sie kaum vertreten, und auch die alten Reiseberichte erzählen nicht viel von toscanischer Landschaft. Von Enthusiasmus ist beispielsweise bei Charles Dickens nichts zu spüren, der 1845 über die Region südlich von Siena als »sehr öde Gegend« mäkelte: »*Wir sahen nur Weinstöcke, die zu dieser Jahreszeit Spazierstöcken glichen. Dann ging es weiter, und zwar durch eine noch viel trostlosere Landschaft, so kahl und unwirtlich wie die Moore in Schottland.*« Goethe beobachtete in der Toscana die Techniken des Pflügens und die Form der Ölbäume, vermerkte aber kein Wort über die Schönheit der Hügellandschaft. Der Italien-Wanderer Johann Gottfried Seume nahm von der Toscana-Durchquerung nur die Impression mit: »*Siena ist ziemlich leer*«. Begeistert äußert sich unter den älteren Autoren nur Enea Silvio Piccolomini, der spätere Papst Pius II., der selbst aus der Toscana stammte. Er schrieb bereits im 15. Jh. erstaunlich moderne Landschaftsschilderungen:

»*Besonders das sienesische Gebiet, das zunächst an die Stadt grenzt, ist von unbeschreiblich reizvollem Anblick. Sanft ansteigende Hügel, die mit einheimischen Bäumen und Reben bepflanzt oder für das Getreide bestellt sind, schauen auf die heitersten Täler herab, wo Saaten oder Wiesen grünen und nie versiegende Bäche sich sprudelnd verteilen.*«

Mit dem 20. Jh. aber begann das Schwärmen. Hugo von Hofmannsthal schlug den Ton an:

»*Kaum auszudrücken ist, was diese Landschaft für Gefühle erregt … Die Spuren der Menschen, die ewigen unveränderten Hügel und Täler, ja die untergehende Sonne und die Wolken werden hier zu einer Einheit, die Olivenbäume, die Mauern und Burgen, die Friedhöfe, auf denen man sitzt, alles gehört zusammen …*«

WANDERUNG

Hermann Hesse dichtete auf den »Toskanischen Frühling«:

»Nun kommt die Zeit der großen Anemonen,
Mit denen alle Haine sich bekränzen;
In warmen Gärten reifen die Limonen,
Die Mauern dampfen und die Hügel glänzen.«

Josef Weinheber schilderte »Toskanische Landschaft«:

»Durch Hügel, überhaucht vom sanften Grau
vielreihig hingebreiteter Oliven,
verliert der Blick sich in das reinste Blau
...
Dort nimmt ein Himmel, milde ohnegleichen,
zu sich das große, heiligemäßige Land.«

Weniger poetisch schrieb Ludwig Thoma
(»Die Familie in Italien«):

»Mama hat sich das Wort ›Hain‹ angeeignet. Kurz vor
Florenz und im Anblicke der schönen Hügel ist es ihr
eingeschossen.
Olivenhain, Pinienhain, Zypressenhain.
Sie spricht es mit Wohllaut und Schmelz, so daß der Hörer
merkt und auch merken soll, wieviel tiefes Empfinden für
eine toskanische Landschaft in ihr wohnt und aufquillt.
...
Die Wirklichkeit sitzt daneben, hat drei Knöpfe der Weste
offen und raucht eine Zigarre.
Wenn man Papa ansieht, müßte man eigentlich an dem
Worte ›Hain‹ ersticken.
Mama schließt die Augen und träumt von Gestalten, die
sich besser für diese Landschaft eignen.«

Der Süden der Toscana

Zwischen Siena und dem Bolsena-See (11 Tage)

Diese große, schöne Streckenwanderung führt durch die unbekannte Toscana – von den sich endlos wellenden Hügel der Crete südlich von Siena durch das Vulkanmassiv des Monte Amiata zu den Kalk- und Tufflandschaften um Siena und Pitigliano und schließlich an den Bolsena-See im nördlichen Latium. Täglich ändert sich die Landschaft. Man wandert in einem ruhigen, oft sehr einsamen Gebiet. Nach Siena erreicht man keinen Ort mehr, der über 5000 Einwohner zählt. Auf der ganzen Strecke begegnet man keiner Fabrik, keinem Hochhaus, oft stundenlang keinem Auto. Die Dörfer sind zumeist unverbaut; die Natur ist von Menschenhand geformt, aber fast überall ›intakt‹.

Im Frühling – vor allem im Mai und Juni – blüht eine Vielzahl von Blumen am Wege, von den Mohnfeldern des Hügellandes bis zu den Orchideen des Monte Amiata. Im Herbst kommen, nicht weniger schön, auf den gepflügten Feldern die Erdfarben mit ihren Grau-, Braun- und Rot-Tönen zur Geltung.

Diese Wanderung durch harmonische, abwechslungsreiche, ›unzerstörte‹ Natur führt zu zahlreichen Kunstwerken, darunter einigen sehr bedeutenden. Gleich am ersten Tag erreicht man das Kloster von Monte Oliveto Maggiore mit dem schönen Renaissance-Freskenzyklus von Signorelli und Sodoma, gelangt dann zum reizvollen Montalcino und erlebt mit der romanischen Klosterkirche von Sant'Antimo einen künstlerischen Höhepunkt, findet gegen Ende der Wanderung in Sovana eine der interessantesten etruskischen Nekropolen und zwei beeindruckende romanische Kirchen sowie in Pitigliano einen großen mittelalterlichen Ortskern.

Die Übernachtungs- und Verpflegungsmöglichkeiten sind gut. Bei heißem Wetter kann die Wanderung anstrengend werden: Viele Strecken sind schattenlos, die Etappen sind nicht kurz und immer wieder finden sich Anstiege. Man sollte sich nicht völlig untrainiert auf diesen Weg machen. Aber die starken Eindrücke lohnen die Mühen.

Ich schlage vor, die Wanderung in elf Tagesabschnitten zurückzulegen. Es bieten sich jedoch zahlreiche Variationsmöglichkeiten. Die nötigen Informationen – insbesondere alle Hotels am Wege – werden auf S. 213 ff. aufgeführt.

1. Tag Anfahrt Siena–Monte Oliveto Maggiore (oder Chiusi–Monte Oliveto Maggiore); Wanderung Monte Oliveto Maggiore–Montalcino (5.45 Std.)

WANDERUNG 35

Bei Montalcino

Wanderung 35: Zwischen Siena und dem Bolsena-See (11 Tage)

2. Tag	Montalcino – Castelnuovo dell'Abate (Übernachtung nochmals in Montalcino; 2.45 Std.)	
3. Tag	Castelnuovo dell'Abate – Bagno Vignoni (3.40 Std.)	
4. Tag	Bagno Vignoni – Vivo d'Orcia (4.30 Std.)	
5. Tag	Vivo d'Orcia – Santa Fiora (5.15 Std.)	
6. Tag	Santa Fiora – Petricci (6 Std.)	
7. Tag	Petricci – Poggio Murella (3.45 Std.)	
8. Tag	Poggio Murella – Sovana (4.10 Std.)	
9. Tag	Sovana – Pitigliano (2.35 Std.)	
10. Tag	Pitigliano – Grádoli (6.15 Std.)	
11. Tag	Grádoli – Capodimonte (4.30 Std.)	

Die wichtigsten Variationsmöglichkeiten:

1. Tag: Wenn man Monte Oliveto Maggiore zu spät erreicht, um noch die lange Wanderung nach Montalcino zu unternehmen, kann man in gut 3 Std. bis Buonconvento gehen und von dort am nächsten Tag nach Montalcino wandern.

2./3. Tag: Trainierte Wanderer können die Strecke Montalcino – Bagno Vignoni an einem Tag zurücklegen.

7./8. Tag: Eine Variante führt über Saturnia, das wegen seiner warmen Quellen interessant ist.

8./9. Tag: Die Strecke Poggio Murella – Pitigliano kann auf einer anstrengenden Tour an einem Tag zurückgelegt werden.

Am 6.–9. Tag gibt es darüber hinaus weitere Variationsmöglichkeiten, da man auf diesem Streckenabschnitt in fast jedem Ort ein Hotel findet.

Wer nur einen Teil der Strecke wandern möchte, findet in allen Etappenorten Busse für die **Rückfahrt** (s. S. 184). Bitte berücksichtigen Sie bei Ihrer Planung, daß sonn- und feiertags zwischen Montalcino und Castelnuovo dell'Abate keine Busse verkehren; s. S. 191, »Hinweis«.

Die Wege sind nur auf kleineren Abschnitten markiert; die Orientierung ist aber im allgemeinen nicht schwierig. **Kartenmaterial** (leider stark veraltet): Massiccio del Monte Amiata 1:25 000, ed. Multigraphic Florenz (4.–6. Tag); topographische Karten des Istituto Geografico Militare (IGM) 1:100 000 Nr. 121 Montepulciano (1.–3. Tag) 129 Santa Fiora (7./8. Tag), 136 Tuscania (9.–11. Tag). Bezugsquellen vgl. S. 208 f. (»Wanderinfos von A bis Z«).

Die **Hotels** am Wege sind auf den Seiten 213 ff. aufgeführt.

Zu den **kulinarischen Spezialitäten** des Gebiets zählen der *Brunello di Montalcino,* einer der besten Rotweine Italiens; die Steinpilze *(funghi porcini)* des Monte Amiata; Wildschweingerichte *(cinghiale)* in der Gegend um Sovana und Pitigliano; die Fische (z. B. *coregone* und *persico*) des Bolsena-Sees.

Anreise

Das Kloster Monte Oliveto Maggiore ist nur einmal am Tag mit öffentlichen Verkehrsmitteln erreichbar: Bus ab Siena 14.05 Uhr (im Winterhalbjahr 13.50 Uhr), Ankunft in Chiusure 15.05 Uhr, von Chiusure noch 20 Min. Fußweg. Der Bus fährt nur werktags! Andere Anfahrtsmöglichkeiten: Mit dem Linienbus bis Buonconvento (ab Siena 10.45, 12.45, 16.30 Uhr, werktags auch 7, 13.35 Uhr, Fahrzeit 45 Min.) und von dort mit dem Taxi (Giorgio Lorenzetti, SHELL-Tankstelle, ☏ 0577/806094) oder mit dem Zug bis Asciano (ab Siena 8.14, 12.55, 14.55 Uhr, werktags auch 11.55, 13.52 Uhr, Fahrzeit 35 Min.) und ebenfalls weiter mit dem Taxi (Nedo Cassioli, Via Peschiera 5, ☏ 0577/718273). Die Taxifahrt kostet von beiden Orten rund 30000 Lire. Signor Cassioli übernimmt gegen einen Aufpreis von 20000 Lire auch den Gepäcktransport bis Montalcino.

Nach Asciano verkehren mehrmals täglich auch Züge vom Bahnhof Chiusi an der Hauptstrecke Florenz–Rom. Günstige Verbindung aus Deutschland: Nachtzug München–Neapel bis Chiusi (Ankunft 6.55 Uhr), Weiterfahrt nach Asciano 7.05 Uhr (nur werktags), Ankunft 7.59 Uhr.

Rückfahrt

Ab Bagno Vignoni, Vivo d'Orcia, Santa Fiora fahren Busse nach Siena. Von allen Orten zwischen Santa Fiora und Pitigliano erreicht man mit Linienbussen Grosseto; von dort Zugverbindungen nach Siena und Florenz. Im allgemeinen verkehrt – nur werktags! – je ein Bus am frühen Morgen und am frühen Nachmittag. Von Grádoli und Capodimonte fahren täglich mehrere Busse nach Viterbo; in Viterbo findet man Busse nach Rom und Züge nach Orte (D-Zug-Station an der Strecke Rom–Florenz).

Auskunft: Busgesellschaften TRAIN Siena, ☏ 0577/204111, Fax 223896; RAMA Grosseto, ☏ 0564/454169; ACOTRAL Acquapendente (Bolsena-See), ☏ 0763/74814.

35

1. Tag: In den Crete Senesi

Von Monte Oliveto Maggiore nach Montalcino

Getreidefelder und Schafweiden bedecken das Land südlich von Siena. Über weite Strecken sieht man kaum einen Baum. Wie Wellen eines erstarrten Meeres ziehen sich die Hügel hin. Eine Landschaft graphischer Akzente: Jedes Haus und jede einzelne Zypresse heben sich klar von der Umgebung ab. Die Wanderung führt durch diese herbe und eindrucksvolle Natur zu dem aussichtsreich gelegenen mittelalterlichen Städtchen Montalcino, in dessen Weinbergen der berühmte »Brunello« gedeiht.

WEGVERLAUF: Monte Oliveto Maggiore – Chiusure (25 Min.) – Fornacino (35 Min.) – Poggio Crocione (1.20 Std.) – Via Cassia (55 Min.) – Val di Cava (1.20 Std.) – Montalcino (1.10 Std.)

DAUER: 5.45 Std. **Abkürzungsmöglichkeit:** Man kann ab Val di Cava den Bus nach Montalcino nehmen, vermeidet damit die letzte Wegstunde mit anstrengendem Anstieg. Verbindungen 13.40 und 14.30 Uhr, nur werktags. Fahrkarten sind im Bus nicht erhältlich, sie müssen im voraus gekauft werden (in Siena oder in der Bar von Chiusure). **Variante:** Wanderung Monte Oliveto Maggiore – Buonconvento (3.15 Std.), dort Übernachtung und am nächsten Tag weiter nach Montalcino (4.10 Std.), vgl. S. 189 f.

HÖHENUNTERSCHIEDE: 600 m Anstieg in drei Abschnitten, davon 250 m auf dem letzten Teilstück Val di Cava – Montalcino

SCHWIERIGKEITSGRAD: Durch die Dauer und die Anstiege anstrengend, zudem bei Hitze fast schattenlos

WEGBESCHAFFENHEIT: Zumeist bequem zu gehende Feld- und Fahrwege, kurze Strecken querfeldein. Nach starken Regenfällen kann der Lehmboden streckenweise aufgeweicht sein.

EINKEHRMÖGLICHKEITEN: Bar-Ristorante La Torre beim Kloster Monte Oliveto Maggiore (Montag Ruhetag). Lebensmittelgeschäfte und Bar auch in Chiusure

UNTERKUNFT: Im Kloster sowie in Montalcino, s. S. 213

ÖFFNUNGSZEITEN des Klosters Monte Oliveto Maggiore: 9.15–12 und 15.15–17 Uhr (im Sommerhalbjahr bis 18.30 Uhr)

DER WANDERWEG

Vom Kloster **Monte Oliveto** aus geht man auf der Asphaltstraße Richtung Asciano. Kurz nach Km-Schild 9 biegt man in einer Linkskurve der Straße bei einem roten Häuschen nach rechts in

Zwischen Siena und dem Bolsena-See: 1. Tag

Bei Buonconvento

WANDERUNG 35

einen Weg, der sich bald zu einem Pfad verengt. Anstieg in Richtung **Chiusure,** man gelangt zur Straße, geht nach rechts ins Dorf (25 Min.). Man durchquert den Ortskern, verläßt das Dorf in Richtung San Giovanni d'Asso. Die Straße beschreibt am Ortsausgang eine Linkskurve (150 m bevor sie auf die Umgehungsstraße – *circonvallazione* – trifft); in dieser Kurve biegt man nach rechts in einen abwärts führenden Fahrweg.

Auf diesem abwärts, wieder aufwärts, zu einem Querweg und auf diesem nach rechts. Man erreicht das Gehöft **Fornacino** (knapp 1 Std.): links ein neueres weißes Haus, rechts ein kleines Bauernhaus. Zwischen beiden Häusern biegt man in einen kleineren, nach links abzweigenden Weg. Bei einer Gabelung kurz darauf (links ein Gatter) geht man geradeaus. Immer auf dem Kamm weiter, einmal ein verlassenes Haus passierend. Man erreicht einen etwas breiteren Querweg (1.40 Std.), geht in gleicher Richtung wie bisher weiter.

5 Min. später erscheint rechts ein Haus auf einem Hügel oberhalb des Weges; 100 m *vor* diesem Haus biegt man vom Weg nach links und geht auf einer Fahrspur durch ein Feld auf ein in etwa 300 m Entfernung sichtbares Haus zu. (Dieser Weg ist nach starken Regenfällen, bei schwerem Boden, kaum zu begehen; in diesem Fall s. Variante unten.) Vor dem Haus beginnt ein Fahrweg, auf welchem man die nicht-asphaltierte Straße Buonconvento–San Giovanni d'Asso erreicht (2.15 Std.), in der Nähe des von einer schönen Steineiche gekrönten Hügels **Poggio Crocione.** Auf der Straße geht man 50 m nach rechts, biegt dann in einen Fahrweg nach links.

Variante bei schlechten Bodenverhältnissen:
Man bleibt unterhalb des ›Hauses auf einem Hügel …‹ (s. letzten Absatz) auf dem Weg, geht links unterhalb des Hauses vorbei. Der Weg senkt sich; bei einer Abzweigung (nach rechts) geht man geradeaus, erreicht das große Anwesen Olimena (2.05 Std.). Weiter abwärts, vorbei an einem weiteren Bauernhaus, eine Linkskurve des Weges, dann eine Rechtskurve oberhalb eines Teiches. In dieser Rechtskurve biegt man nach links in einen kleineren Weg, überquert einen Bach, steigt dann steil an zur Straße Buonconvento–San Giovanni d'Asso (2.35 Std.). Auf dieser wendet man sich nach links, passiert das Kirchlein Pieve a Salti, dann den Hügel Poggio Crocione. Hinter dem Hügel biegt man nach rechts in einen Fahrweg (3.15 Std.).

Der Fahrweg steigt zunächst an (bei Abzweigungen dem Hauptweg folgen, bei einer Gabelung nach 5 Min. rechts gehen), senkt sich dann, führt an einem Gehöft (Poggioli) rechts vorbei, biegt unterhalb des Gehöfts nach links. Man erreicht gut 10 Min. nach dem Gehöft einen Querweg (2.45 Std.). Auf diesem geht man rechts. Bei einer Gabelung vor einem Bauernhaus auf dem Hauptweg nach links, bei einer weiteren Gabelung (bei einer Zypressenallee) nach rechts. Man gelangt absteigend zur **Via Cassia,** der Straße Siena–Rom, beim Km-Stein 195,3 (3.15 Std.).

Man biegt auf der Cassia nach links, geht bis zum Km-Stein 194,7, biegt hinter diesem nach rechts in einen ansteigenden Fahrweg, passiert das Gehöft Risveglio. Bei einer Gabelung kurz darauf geht man links (rechts hier ein weiteres Anwesen). Der Weg steigt weiter an, führt auf der Hügelkuppe um ein Haus herum, senkt sich dann für ein kurzes Stück. Auf dem Hügelkamm steigt man dann auf einer Fahrspur nach Süden bergan, in Richtung auf den höchsten Punkt des Hügels Poggio Gambocci.

100 m unterhalb der Hügelkuppe wendet man sich nach rechts, geht auf einer

Fahrspur nahezu eben in westlicher Richtung. Nach weiteren 200 m gelangt man zu einem Teich. Man geht rechts an dem Teich vorbei, dann geradeaus an einem Zaun entlang und überquert nach kurzem Stück den Zaun auf einer Eisenstiege. Auf der anderen Seite neben dem Zaun weiter bis zu einer Fahrspur. Hier biegt man nach links, trifft nach 50 m vor einem verlassenen Bauernhaus auf einen breiteren Weg, geht wieder nach rechts. Der Weg passiert das Kirchlein San Sebastiano, führt weiter in Richtung Montalcino, das auf der Höhe sichtbar wird. Man gelangt bei der Häusergruppe **Val di Cava** zur Straße Buonconvento–Montalcino (4.35 Std., Bushaltestelle, Linienbus nach Montalcino).

Man überquert die Straße, geht auf einem Fahrweg in gleicher Richtung wie bisher weiter (Wegweiser »Badia Ardenga«). Bei einer Abzweigung nach 50 m geht man geradeaus weiter, zwischen Häusern hindurch, dann bei zwei aufeinanderfolgenden Gabelungen jeweils links. Man überquert nach der zweiten Gabelung einen Bach und steigt auf schmalem Fahrweg steil an bis **Montalcino,** das man durch die Porta Burelli erreicht (5.45 Std. bis Ortsmitte Montalcino).

AM WEGE

Kloster Monte Oliveto Maggiore, 1313 gegründet, lange Zeit (insbesondere im 15. und 16. Jh.) bedeutendes religiöses und kulturelles Zentrum. Am Eingang des Klostergeländes ein mittelalterliches Gebäude mit großem Turm (1393 begonnen; im 19. Jh. restauriert). Im Kloster sind sehenswert die Kirche (Chorgestühl mit schönen Intarsienarbeiten von Fra' Giovanni da Verona, 1503–1505), die außerordentlich reiche Bibliothek und der Große Kreuzgang (Chiostro Grande) mit dem Freskenzyklus »Leben des Heiligen Benedikt« von Luca Signorelli (1497–98) und Sodoma (1505–1508), einem »der größten Zeugnisse der italienischen Renaissance-Malerei« (Touring Club Italiano, Guida della Toscana). Die Bildinhalte der 36 Fresken sind unter den Gemälden auf italienisch beschrieben; auf deutsch kann man sie in einem kleinen Führer nachlesen, der im Kloster erhältlich ist. Von Signorelli stammen die Fresken an der Westseite des Kreuzgangs, von Sodoma diejenigen der drei anderen Seiten.

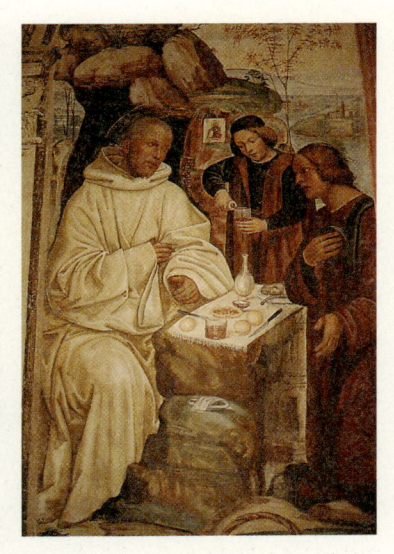

Fresken im Kloster Monte Oliveto Maggiore

Montalcino, s. S. 99

Variante Monte Oliveto–Buonconvento–Montalcino

Die Variante erlaubt es, die Strecke in zwei Abschnitte aufzuteilen (mit Übernachtung in Buonconvento). Sie ist landschaftlich nicht ganz so reizvoll wie der direkte Weg, aber ebenfalls schön.

Sie empfiehlt sich vor allem, wenn man Monte Oliveto Maggiore nicht am Vormittag erreichen kann und daher keine Zeit für die lange Tour bis Montalcino bleibt.

MONTE OLIVETO – BUONCONVENTO

Wegverlauf: Monte Oliveto – Fornacino (55 Min.) – Olimena (1.10 Std.) – Buonconvento (1.10 Std.)
Dauer: 3.15 Std.
Höhenunterschiede: Rund 100 m Anstieg
Schwierigkeitsgrad: Leicht
Wegbeschaffenheit: Fahr- und Feldwege
Einkehrmöglichkeiten: Beim Kloster, in Chiusure (s. oben) und in Buonconvento
Unterkunft: Im Kloster und in Buonconvento, s. S. 213

WANDERUNG

DER WANDERWEG

Man folgt zunächst dem oben beschriebenen Hauptweg ab Monte Oliveto, nimmt dann (nach 1.45 Std.) die »Variante für schlechte Bodenverhältnisse«. Auf dieser bis zur nicht-asphaltierten Straße San Giovanni d'Asso–Buonconvento (2.35 Std.); hier nach *rechts* und bis Buonconvento (3.15 Std.).

AM WEGE

Buonconvento: Ort mit mittelalterlichem Zentrum. Hier starb 1313 der deutsche Kaiser Heinrich VII.

BUONCONVENTO– MONTALCINO

Wegverlauf: Buonconvento – Via Cassia (knapp 1 Std.) – Val di Cava (gut 2 Std.) – Montalcino (1.10 Std.)
Dauer: 4.10 Std.
Höhenunterschiede: 350 m Anstieg
Schwierigkeitsgrad: Mittelschwer
Wegbeschaffenheit: Fahrwege; ca. 2,5 km auf Asphaltstraßen
Einkehrmöglichkeiten: In Buonconvento und Montalcino
Unterkunft: In Buonconvento und Montalcino, s. S. 213

DER WANDERWEG

Man verläßt **Buonconvento** auf der Straße, auf der man gekommen ist (Via di Percenna, Richtung San Giovanni d'Asso). Nach ca. 500 m, bei einer Kreuzung auf einer Anhöhe (links Schild:

Weinfelder bei Montalcino

»Percenna«) biegt man auf einen Weg nach rechts, folgt diesem Weg mit schönen Ausblicken für etwa 3 km bis zur Straße Siena–Rom **(Via Cassia)**. Auf der Cassia nach links, nach 250 m nach rechts auf die Straße Richtung Montalcino. Dieser folgt man bis zum Km-Stein 1,7, biegt hier in einen Fahrweg nach links (1.30 Std.; Wegweiser »Caparzo«, »Altesina«). Immer dem Fahrweg folgen, bei einer Abzweigung nach rechts (Wegweiser »Altesina«) weiter geradeaus gehen, vorbei am Kirchlein Santo Stefano bis zur Siedlung **Val di Cava** (3 Std.). Hier überquert man die Straße Buonconvento–Montalcino, folgt dem Wegweiser »Badia Ardenga«, geht weiter wie im letzten Teil des Hauptwegs beschrieben (s. S. 189), erreicht **Montalcino** nach gut 4 Std.

2. Tag: Von Montalcino nach Castelnuovo dell'Abate

Wegbeschreibung: Siehe S. 96 ff. (Wanderung 15)
Dauer: 2.45 Std.
Hinweis: Da es in Castelnuovo keine Übernachtungsmöglichkeit gibt, muß man nach der Wanderung mit dem Bus nach Montalcino zurückfahren, dort noch einmal übernachten und am nächsten Tag wiederum mit dem Bus nach Castelnuovo. Busverbindungen nur werktags: ab Castelnuovo 14.25 und 18.45 Uhr, montags bis freitags auch 16.50 Uhr; ab Montalcino 7 und 13.40 Uhr; Fahrzeit 15 Min. Fahrkarten nur in Montalcino erhältlich, *nicht* im Bus. Für trainierte Wanderer bietet sich die Alternative, die zweite und dritte Etappe an einem Tag zurückzulegen (Montalcino–Bagno Vignoni knapp 7 Std.); sie hat allerdings den Nachteil, daß wenig Zeit für das reizvolle Montalcino und die Kirche von Sant'Antimo bleibt.

35

3. Tag: Romantische Burgen und einsame Gehöfte

Von Castelnuovo dell'Abate nach Bagno Vignoni

Hinter Castelnuovo beherrscht der markante Vulkankegel des Monte Amiata das Landschaftsbild. Die Natur wird dunkler, geheimnisvoller, ›romantischer‹. Zu diesem Eindruck tragen der ausgedehntere Wald, die tiefen Schluchten der Flüsse, die Burgen von Ripa d'Orcia und Rocca d'Orcia bei. Zugleich aber bieten sich auch typisch ›südliche‹ Ausblicke auf die geformte Landschaft des Weinbaus und der Ölbaumkulturen. Den abschließenden Höhepunkt bilden die warmen Thermalquellen von Bagno Vignoni, in denen schon Lorenzo dei Medici badete.

WEGVERLAUF: Castelnuovo dell'Abate – Tal des Orcia (gut 1 Std.) – Caggiolo (35 Min.) – Ripa d'Orcia (35 Min.) – Bagno Vignoni (1.25 Std.)

DAUER: 3.40 Std.

HÖHENUNTERSCHIEDE: Rund 400 m Anstieg

SCHWIERIGKEITSGRAD: Mittelschwer, weitgehend schattenlos

WEGBESCHAFFENHEIT: Meist breite Wege, gelegentlich schmale Pfade

MARKIERUNG: Auf zwei Dritteln der Strecke (bis hinter Ripa d'Orcia) folgt man dem rot-weiß markierten Weg Nr. 6, auf dem letzten Stück roten Punkten und Pfeilen.

EINKEHRMÖGLICHKEITEN: In Castelnuovo dell'Abate (montags geschlossen) und in Bagno Vignoni

UNTERKUNFT: In Bagno Vignoni, s. S. 214

DER WANDERWEG

Unterhalb von **Castelnuovo dell' Abate** (Bushaltestelle an der Abzweigung der Straße zur Kirche Sant'Antimo) geht man, vorbei am Restaurant Basso Mondo, hügelaufwärts (Wegweiser: »San Giorgio«, »Mastroianni«). Der Weg steigt zunächst in nordöstlicher Richtung leicht an. Bei einer Gabelung, 200 m von der Straße entfernt, geht man geradeaus (den linken Weg). Schöne Blicke nach links auf Sant'Antimo. Bei einer Abzweigung zum Anwesen San Giorgio (15 Min.) geht man geradeaus weiter. Ein weiteres Bauernhaus; der Weg erreicht seinen – vorerst – höchsten Punkt, senkt sich etwas, verläuft dann fast eben bis zu einem weiteren Anwesen (35 Min.). Anschließend steigt der Weg steiler ab.

WANDERUNG 35

Bagno Vignoni: Hier sprudeln heilende Quellen

Man passiert neuerlich ein Haus (linker Hand, 55 Min.).

Der Weg führt absteigend über einen Tunnel der Bahnlinie Siena–Grosseto hinweg, senkt sich nach rechts hinab zum **Fluß Orcia** (1 Std.). Man geht ein kurzes Stück flußaufwärts, überquert den Nebenfluß Asso, trifft gleich danach auf einen Querweg. Hier biegt man nach links. Ein längerer Anstieg führt zu einem Gehöft und weiter zum Bauernhof **Caggiolo** (1.40 Std.). Gleich hinter dem Haus geht man bei einer Gabelung rechts, steigt weiter an. Gut 10 Min. später biegt man – unmittelbar vor einer deutlichen Linkskurve des Hauptwegs – in einen schmaleren Weg nach rechts. Nach einem Stück im Wald wird die Sicht frei auf die Burg **Ripa d'Orcia**. Man geht bis zu einem Kirchlein bei der Burg und trifft dort auf einen breiten Fahrweg, dem man nach links folgt (2.15 Std. – Ein kurzer Abstecher zur Burg lohnt wegen der schönen Aussicht auf das Orcia-Tal).

Man steigt für knapp 10 Min. an, biegt dann vor einem dichten Zypressenhain nach rechts in einen schmaleren Weg ein (Markierungen: »AT« und Weg Nr. 6). Ab hier bis **Bagno Vignoni** (3.40 Std.) wie auf S. 105 beschrieben (Wanderung 16, letzter Absatz).

AM WEGE

Bagno Vignoni, s. S. 105

35

4. Tag: Auf dem Weg zum Monte Amiata

Von Bagno Vignoni nach Vivo d'Orcia

Ein Anstieg aus dem mediterranen Hügelland mit seinen Zypressen, Ölbäumen und Getreidefeldern in die Region der Kastanien- und Buchenwälder, aus dem hellen Grün und Gelb der Felder und Wiesen in die dunklen Farben des Waldes. Am Ziel, in Vivo d'Orcia, fühlt man sich nicht mehr im Süden: Grau verputzte Häuser drängen sich am Hang des Amiata zusammen, es ist kühler als im Tal, wir sind im Gebirge.

WEGVERLAUF: Bagno Vignoni – Rocca d'Orcia (1 Std.) – Castiglione d'Orcia (10 Min.) – Palazzo (40 Min.) – I Lecci (1.30 Std.) – Eremo (1 Std.) – Vivo d'Orcia (10 Min.)

DAUER: 4.30 Std. **Abkürzungsmöglichkeit**: Teilstück Bagno Vignoni–Castiglione d'Orcia mit dem Bus zurücklegen (ab Bagno Vignoni 12.45 Uhr, nur werktags)

HÖHENUNTERSCHIEDE: Rund 700 m Anstieg, davon 450 m zwischen Castiglione d'Orcia und Vivo d'Orcia

SCHWIERIGKEITSGRAD: Anstrengend aufgrund der streckenweise steilen Anstiege

WEGBESCHAFFENHEIT: Größere und kleinere Fahrwege, Feldwege, kürzere Strecken auf schmalen Pfaden, zu Beginn 15 Min. auf Asphaltstraße

EINKEHRMÖGLICHKEITEN: In Bagno Vignoni, Castiglione d'Orcia, I Lecci (Bar, dienstags geschlossen), Vivo d'Orcia

UNTERKUNFT: In Bagno Vignoni, Castiglione d'Orcia, Vivo d'Orcia, s. S. 214

DER WANDERWEG

Man verläßt **Bagno Vignoni** auf der Asphaltstraße, welche in östlicher Richtung zur Via Cassia führt. Auf der Cassia, die man nach wenigen Minuten erreicht, biegt man nach rechts, überquert den Fluß Orcia. Kurz darauf zweigt nach rechts die Straße nach Castiglione d'Orcia ab; man geht hier geradeaus weiter auf der Cassia, überquert ein weiteres Flüßchen, geht gleich danach links, im Bogen unter der Brücke hindurch (15 Min.) und parallel zum Fluß in südlicher Richtung.

Nach gut 10 Min. auf diesem Weg gelangt man zu einer Wegkreuzung, biegt nach rechts und 50 m danach auf einen schmaleren, nach links abzweigenden Weg. Auf diesem überquert man einen kleinen Fluß, steigt dann an in Richtung auf die Burg von Rocca d'Orcia. Man gelangt zu einem Bauernhaus, biegt hier bei einer Weggabelung nach links, geht dicht an dem Haus vorbei und steigt weiter aufwärts. Man erreicht die Staatsstraße 323, biegt auf ihr nach links ab (45 Min.). Nach 200 m auf der Straße biegt man in einen nach rechts ansteigenden Fahrweg (Wegweiser »Rocca d'Orcia«). Dieser erreicht neuerlich eine Straße. Kurz darauf erreicht man eine Gabelung, bei der man der Straße nach links aufwärts folgt (Wegweiser »Castiglione d'Orcia«). Wenig später biegt man in ein nach rechts steil ansteigendes Sträßchen, welches unterhalb der Burg von **Rocca d'Orcia** zu einer Querstraße führt, auf der man nach links geht. Bei der nächsten größeren Querstraße rechts, zum Zentrum von **Castiglione d'Orcia** (Piazza Unità Italiana; 1.10 Std.; Bar, Lebensmittelgeschäfte).

Auf der Piazza geht man links am Brunnen vorbei in die Straße Borgo Vittorio Emanuele, biegt von dieser nach wenigen Metern links ab in die Via Capitano Innocenzo Ricci, kommt zur Kirche Santi Stefano e Degna (schönes Madonnenbild des sienesischen Malers Pietro Lorenzetti in einer Seitenkapelle links vorn), verläßt vor der Kirche durch ein Tor die Stadt, überquert die Asphaltstraße und folgt einem abwärts führenden Fahrweg. An einer ersten Gabelung geht man rechts (eine Markierung weist hier nach *links,* man folgt ihr nicht), bei einer Abzweigung – auf einer kleinen Kuppe – hält man sich geradeaus. 50 m hinter der Kuppe biegt man in einen Weg nach links abwärts. Man kommt zu einem breiten Querweg (1.30 Std.), auf dem man sich nach rechts wendet. Über eine Brücke, vorbei am Gehöft **Palazzo** (1.50 Std.); in einem breiten Tal – immer dem Fahrweg folgend – aufwärts. Rechts der bewaldete Hügel Poggio Uccello.

Man trifft auf einen Querweg (2.10 Std.), geht rechts. Man folgt für etwa 20 Minuten dem Hauptweg, der sich in ein kleines Quertal senkt und dann eben verläuft. Schließlich biegt in einer Linkskurve des Weges ein durch eine Schranke versperrter Weg nach rechts ab. Man schlägt diesen Weg ein. Er steigt in einem Linksbogen an und führt nach rund 10 Min. links an dem verlassenen Anwesen San Martino vorbei.

Castiglione d'Orcia

50 m dahinter mündet von rechts ein breiter Fahrweg ein. Man geht noch 100 m geradeaus und biegt dann bei einem Leitungsmast scharf nach links abwärts auf einen schmaleren Weg. Gleich darauf passiert man ein Gatter und wendet sich dahinter nach rechts auf eine Fahrspur, die an einem Feldrand aufwärts führt und dann nach links biegt. Zwischen Feld und Böschung gelangt man zu einem weiteren Gatter, findet dahinter einen deutlicheren Weg und folgt ihm in einen Wald. Man steigt knapp 30 Min. – stellenweise steil – im Wald an. Auf der Höhe zweigt ein kleinerer Weg nach rechts ab; man bleibt auf dem Hauptweg, der hier nach links biegt. Einige Minuten später gelangt man zu einem Querweg, geht nach rechts. In kurzem Anstieg erreicht man die Straße Castiglione–Vivo d'Orcia beim Centro Agrituristico **I Lecci** (3.20 Std.; Bar).

Man geht auf der Straße nach links, wendet sich hinter dem Haus nach rechts in einen breiten Fahrweg (Schild: »Strada Panoramica«). Dieser senkt sich kurz und steigt dann kräftig an. Nach rund 15 Min. führt er unter einer Hochspannungsleitung hindurch, nach weiteren 5 Min. zweigt vor einer Linkskurve bei zwei großen Findlingsblöcken ein Weg nach rechts ab. Man bleibt hier noch auf dem Hauptweg, nimmt nach weiteren 100 m den nächsten nach rechts abzweigenden Weg, indem man auf einer Stiege einen Zaun überklettert. Der Weg biegt nach links und senkt sich in ein bewaldetes Tal. Man sieht in der Höhe kurz das Kloster Eremo bei Vivo d'Orcia und passiert dann das verlassene Anwesen Colombaio (etwa 50 m rechts vom Wege). Danach steigt der Weg leicht an und ist streckenweise grasüberwachsen. Der Anstieg wird steiler, man kreuzt einen Querpfad, geht zwischen zwei verlassenen Häusern hindurch und gelangt zu einem Zaun, hinter dem man auf einen Querweg trifft. Man biegt nach links und geht zwischen den Gebäuden des ehemaligen Klosters **Eremo** hindurch (4.20 Std.).

Gegenüber der Kirche wendet man sich wieder nach links in das Asphaltsträßchen Borgo Principale. Bei der nächsten Querstraße geht man rechts und erreicht in einigen Minuten **Vivo d'Orcia** (4.30 Std.).

AM WEGE

Rocca d'Orcia und **Castiglione d'Orcia** sind mittelalterliche Orte in schöner, aussichtsreicher Lage zwischen dem Orcia-Tal und dem Monte Amiata. In beiden Ortschaften steht eine Burg aus dem 14. Jh. In Castiglione d'Orcia ist auch die Kirche Santi Stefano und Degna sehenswert, in der ein schönes Madonnenbild des sienesischen Künstlers Pietro Lorenzetti (frühes 14. Jh.) aufbewahrt wird.

Eremo: ein ehemaliges Kamaldulenser-Kloster bei Vivo d'Orcia. Die heutigen Gebäude stammen vorwiegend aus dem 16. Jh. Keine Innenbesichtigung möglich.

5. Tag: Waldwege am Vulkan

Von Vivo d'Orcia nach Santa Fiora

Eine lange Wanderung durch die Wälder des Monte Amiata – ein Wandertag, der für uns Nordländer nichts ›Italienisches‹ hat. Kastanien-, Buchen- und Tannenwälder wechseln sich ab; Bäche strömen zu Tal; kleine Wasserfälle rauschen am Weg; verstreut liegen die Felsblöcke aus Trachyt, die vor Jahrmillionen aus dem Krater geschleudert wurden. Am schönsten ist die Wanderung im Mai und Juni, wenn zahlreiche Orchideen und viele andere Wildblumen blühen.

WEGVERLAUF: Vivo d'Orcia – Capo Vetra (1.20 Std.) – Madonna del Camicione (1.20 Std.) – Pozza di Catama (30 Min.) – Gatto d'Oro (30 Min.) – Marroneto (1.30 Std.) – Santa Fiora (15 Min.)

DAUER: 5.25 Std.

HÖHENUNTERSCHIEDE: Nach einem ersten Anstieg von rund 300 m ein gemächliches Auf und Ab; insgesamt 600 m Anstieg

SCHWIERIGKEITSGRAD: Anstrengende Wanderung

WEGBESCHAFFENHEIT: Überwiegend Waldwege, zum Teil breitere Fahrwege. Am Schluß 30 Min. auf einer Straße. Man bewegt sich vorwiegend in Höhenlagen von 1100–1300 m; bis Ende März und ab Ende Oktober kann auf Teilen der Wegstrecke Schnee liegen.

MARKIERUNG: Der Anstieg ab Vivo d'Orcia ist rot-weiß markiert. Nach gut einer Stunde erreicht man den rot-weiß gekennzeichneten Amiata-Rundweg (»Anello Monte Amiata«), dem man bis oberhalb Santa Fiora folgt. Der Abstieg ist zunächst rot-weiß markiert, die letzten 45 Min. sind ohne Markierungen.

EINKEHRMÖGLICHKEITEN: In Marroneto und Santa Fiora (s. »Gut Einkehren«)

UNTERKUNFT: In Marroneto und Santa Fiora, s. S. 214

DER WANDERWEG

In **Vivo** nimmt man die Straße Richtung Seggiano (Via della Posta). Am Ortsausgang biegt man nach einer Brücke in einen nach links ansteigenden Fahrweg, geht gleich darauf an einer Gabelung rechts aufwärts, oberhalb von schönen Wasserfällen. Man erreicht wiederum die Straße Vivo–Seggiano, biegt auf ihr nach links und nimmt nach 100 m – in einer Rechtskurve der Straße – einen geradeaus aufwärts führenden Fahrweg. Bei einer Gabelung

Blick über die Dächer von Santa Fiora

nach rechts (Wegweiser »Anello Monte Amiata«). Diesem Weg immer folgen, zunächst ansteigend, dann im wesentlichen eben; bei Abzweigungen auf dem Hauptweg bleiben.

Nach rund 40 Min. weist ein schwarzer Pfeil auf grünumrandetem Schild nach links; man hält sich auf dem rot-weiß markierten Weg geradeaus. Dieser biegt etwa 10 Min. später in spitzem Winkel nach links ab und trifft nach weiteren 15 Min. auf einen breiteren Querweg, den Amiata-Rundweg (1.05 Std.). Man geht nach rechts, erreicht gleich darauf eine Straße. Auf einem Pfad rechts unterhalb der Straße bis zur Schutzhütte **Capo Vetra** (1.20 Std.). Von hier auf breitem Weg weiter in gleicher Richtung. Kurz darauf passiert man einen Brunnen rechter Hand (Trinkwasser) und erreicht erneut die Straße; man überquert sie, steigt auf der anderen Seite an. Bei einer Gabelung (ca. 10 Min. später) links aufwärts. Bei einem Querweg rechts. Auf schönem Waldweg, relativ eben, zu einer Wegkreuzung bei zwei großen Felsblöcken (1.50 Std.). Man geht geradeaus, auf einem Pfad aufwärts. Sobald der Pfad, nach dem Anstieg, relativ eben verläuft, wendet man sich in spitzem Winkel nach links, folgt dem Hinweis nach Madonna del Camicione, steigt weiter an. Man gelangt zu einem Querweg (2.10 Std.), geht nach rechts.

Auf einem Fahrweg zunächst aufwärts, dann eben. Bei einem Felsblock linker Hand (2.25 Std.) biegt man in einen nach rechts abwärts führenden Pfad (etwa 250 m, bevor der Fahrweg auf eine Asphaltstraße trifft). Auf dem Pfad abwärts, bei einer Gabelung nach wenigen Minuten nach links. (Achtung – der geradeaus weiter abwärts führende Pfad ist rot-weiß markiert!) Es geht auf und ab durch den Wald, schließlich in einem Bachtal wieder aufwärts zur Straße Castel del Piano – Amiata, die man bei dem Gnadenbild **»Madonna del Camicione«** erreicht (2.40 Std.)

Auf der Straße 150 m nach rechts, dann, nach einer Rechtskurve, nach links aufwärts in den Wald. Etwa 10 Min. nach der Straße biegt der markierte Weg nach rechts abwärts. Man steigt gut 10 Min. auf dem Pfad ab, erreicht den Rastplatz **Pozza di Catama** (3.10 Std.). Gut 5 Min. später biegt man in einen Pfad nach rechts. Am Ende des Abstiegs trifft man auf einen breiten Querweg (in beide Richtungen markiert); man geht links, kreuzt dann einen Fahrweg (3.30 Std.; Markierungen nach rechts und geradeaus; man geht geradeaus). Kurz danach nimmt man einen nach links abbiegenden Weg, steigt an zu einer Asphaltstraße, die man beim Hotel-Restaurant **Gatto d'Oro** (nur in der Skisaison und im Sommer geöffnet) erreicht (3.40 Std.).

Man überquert die Straße, geht auf einem Fahrweg in östlicher Richtung weiter. Bei einem Steinschuppen linker Hand zweigt ein Weg nach rechts ab, den man unbeachtet läßt. Man folgt weiter dem Amiata-Rundweg, der sich 20 Min. nach dem Hotel Gatto d'Oro zu senken beginnt. Wenige Meter nach dem Ende einer starken Gefällstrecke gelangt man zu einer Wegkreuzung (4.15 Std.); man biegt nach rechts, verläßt den Amiata-Rundweg. Bei einer Gabelung nach wenigen Minuten links gehen, durch einen Kastanienwald abwärts (weiter undeutliche rot-weiße Markierungen). Bei einer weiteren Gabelung (4.40 Std.) verläßt man den markierten Weg, folgt dem Hauptweg geradeaus (links). Man trifft auf eine Straße, biegt nach rechts und erreicht nach 15 Min. **Marroneto** (5.10 Std.).

Von hier gelangt man auf der Straße in 15 Min. in das Städtchen **Santa Fiora** (5.25 Std.).

AM WEGE

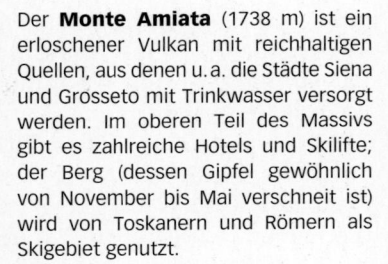

Der **Monte Amiata** (1738 m) ist ein erloschener Vulkan mit reichhaltigen Quellen, aus denen u. a. die Städte Siena und Grosseto mit Trinkwasser versorgt werden. Im oberen Teil des Massivs gibt es zahlreiche Hotels und Skilifte; der Berg (dessen Gipfel gewöhnlich von November bis Mai verschneit ist) wird von Toskanern und Römern als Skigebiet genutzt.

Santa Fiora: Ein mind. 1200 Jahre alter Ort (erstmals im 8. Jh. erwähnt) mit altem Ortskern. Pieve (Taufkirche) mit zahlreichen Terrakotta-Arbeiten aus der Werkstatt der Florentiner Künstlerfamilie Della Robbia (um 1500). Am ersten Altar rechts: hl. Hieronymus, Marienkrönung, der hl. Franziskus empfängt die Stigmata; an der Kanzel: Apostel, Himmelfahrt, Auferstehung; im linken Seitenschiff: Taufe Christi.

Peschiera: Das im 18. Jh. umgebaute Gelände der Fiora-Quellen.

GUT EINKEHREN

Ausgezeichnete regionale Küche bietet die **Trattoria Barilotto** im Ortszentrum von Santa Fiora (Via Carolina 20, ☏ 05 64/97 70 89, Mittwoch Ruhetag).

35

6. Tag: Der Weg nach Süden

Von Santa Fiora über Roccalbegna nach Petricci

Ein Weg in ›südliche Gefilde‹: Nach den Wäldern des Amiata-Massivs gelangt man wieder in Gebiete, die von Ölbäumen, Feigen und Weinreben geprägt sind. Zunächst allerdings ein neuerlicher Anstieg zum Monte Labbro, von dem man weite Teile der südlichen Toscana überblickt. Abstieg durch schöne einsame Landschaft in die vor großen Kalkfelsen gelegene Ortschaft Roccalbegna. Die Wanderung führt weiter durch die Hügel und Schafweiden der Maremma, mit Aussicht auf das Albegna-Tal, bis Petricci.

WEGVERLAUF: Santa Fiora – Fosso del Putrido (35 Min.) – Poggio La Bella (gut 1 Std.) – Kamm des Monte Labbro (40 Min.) – Roccalbegna (1.20 Std.) – Cadirossi (2 Std.) – Petricci (25 Min.)

DAUER: Gut 6 Std.

HÖHENUNTERSCHIEDE: Insgesamt 900 m Anstieg, davon jeweils 450 m zwischen Santa Fiora und Roccalbegna sowie Roccalbegna und Petricci

SCHWIERIGKEITSGRAD: Anstrengende Wanderung. Sie kann durch eine Übernachtung in Roccalbegna in zwei mittelschwere Etappen aufgeteilt werden. In diesem Fall wandert man am zweiten Tag statt bis Petricci besser direkt nach Semproniano (vgl. Wanderung 19, S. 115 ff.).

WEGBESCHAFFENHEIT: Fahrwege und Maultierpfade, z.T. steinige Wegstücke. Hinter Roccalbegna 1 km auf wenig befahrener Landstraße

EINKEHRMÖGLICHKEITEN: In Santa Fiora, Roccalbegna und Petricci. Bar auch in Poggio La Bella

UNTERKUNFT: In Santa Fiora, Roccalbegna, Petricci, s. S. 214

DER WANDERWEG

In **Santa Fiora** geht man durch die Via Carolina abwärts zur Pieve (Wegweiser). Vor der Kirche (Besichtigung lohnend) geht man nach rechts, durch einen Torbogen hindurch, wendet sich dann nach links in einen abwärts führenden Treppenweg (Via della Scaletta). Am unteren Ende des Treppenwegs geht man nach rechts in eine leicht abwärts führende Straße, passiert die Kirche Sant'Agostino (linker Hand), geht geradeaus weiter (unter einem Torbogen hindurch) und gelangt zur »Peschiera«, den Quellen der Fiora (25 Min.; Zutritt durch ein Portal rechts, hinter einem Kirchlein.)

WANDERUNG 35

Man geht auf einer Straße an der linken Seite der Peschiera (Via Sante Mannarina) leicht abwärts, biegt am Ende der Peschiera nach links in einen sich langsam senkenden Fahrweg, in Richtung auf den sichtbaren Felsgipfel des Monte Labbro. Man überquert den Bach **Fosso del Putrido** (35 Min.), steigt dann auf dem Fahrweg an bis zur Straße Santa Fiora–Triana, die man bei der Ortschaft **Poggio La Bella** erreicht (1.40 Std.).

Auf der Straße nach rechts; nach 100 m in einen nach links aufwärts führenden Feldweg abzweigen. Man passiert das Anwesen Lombardina, steigt weiter auf, geht an einer Gabelung oberhalb des Bauernhauses rechts. Der Weg endet an einem Gatter. Man durchschreitet das Gatter, geht in gleicher Richtung wie bisher über Wiesen weiter, steigt auf zum Kamm links vom **Monte Labbro**. Auf dem Kamm angelangt (2.10 Std.), wendet man sich nach rechts, geht in Richtung auf den Gipfel des Monte Labbro und ein unterhalb davon befindliches graues Haus. Ein Stück vor diesem Haus trifft man auf einen Fahrweg (2.20 Std.), geht auf ihm nach links. (Von hier aus ist der Aufstieg zum Monte Labbro möglich, hin und zurück 45–60 Min.).

Man folgt dem Fahrweg in südlicher Richtung abwärts; schöne Blicke bis zu den Bergen am Bolsena-See und zum Monte Argentario. Man steigt rund eine Stunde ab, bis man – bei einem eingezäunten Gelände zur Linken – erstmalig Roccalbegna sieht. Der Weg biegt hier nach links. Gleich danach biegt man an einer Wegkreuzung in einen schmalen graswachsenen Weg nach rechts abwärts. Auf diesem Maultierpfad geht man ca. 10 Min. bergab, hält sich dann bei einer Weggabelung links und erreicht **Roccalbegna** (3.40 Std.).

Von Roccalbegna bis **Cadirossi** (5.40 Std.) folgt man der Wegbeschreibung auf S. 115 f. (Wanderung 19). In Cadirossi bleibt man auf dem breiten Hauptfahrweg nach Nordosten, läßt den Weiler Il Poggio rechts liegen und gelangt, kurz bevor der Fahrweg auf die Straße Roccalbegna–Semproniano trifft, zum Albergo La Cerinella, das etwas außerhalb des Dorfs **Petricci** liegt (gut 6 Std.).

AM WEGE

Monte Labbro (1193 m): Einzeln stehender Berg zwischen dem Amiata-Massiv und dem Gebiet der Maremma. Am Monte Labbro siedelte am Ende des 19. Jh. die sozialreformerische Sekte der »Giurisdavidici« unter der Führung von Davide Lazzaretti. Lazzaretti, der bei einer Demonstration von Carabinieri erschossen wurde, ist in einer Kapelle am Monte Labbro begraben.

Roccalbegna: Schön gelegener Ort mit romanischer Kirche Santi Pietro e Paolo (13. Jh.) und kleinem Museum (Triptychon von Ambrogio Lorenzetti, 14. Jh.).

Neben zahlreichen anderen Wildblumen blühen in der Toscana auch Orchideen

35

7. Tag: In der Maremma

Von Petricci nach Poggio Murella

Durch die kaum besiedelte Landschaft des südlichsten Gebiets der Toscana führt der Weg wiederum mit weiten Ausblicken auf das Hügel- und Bergland zum Dorf Poggio Murella. Von hier aus erreicht man die warmen Quellen von Saturnia, einen der großen Anziehungspunkte dieser Gegend.

WEGVERLAUF: Petricci–Semproniano (1.40 Std.) – Capanne (1.35 Std.) – Poggio Murella (30 Min.)

DAUER: 3.45 Std.

HÖHENUNTERSCHIEDE: 400 m Anstiege

SCHWIERIGKEITSGRAD: Mittelschwer

WEGBESCHAFFENHEIT: Fahrwege und Maultierpfade; 100 m auf sehr schmalem, dornigem Pfad; 40 Min. auf wenig befahrenen Asphaltstraßen; zwei Bachüberquerungen

EINKEHRMÖGLICHKEITEN: In Semproniano, Capanne, Poggio Murella

UNTERKUNFT: In Semproniano, Capanne, Poggio Murella, s. S. 214

DER WANDERWEG

Vom Albergo Cerinella bei **Petricci** geht man auf dem gleichen Weg, auf dem man tags zuvor ankam, zurück bis **Cadirossi** (20 Min.). Hier biegt man zwischen zwei Häusern nach links in einen abwärts führenden schmaleren Weg. Bis **Semproniano** (1.40 Std.) folgt man der Wegbeschreibung auf S. 117 (Wanderung 19).

In Semproniano nimmt man die Straße in Richtung Manciano/Saturnia, biegt am Ortsrand in die nach rechts abwärts führende Via Saturnia. Die Straße beschreibt nach kurzem Stück einen Rechtsbogen; man geht geradeaus in einen Fahrweg, der zu einem Querweg bei einem Kirchlein führt (1.50 Std.); hier nach rechts. Man folgt nun immer dem Fahrweg – bei mehreren Abzweigungen auf dem Hauptweg bleibend –, zunächst in ein Tal, dann am Hang mit schönen Blicken auf die Berge im Westen und Süden, auf das Tal des Flusses Albegna und später auf Saturnia.

Nach gut 50 Min. ab Semproniano findet man an beiden Seiten des Weges einige kleine Gebäude (links ein Steinmäuerchen). Kurz darauf zweigt ein schmalerer Weg nach links ab. Man geht weiter geradeaus; der Weg fällt zwischen knorrigen alten Olivenbäumen für ein Stück steiler ab. Sobald er wieder etwas flacher wird, wendet man sich nach links in einen leicht ansteigenden Fahrweg (rote Pfeilmarkierung an hölzernem Strommast rechts. – Wenn man die Abzweigung verpaßt, gelangt man nach weiteren 300 m zu dem Bauernhaus Poggiosellino linker Hand.)

WANDERUNG 35

Die warmen Schwefelquellen von Saturnia laden zu einem Bad ein

Der abzweigende Weg gabelt sich nach 200 m bei einem Strommast aus Zement; man geht rechts, steigt allmählich ab, geht bei einer Abzweigung geradeaus (auf dem rechten Weg), erreicht einen Bachübergang (2.50 Std.), überquert den Bach, gelangt auf der anderen Seite zu einem Feld. Sofort nach rechts biegen, am unteren Feldrand entlang bachabwärts gehen. Nach 100 m biegt der Feldrand nach links. 20 m danach biegt man in einen Pfad nach rechts, überquert nochmals einen Bach und steigt anschließend geradeaus an. Man gelangt nach wenigen Metern zu einer Wiese, geht an deren linker Seite aufwärts. Am oberen Rand der Wiese erreicht man einen breiteren Weg, steigt auf diesem weiter an bis zur Straße Saturnia–Semproniano (gut 3 Std.). Auf der Straße nach links, zum Ort **Capanne** (3.15 Std.). Dort biegt man nach rechts in die Straße Richtung Poggio Murella (Wegweiser), gelangt auf dieser nach **Poggio Murella** (3.45 Std.).

DIE QUELLEN VON SATURNIA

Die schwefelhaltigen Quellen von Saturnia lohnen den Besuch. Sie entspringen mit einer Temperatur von 37,5 °C unterhalb der Ortschaft Saturnia. Bademöglichkeiten gibt es im Schwimmbad des Hotels Terme sowie an den frei zugänglichen Wasserfällen **Cascata delle Moline** 500 m unterhalb der Quelle.

Von Poggio Murella kann man die Quellen zu Fuß in etwa 50 Min. erreichen, geht dabei allerdings zum großen Teil auf einer Asphaltstraße mit Autoverkehr (Wegbeschreibung s. unten). Empfehlenswert ist, zumindest eine Strecke mit dem Bus zu fahren. Die Haltestelle für die Quellen heißt *Bivio Terme*. Verbindungen (nur werktags): ab Poggio Murella 13.15, Rückfahrt ab Bivio Terme 18.10, ab Ortszentrum Saturnia 18.15 Uhr. Fahrzeit 20 Min.

Fußweg Poggio Murella–Saturnia: Man durchquert **Poggio Murella** nach Süden. Am Ortsrand bleibt man auf der Straße in Richtung Saturnia. Nach kurzem Stück biegt man in einen nach links abzweigenden, auf ein renoviertes Haus zuführenden Weg. Rechts an dem Haus vorbei, unterhalb des Hauses in einen nach rechts abzweigenden Maultierpfad. Auf diesem gelangt man wieder zur Straße, geht nach links und steigt ab zum **Hotel Terme** (50 Min.). Um die Wasserfälle zu erreichen, wandert man rechts am Hotel vorbei, dann nach links (an Tennisplätzen entlang) und schließlich auf einem Sträßchen nach rechts bis zur Straße Saturnia–Manciano. Auf dieser nach links, nach 600 m rechts einen Fahrweg zu den **Wasserfällen** einschlagen (1.10 Std. ab Poggio Murella).

Wer von hier aus noch den Ort **Saturnia** besuchen möchte, geht auf der Straße in Richtung Saturnia, biegt nach etwa 10 Min. nach links auf einen ansteigenden Weg ab – gegenüber der zweiten Zufahrt zum Hotel Terme. In weiteren 10 Min. gelangt man in den Ort hinauf.

8. Tag: Etruskerschluchten

Von Poggio Murella nach Sovana

Der größte Teil dieses Weges ist bereits bei der Wanderung 20 beschrieben. Von Poggio Murella bis San Martino wandert man zusätzlich 1.15 Std. auf bequemen Feld- und Fahrwegen mit schöner Aussicht über die Maremmen-Landschaft.

WEGVERLAUF: Poggio Murella – San Martino sul Fiora (1.15 Std.) – Fiora-Brücke (1.10 Std.) – Tomba Ildebranda (40 Min.) – Cavone (20 Min.) – Sovana (45 Min.)

DAUER: 4.10 Std.

HÖHENUNTERSCHIEDE: Rund 250 m Anstiege

SCHWIERIGKEITSGRAD: Mittelschwere Wanderung, meist auf bequemen Wegen. Allerdings muß man sich hinter San Martino etwas mühselig unter einem Zaun durchwinden und anschließend den Fluß Fiora durchqueren – u. U. sind Schuhe und Strümpfe auszuziehen!

WEGBESCHAFFENHEIT: Fahrwege und Pfade, kurze Wegstücke querfeldein, 20 Min. auf wenig befahrenen Straßen

EINKEHRMÖGLICHKEITEN: In Poggio Murella, San Martino, Sovana

UNTERKUNFT: In Poggio Murella, San Martino, Sovana, s. S. 214

ÖFFNUNGSZEITEN der Tomba Ildebranda: Im Sommerhalbjahr ganztags, von Oktober bis März 10–13 und 15–17.30 Uhr

DER WANDERWEG

In **Poggio Murella** schlägt man die Straße in Richtung Semproniano ein. (Vom Ortszentrum aus: Bei einer Gabelung vor der Post nach links gehen, bei der nächsten Gabelung nach rechts.) Am Ortsausgang beschreibt die Straße bei einem einzeln stehenden Haus eine leichte Linkskurve (Km-Stein 1,7); man geht hier geradeaus in einen abwärts

Etruskische Fahrspuren bei Sovana

Etruskischer Hohlweg »Cavone« bei Sovana

führenden Fahrweg. Schöner Weg am Hang mit weiten Blicken nach Süden. Bei einer Gabelung nach knapp 10 Min. geht man rechts, leicht abwärts. Der Weg senkt sich stärker, bei den drei nächsten Gabelungen geht man jeweils links. Im Tal überquert man auf einer Brücke einen Bach (25 Min.), steigt dann auf einem Fahrweg bergan. Auf der Höhe angelangt, geht man geradeaus, wiederum abwärts. Man folgt immer dem Fahrweg – über einen Bach, vorbei an einem Bauernhaus – und gelangt unterhalb von **San Martino sul Fiora** zu einer Wegkreuzung. Hier biegt man nach links, geht aufwärts ins Dorf (1.15 Std.).

Von San Martino bis Sovana folgt man der Wegbeschreibung auf S. 118 ff. (Wanderung 20).

AM WEGE

Sovana, s. S. 122 f.

9. Tag: Von Sovana nach Pitigliano

Wegbeschreibung: Siehe S. 124 ff. (Wanderung 21)
Dauer: 2.35 Std.

10. Tag: Der stille See

Von Pitigliano nach Grádoli

Die Wanderung führt – nunmehr im nördlichen Latium – durch den Krater von Valentano, der vor allem mit Getreidefeldern bedeckt ist, zum einsamen Lago di Mezzano. Eine Atmosphäre der Ruhe umhüllt das kaum besiedelte Gebiet. Keine Straße führt an den kleinen Vulkansee, der sich für eine lange Mittagsrast und zum Baden anbietet. Es geht weiter zum Dorf Látera und über den Kraterrand nach Grádoli, einem Dorf mit weiter Aussicht über den Bolsena-See.

WEGVERLAUF: Pitigliano–Sconfi (1.50 Std.) – Lago di Mezzano (gut 1 Std.) – Fra Viaco (45 Min.) – Látera (1.35 Std.) – Cantoniera di Látera (25 Min.) – Grádoli (50 Min.)

DAUER: 6.15 Std.

HÖHENUNTERSCHIEDE: Rund 250 m Anstiege

SCHWIERIGKEITSGRAD: Anstrengend nur aufgrund der langen Dauer, weitgehend schattenlos

WEGBESCHAFFENHEIT: Meist bequeme Fahrwege; 1,5 km auf Asphaltstraße

EINKEHRMÖGLICHKEITEN: In Pitigliano und Grádoli. Restaurant beim Bauernhof Fra Viaco (unregelmäßig geöffnet), Bars auch in Látera und Cantoniera di Látera, Geschäfte in Látera

UNTERKUNFT: In Pitigliano und Grádoli, s. S. 214

DER WANDERWEG

In **Pitigliano** geht man vom Platz vor dem Hotel Guastini (Piazza Francesco Petruccioli) abwärts in den Treppenweg Via dei Lavatoi. Vorbei an alten Waschhäusern, bei einem Querweg links, dann auf der Straße rechts, gleich darauf bei einer Straßengabelung links. Man überquert auf einer Brücke den Bach Meleta, biegt unmittelbar dahinter nach links in einen Weg. Vor einem Gatter geht man rechts, in schöner Tuffschlucht aufwärts, weiter in südlicher Richtung bis zu einer Kreuzung, bei der man links in eine Straße biegt (gut 20 Min.).

Man folgt der Straße für gut 1 km, biegt dann – wenige Minuten nach dem Schild »Bolsena 31 km«, kurz vor einer Rechtskurve der Straße – in einen Fahrweg nach links (40 Min.). Bei einer Gabelung geht man rechts, steigt leicht an (55 Min.). Bei einer folgenden Abzweigung nach rechts (rechts ein dunkelrotes Haus) geht man geradeaus, bei einer zweiten Abzweigung (kurz vor einer Stromleitung) biegt man in einen holprigen, ansteigenden Fahrweg nach rechts (1.05 Std.).

Bei einer Gabelung nach rechts (bitte Viehgatter schließen!), dann gelangt man zu einer Straße (1.25 Std.). Man geht nach links, steigt auf der Straße an. (Bei feuchtem Untergrund statt dessen hier besser auf der Straße nach rechts gehen, 10 Min. später nach links in einen Fahrweg biegen, vorbei an einem orange gestrichenen Haus zu einer Brücke; weiter wie im nächsten Absatz: »Auf dem Fahrweg ...«)

Nach 150 m auf dem Sträßchen passiert man ein Bauernhaus, biegt nach weiteren 100 m nach rechts, geht auf einer Fahrspur bzw. querfeldein zwischen Feldern in südöstlicher Richtung. Nach einigen Minuten erreicht man ein Gehölz, hält sich an dessen rechter Seite, gelangt bei einer Brücke zu einem Fahrweg, biegt nach links (1.40 Std.). Auf dem Fahrweg nach knapp 10 Min. über einen weiteren Bach; gleich danach eine Rechtskurve unterhalb des auf einem Hügel gelegenen Anwesens **Sconfi** (1.50 Std.).

150 m nach der Rechtskurve biegt man nach links in einen in östlicher Richtung leicht ansteigenden Fahrweg. Auf diesem immer Richtung Osten bis zu einer Wegkreuzung (2.20 Std.). Hier geradeaus weiter, auf einer Fahrspur an einer Hecke entlang. Schöner Weg durch die Felder, immer an der Hecke entlang bis zu einem – meist ausgetrockneten – Bach, weiter auf der Fahrspur bis zu einem Bauernhaus (2.35 Std.), bei dem man auf einen Fahrweg trifft.

Man geht in gleicher Richtung wie bisher weiter, trifft auf einen von rechts kommenden breiteren Weg, geht weiter geradeaus bis zu einer Linkskurve dieses Weges (2.45 Std.). Die Wanderung nach Látera führt hier (auf kleinerem Weg) geradeaus weiter. Es empfiehlt sich jedoch unbedingt der **Abstecher** zum Lago di Mezzano: auf dem Hauptweg nach links gehen, wenige Minuten später vor zwei Stallgebäuden nach rechts auf einen Pfad biegen, welcher an einer Hecke entlang zum See (knapp 3 Std.) führt. Sehr schöner Platz am Ufer (Badegelegenheit). Auf gleichem Weg zurück zur »Linkskurve« (s. o.). Wegstrecke für den Abstecher 15–20 Min.

Auf dem Weg Richtung Látera (s. o.; vom See kommend also nach links biegen) geht man auf dem Kraterrand des Sees. Man folgt dem Weg eine knappe halbe Stunde (bei zwei Kreuzungen jeweils geradeaus gehen). Am Schluß bei klarer Sicht nach rechts Blick auf das Meer. Bei einem Querweg (3.30 Std.) nach links, Abstieg zu dem Bauernhof **Fra Viaco** (3.40 Std.). Unmittelbar hinter dem Bauernhof bei einer Gabelung auf dem kleineren Weg nach rechts. Nach 50 m biegt der Weg zwischen Zäunen nach rechts; hier geht man auf einer grasbewachsenen Fahrspur geradeaus weiter in nordöstlicher Richtung. Wenige Minuten später wird ein Haus sichtbar, an dem man rechts vorbeigeht. Die Fahrspur führt nach 15 Min. zu einem breiteren Weg. Hier nach rechts.

Rund eine halbe Stunde auf dem Fahrweg bis zu einer Brücke (4.30 Std.), bei einem Querweg gleich dahinter nach rechts. Nach gut 5 Min. biegt man von diesem Weg in einen nach links ansteigenden schmaleren Fahrweg. Bei einer Gabelung links halten, weiter aufwärts; wenige Meter danach schlägt man in einer Linkskurve des Weges einen nach rechts abzweigenden Pfad ein. Der Pfad führt durch ein schmales Tal, erreicht eine Wiese. Querfeldein weiter bis zu einem Querweg (hier links eine Quelle, gutes Trinkwasser), auf diesem nach links. Aufwärts zu einem neuerlichen Querweg, wieder nach links. Der Weg steigt an, senkt sich dann in ein Bachtal. Nach rechts über den Bach, gleich wieder rechts, in wenigen Minuten nach **Látera** (5.15 Std.).

WANDERUNG 35

Pitigliano

Zwischen Pitigliano und Latera

Im Ort bei einem Brunnen nach links aufwärts in eine Treppengasse (hier geradeaus gehend, gelangt man schnell ins Dorfzentrum). Auf der Via Roma nach links aus dem Ort. Man überquert die Hauptstraße, geht geradeaus in die Via Aldo Moro. Bei einer folgenden Kreuzung geradeaus in ein kleineres Sträßchen. An Neubauten vorbei aufwärts, bei einer Gabelung links, dann auf der Hauptstraße nach rechts bis **Cantoniera di Látera** (5.40 Std.).

Wenige Meter nach links, dann nach rechts einbiegen auf die Staatsstraße 74 Richtung Grádoli–Orvieto. Man folgt der Straße absteigend für gut 10 Min., biegt dann, in einer scharfen Linkskurve beim Km-Stein 68,2, nach rechts in einen Fahrweg (50 m vor der Abzweigung der *Straße* nach Grádoli). Schöne Blicke auf den Bolsena-See und, nach links, auf den Monte Amiata. Man erreicht **Grádoli** (6.15 Std.).

AM WEGE

Pitigliano, s. S. 127
Lago di Mezzano: Ein kleiner See im Krater von Valentano. Der nahezu kreisrunde, maximal 36 m tiefe See füllt eine trichterförmige Höhlung aus, vermutlich einen kleinen Krater. Auf seinem Grund wurden Funde aus der Bronzezeit gemacht (heute im Museum Villa Giulia in Rom).
Grádoli, s. S. 166
Lago di Bolsena, s. S. 167

11. Tag: Warme, heitere Töne ...

Von Grádoli nach Capodimonte

Die Tour verläuft zunächst auf der bei der Wanderung 32 beschriebenen Strecke. Nach einem aussichtsreichen Weg auf der Höhe steigt man zum Bolsena-See hinab und wandert eine Weile am Ufer entlang, gelangt zwischen Kornfeldern und Schafweiden schließlich zum reizvoll auf einer Halbinsel gelegenen Capodimonte. Auf der gesamten Strecke genießt man herrliche Blicke auf den See und hat mehrfach Gelegenheit zum Baden.

WEGVERLAUF: Grádoli – Straße Valentano-Pitigliano (1 Std.) – San Magno (1.10 Std.) – Sant'Agapito (50 Min.) – Capodimonte (1.30 Std.)

DAUER: 4.30 Std.

HÖHENUNTERSCHIEDE: Rund 300 m Anstiege

SCHWIERIGKEITSGRAD: Mittelschwere Wanderung. Der Weg ist weitgehend schattenlos.

WEGBESCHAFFENHEIT: Fahrwege, kurze Wegstücke querfeldein, ca. 2,5 km auf asphaltierten, aber fast autofreien Sträßchen. Vor Capodimonte müssen zwei Steinmäuerchen überstiegen werden.

MARKIERUNG: Bis zum Seeufer rote Punkte und Pfeile

EINKEHRMÖGLICHKEITEN: In Grádoli und Capodimonte

UNTERKUNFT: In Grádoli und Capodimonte, s. S. 214

DER WANDERWEG

Von **Grádoli** bis zum Seeufer in der Nähe der Kirche **San Magno** geht man wie auf S. 164 f. beschrieben. Auf der Uferstraße angelangt (gut 2 Std.), wendet man sich nach rechts; man läßt die Kirche San Magno etwa 200 m zur Linken liegen. Die Straße ist für etwa 1,5 km asphaltiert (jedoch fast kein Autoverkehr). Unterhalb des Monte Bisenzio biegt der Weg nach rechts vom See weg, steigt an bis zum Kirchlein **Sant'Agapito** (3 Std.).

Hier ist der Abstecher zum Monte Bisenzio empfehlenswert: Vor der Kirche biegt man nach links in einen ansteigenden Weg und erreicht in 10 Min. den Gipfel mit weiter Aussicht über den See, seine Dörfer und Inseln. Auf gleichem Weg zurück zu Sant'Agapito.

Man folgt weiter dem Sträßchen; es führt zur Hauptstraße Valentano–Viterbo. 20 m vor der Hauptstraße biegt man nach links auf einen Feldweg in Richtung See. Ein Gatter muß rechts umgangen werden. Dahinter trifft man auf einen Querweg (links steht in etwa 200 m Entfernung ein rotes Haus). Man wendet sich nach rechts, bei einem weiteren Querweg nach links. Der Weg biegt gleich darauf nach rechts, dann neuerlich nach links (in Richtung Seeufer). Hier geht man querfeldein geradeaus weiter, in gleicher Richtung wie bisher. Das Ziel Capodimonte ist in Gehrichtung sichtbar. Man wandert für etwa 10 Min. über Wiesen (eingesäte Felder am Rand umgehen, alle Gatter unbedingt wieder schließen!); dabei müssen zwei Mäuerchen überklettert werden. Man erreicht schließlich einen Weg und folgt ihm nach rechts.

Nach einem kurzen Stück auf diesem Weg, kurz vor einem roten Haus, biegt man nach links ab und geht querfeldein auf die rechte Seite eines Sportplatzes zu. Rechts am Sportgelände entlang, bei einem Querweg nach links, gleich darauf (fast am Seeufer) wieder rechts (3.50 Std.). Man passiert das Gelände eines Segelklubs und gelangt bei einem Campingplatz zur Straße. Man biegt nach links und geht parallel zur Straße am Ufer bis **Capodimonte,** mit schönen Ausblicken auf den Ort (4.30 Std.).

AM WEGE

Grádoli, s. S. 166

Der **Monte Bisenzio** ist eine, durch vulkanische Aktivität entstandene Erhebung am Südwestufer des Sees. An dieser Stelle befand sich die in etruskischer Zeit – oder möglicherweise früher – gegründete Stadt Bisentium, einstmals die wichtigste Ansiedlung am Seeufer. In der Umgebung wurden Funde gemacht, die auf eine entwickelte Bronzeverarbeitung schließen lassen. In einem Grab des 6. Jh. v. Chr. fand man das älteste künstliche Gebiß Italiens. Mehrfach zerstört und wiederaufgebaut, wurde Bisentium 1816 von seinen Bewohnern verlassen, weil die Seeufer malariaverseucht waren. – Man

Capodimonte am Bolsena-See

findet heute keine Überreste der Stadt mehr, mit Ausnahme einer in den Fels geschlagenen Höhle (100 m vom Berg in Richtung Seeufer absteigen, am umzäunten Brunnen vorbei), die offenbar als Taubenschlag zur Aufzucht von eßbaren Felstauben diente.

Der malerische Ort **Capodimonte** liegt auf einer aus Lava gebildeten Halbinsel. Das Kastell ist das Stammschloß der mächtigen Farnese-Familie, aus der im 16. Jh. der Papst Paul III. hervorging. Es wurde von Antonio Sangallo d. J. entworfen.

HOTELS
(von Siena zum Bolsena-See)

Provinz Siena
Tel.-Vorwahl 05 77

53041 **Asciano:** Il Bersagliere***, Via Roma 41, ✆ und Fax 71 86 29; Lo Spiedo*, Via Roma 13, ✆ 71 87 55

53022 **Buonconvento:** Roma**, Via Soccini 14, ✆ 80 60 21, Fax 80 72 84

Abbazia di Monte Oliveto Maggiore: (Postanschrift: presso 53022 Buonconvento). Übernachtungsmöglichkeit, ✆ 70 70 17, langfristige Vorbestellung empfohlen

53024 **Montalcino:** Il Giglio***, Via Soccorso Saloni 49, ✆ 84 86 66, Fax 84 81 67; Dei Capitani***, Via Lapini 6, ✆ und Fax 84 72 27; Al Brunello di Montalcino***, Località Bellaria, ✆ 84 93 04, Fax 84 94 30: etwa 1,5 km von der Stadt entfernt, für Wanderer ungünstig gelegen. Giardino**, Piazza Cavour 2, ✆ 84 82 57
Privatzimmer: Anna Marchetti, ✆ 84 86 66; Mafalda Farnetani, ✆ 84 80 05; Bar Mariuccia, ✆ 84 93 19
Auskunft über weitere Privatunterkünfte erhält man beim Touristenbüro, Costa del Municipio 8, ✆ 84 93 31 und 84 93 21.

Zwischen Siena und dem Bolsena-See (11 Tage)

53020 **Bagno Vignoni:** Le Terme***, ✆ 88 71 50, Fax 88 74 97: empfehlenswert; Posta Marcucci***, ✆ 88 71 12, Fax 88 71 19: anspruchsvoller, aber wesentlich teurer als das Terme

53020 **Castiglione d'Orcia:** Le Rocche*, Via Senese 10, ✆ 88 70 31

53020 **Vivo d'Orcia:** Flora**, Via IV Novembre 18, ✆ 87 32 74: zentrale Lage, gute Küche, freundlicher Empfang; Amiata**, Via Amiata 212, ✆ 87 37 90: etwas ungünstiger am Ortsrand abseits der Wanderroute gelegen

Provinz Grosseto
Tel.-Vorwahl 0564

58037 **Santa Fiora-Marroneto:** Il Caminetto**, ✆ 97 72 33: direkt an der Wanderroute einen Kilometer oberhalb von Santa Fiora

58037 **Santa Fiora:** Eden**, Via Roma 1, ✆ 97 70 33; Fiora**, Via Roma 8, ✆ 97 70 43; Il Trattorione**, Via Matteotti 11, ✆ 97 71 00

58053 **Roccalbegna:** La Pietra, Via XXIV Maggio 19, ✆ 98 90 19

58055 **Petricci:** La Cerinella**, Località Mezzagne, ✆ 98 40 15: mit gutem ländlichen Restaurant

58055 **Semproniano:** La Costarella*, Vic Soc. Operaia 3, ✆ 98 63 19

58050 **Capanne:** Da Bianchina*, ✆ 60 78 43

58050 **Poggio Murella:** Al Poggio**, ✆ 60 79 53: Hotel-Restaurant mit guter regionaler Küche

58050 **Saturnia:** Le Terme****, Via della Follonata, ✆ 60 10 61, Fax 60 12 66. Villa Clodia***, Via Italia 43, ✆ und Fax 60 12 12; komfortables, angenehmes Haus mit Garten und Panoramablick. Saturnia**, Via Mazzini 4, ✆ 60 10 07
Privatzimmer: Cherubini, ✆ 60 10 34; Camere Monica, ✆ 60 12 73
Auskunft über weitere Privatunterkünfte bei Bar Centrale, ✆ 60 10 01

58050 **San Martino sul Fiora:** Pellegrini*, ✆ 60 78 15

58010 **Sovana:** Taverna Etrusca***, Via Pretorio 16, ✆ 61 61 83, Fax 61 41 93. Scilla*, Via del Duomo 5, ✆ 61 65 31, Fax 61 43 29: gut geführtes, sympathisches Hotel. Beide Hotels haben gute Restaurants.
Privatzimmer: Bar della Taverna, ✆ 61 40 73 / 61 61 86

58017 **Pitigliano:** Guastini**, Via Petruccioli 4, ✆ 61 60 65, Fax 61 66 52

Provinz Viterbo
Tel.-Vorwahl 07 61

01010 **Grádoli:** La Ripetta*, Via Roma 38, ✆ 45 61 00: mit ausgezeichnetem Restaurant

01010 **Capodimonte:** Riva Blu*, Via dei Pini 3, ✆ und Fax 87 02 55

Vorbestellung ist zu den Hauptreisezeiten (Ostern, Tage um den 25. April und 1. Mai) sowie generell für Wochenenden und Feiertage dringend empfohlen. Vor allem die Hotels zwischen Saturnia und Pitigliano, aber auch die Häuser in Montalcino und Bagno Vignoni sind an diesen Terminen häufig ausgebucht. Zwischen Castiglione d'Orcia und Semproniano wird man dagegen im allgemeinen auch ohne Reservierung Platz finden.

Das Tal des Orcia mit Ripa d'Orcia im Hintergrund

WANDERUNG 35

Abbildungsnachweis

Christoph Hennig, München Titel, S. 114, 190, 201
Georg Jung, Hamburg S. 162
Gerold Jung, Ottobrunn S. 141
Helga Lade Fotoagentur, Frankfurt S. 21 (oben: G. Krämer; unten: BAV), 136 (links: Ott; rechts: Pölking)
Werner Preuß, Köln S. 35
Monika Stratmann, Leichlingen S. 64/65

Alle übrigen Aufnahmen stammen von Georg Henke, Bremen.

Karten: Berndtson & Berndtson, Fürstenfeldbruck

Bitte schreiben Sie uns, wenn sich etwas geändert hat!

Alle in diesem Buch enthaltenen Angaben wurden vom Autor nach bestem Wissen erstellt und von ihm und dem Verlag mit größtmöglicher Sorgfalt überprüft. Gleichwohl sind – wie wir im Sinne des Produkthaftungsrechts betonen müssen – inhaltliche Fehler nicht vollständig auszuschließen. Daher erfolgen die Angaben ohne jegliche Verpflichtung oder Garantie des Verlages oder des Autors. Beide übernehmen keinerlei Verantwortung und Haftung für etwaige inhaltliche Unstimmigkeiten. Wir bitten dafür um Verständnis und werden Korrekturhinweise gerne aufgreifen: DUMONT Buchverlag, Postfach 10 10 45, Mittelstraße 12–14, 50450 Köln.

Wanderinfos von A bis Z

Anreise	218
Auskunft	218
Campingplätze	218
Diplomatische Vertretungen	219
Feiertage und Feste	219
Gesundheit	219
Jugendherbergen	220
Karten	220
Kleidung	221
Notruf	221
Öffentliche Verkehrsmittel	221
Öffnungszeiten	221
Organisierte Wanderungen	222
Radfahren	222
Schlangen	222
Telefon	222
Unterkunft	222
Register	**224**

ANREISE

... mit dem Auto: Durchgehende Autobahnverbindung über Gotthard–Mailand oder Brenner–Verona bis Florenz. Ab München bzw. Basel rund 700 km.

Italienische Autobahnen sind gebührenpflichtig (ca. 10 DM für 100 km). Autoreisezüge verkehren im Sommerhalbjahr von Hannover und Köln bis Bologna.

... mit der Bahn: Direktverbindungen aus Deutschland, Österreich und der Schweiz nach Florenz, Arezzo, Chiusi. Fahrzeit von München bzw. Basel bis Florenz 9–10 Stunden.

... mit dem Flugzeug: Direkte Flüge nach Pisa (ab Frankfurt) und Florenz (ab München, Wien und Zürich). Weitere Verbindungen von deutschen Flughäfen mit Umsteigen in Mailand.

AUSKUNFT

Staatliches Italienisches Fremdenverkehrsamt (ENIT)

In Deutschland
Berliner Allee 26
40212 Düsseldorf
✆ (02 11) 13 22 31

Kaiserstr. 65
60329 Frankfurt
✆ (0 69) 23 74 10, 23 74 30

Goethestr. 20
80336 München
✆ (0 89) 53 03 69, 53 13 17

In Österreich
Kärntnerring 4
1010 Wien
✆ (2 22) 5 05 43 74, 5 05 16 39

In der Schweiz
Uraniastr. 32
8001 Zürich
✆ (01) 2 11 36 33

Regionale Fremdenverkehrsämter (APT)

52100 **Arezzo**
Piazza Risorgimento 116
✆ 05 75–2 39 52, Fax 2 80 42

50121 **Florenz**
Via Manzoni 16
✆ 0 55–2 33 20, Fax 2 34 62 86
Informationsbüro auch im Hauptbahnhof S. Maria Novella

58100 **Grosseto**
Via Monterosa 206
✆ 05 64–45 45 10, Fax 45 46 06

56100 **Pisa**
Lungarno Mediceo 42
✆ 0 50–54 23 44, Fax 54 28 06
Informationsbüro auch im Hauptbahnhof

53100 **Siena**
Piazza del Campo 56
✆ 05 77–28 05 51, Fax 27 06 76

CAMPINGPLÄTZE

Die meisten toscanischen *Campeggi* befinden sich an der Küste. Im Binnenland sind sie dagegen vergleichsweise dünn gesät. In den Wandergebieten dieses Buches gibt es an folgenden Orten Campingplätze:

Florenz
Parco Comunale
Viale Michelangelo 80
✆ 0 55–6 81 19 77
Villa Camerata
Viale A Righi 2
✆ 0 55–60 03 15

Fiesole
Panoramico
Via Peramonda
✆ 0 55–59 90 69

Barberino Val d'Elsa
(Chianti-Gebiet)
Semifonte
Via Foscolo 4
✆ 055-8 07 54 54

San Gimignano
Il Boschetto
✆ 0577-94 03 52

Volterra
Le Balze
✆ 0588-8 78 80

Siena
Colleverde
Strada di Scacciapensieri 47
✆ 0577-28 00 44

Casciano di Murlo
(südlich von Siena)
Le Soline
località Casafranci
✆ 0577-81 74 10

Sarteano
(Südtoscana)
Delle Piscine
Via Campo dei Fiori 31
✆ 0578-26 55 31

Castel del Piano
(Monte Amiata)
Amiata
Via Roma 15
✆ 0564-95 51 07

Montefiascone und Capodimonte
(Bolsena-See)
Mehrere Campingplätze
direkt am See

DIPLOMATISCHE VERTRETUNGEN

Deutsches Konsulat
Borgo SS. Apostoli 22
50123 Firenze
✆ 055-29 47 22

Österreichisches Konsulat
Via dei Servi 9
50122 Firenze
✆ 055-21 53 52

Schweizer Konsulat
Via dei Tornabuoni 1
50123 Firenze
✆ 055-21 61 42

FEIERTAGE UND FESTE

Gesetzliche Feiertage in Italien
1. Januar, 6. Januar, Ostermontag, 25. April (Tag der Befreiung), 1. Mai, 15. August, 1. November, 8. Dezember, 25. und 26. Dezember.

Einige der interessantesten Feste der Toscana
Ostersonntag *Scoppio del Carro* am Domplatz in **Florenz**
Sonntag nach dem 20. Mai *Balestra del Girifalco* in **Massa Marittima**
Letzter Junisonntag *Gioco del Ponte* in **Pisa**
24. Juni *Calcio in Costume* in **Florenz**
2. Juli *Palio* in **Siena**
Zweiter Augustsonntag *Balestra del Girifalco* in **Massa Marittima**
15. August *Bruscello* in **Montepulciano**
16. August zweiter *Palio* in **Siena**
Erster Septembersonntag *Giostra del Saracino* in **Arezzo**
13. September *Prozession des Volto Santo* in **Lucca**
Letztes Oktoberwochenende *Sagra del Tordo* in **Montalcino**

GESUNDHEIT

Apotheken sind wie alle anderen Geschäfte mittags geschlossen. Die Apotheken mit Nacht- und Sonntagsdienst erfährt man unter der Telefonnummer 110, aus der Presse und von Schildern mit der Aufschrift »Turno«, die an den

Apotheken angebracht sind. Adressen deutschsprachiger Ärzte kann man beim ADAC München erfragen (✆ 0 89–22 22 22). Erste Hilfe in Notfällen leisten der *Pronto Soccorso* der Krankenhäuser oder – in kleineren Ortschaften – der Notarzt *(Guardia Medica)*.

JUGENDHERBERGEN

Florenz
Ostello per la Gioventù
Viale A. Righi 2
✆ 0 55–60 14 51 (am Stadtrand)

Ostello Archi-Rossi
Via Faenza 94 r
✆ 0 55–29 08 04
(zentral, privat geführt)

Istituto Pio X
Via dei Serragli 106
✆ 0 55–22 50 44 (privat)

Ostello S. Monaca
Via S. Monaca 6
✆ 0 55–26 83 38 (privat)

Tavarnelle Val di Pesa
(Chianti-Gebiet)
Ostello del Chianti
Via Roma 137
✆ 0 55–8 07 70 09

San Gimignano
Ostello della Gioventù
Via delle Fonti 1
✆05 77–94 19 91 (privat)

Volterra
Ostello
Via del Poggetto
✆ 05 88–8 55 77

Siena
Ostello Guidoriccio
Via Fiorentina
✆ 05 77–5 22 12

Cortona
Ostello San Marco
Via Marrei 57
✆ 05 75–60 13 92

In den privaten Herbergen ist kein JH-Ausweis erforderlich.

KARTEN

Nur für einen Teil der toscanischen Wandergebiete existieren verläßliche Wanderkarten. Empfehlenswert sind die Kompaß-Karten im Maßstab 1:50 000 (Chianti-Gebiet) bzw. 1:30 000 (Elba) sowie die Karten des florentinischen Verlages Multigraphic im Maßstab 1:25 000 (Chianti-Gebiet, Elba, toscanischer Apennin).

Das Istituto Geografico Militare (IGM) gibt topographische Karten heraus. Für die gesamte Toscana existieren Karten im Maßstab 1:100 000, die allerdings meist aus den fünfziger Jahren stammen und allenfalls eine Groborientierung ermöglichen. Verläßlich sind dagegen die Karten im Maßstab 1:25 000. Sie decken allerdings nicht die ganze Toscana ab. Zudem sind sie sehr teuer. Bezugsquellen für Wanderkarten:

Deutschland
Jürgen Schrieb
Karten und Reiseführer
Schwieberdinger Str. 10/2
71706 Markgröningen
✆ und Fax 0 71 45–2 60 78
(gute Auswahl, Versand)

Florenz
Libreria Il Viaggio
Borgo Albizzi 41r
Florenz
✆ und Fax 0 55–24 04 89

Libreria Geographica
Via Cimatori 16
(bei der Piazza della Signoria)

✆ 0 55–2 39 66 37, Fax 2 38 13 51
(auch Versand)

Libreria Marzocco
Via de'Martelli 22 r (beim Dom)
✆ 28 28 73

KLEIDUNG

Empfehlenswert ist für alle Wanderungen festes Schuhwerk, vorzugsweise gut eingelaufene Wanderschuhe. Die als ›leicht‹ eingestuften Wanderungen können bei gutem Wetter auch mit gewöhnlichen Schuhen begangen werden.

In allen Jahreszeiten (am wenigsten von Juni bis September) muß man in Italien mit gelegentlichen Regenfällen rechnen. Sie sind im Frühjahr und Herbst gewöhnlich kurz und heftig; Dauerregen ist verhältnismäßig selten. Man sollte sich mit einem leichten Regenschutz versehen.

Ein Sonnenschutz (Sonnenhut o. ä.) ist vor allem zwischen Mai und September dringend zu empfehlen.

NOTRUF

Polizei und Unfallrettungsdienst: ✆ **113**
Pannendienst (Automobile Club Italiano): ✆ **116**

ÖFFENTLICHE VERKEHRSMITTEL

Busverbindungen, auch in entlegene Orte, sind in der Toscana im allgemeinen relativ gut, die Fahrpreise vergleichsweise niedrig. Die für die Wanderungen wichtigen Verkehrsverbindungen sind bei den Wegbeschreibungen aufgeführt (Stand: Herbst 1995). Ich habe nur diejenigen Busse angegeben, die man bei einem Tagesausflug benutzen wird – d. h. für die Anfahrt die Vormittags-, für die Rückfahrt die Nachmittagsverbindungen. Es handelt sich also nur um eine Auswahl aus dem Gesamtfahrplan.

Fahrkarten müssen außerhalb der Busse gekauft werden (am Busbahnhof bzw. in kleineren Orten in Bars oder Tabacchi-Geschäften). – Unbedingt zu beachten ist, daß Busse auf dem Land gelegentlich bis zu 10 Minuten vor der fahrplanmäßigen Zeit durchfahren, wenn der Busfahrer eilig nach Hause möchte. Geben Sie dem ankommenden Bus ein Zeichen, um den Fahrer zum Halten aufzufordern – das bloße Dastehen reicht oft nicht aus!

Auf den Busbahnhöfen in Florenz und Siena erhält man vollständige Fahrpläne *(orario)* der jeweiligen regionalen Linien. Der florentinische Busbahnhof befindet sich in unmittelbarer Nähe des Hauptbahnhofs (Via di Santa Caterina da Siena), der sienesische am Viale dei Mille bei der Kirche San Domenico.

Auskunftsstellen der Busgesellschaften:
SITA Florenz, ✆ 0 55–48 36 51,
Fax 4 78 22 72
TRAIN Siena, ✆ 05 77–20 41 11,
Fax 22 38 96
RAMA Grosseto, ✆ 05 64–45 41 69

Bei **Bahnfahrten** ist zu beachten, daß alle Fahrkarten vor Fahrtantritt gestempelt werden müssen. Nicht gestempelte Billets gelten als ungültig; es sind hohe Nachgebühren zu zahlen. Nach dem Stempeln sind die Karten 6 Stunden (bis 200 km) bzw. 24/48 Stunden (über 200 km) gültig.

Gesamtfahrpläne *(orario generale)* der Bahn sind an Zeitungskiosken erhältlich.

ÖFFNUNGSZEITEN

Geschäfte sind etwa von 9–13 Uhr und von 16–19 Uhr geöffnet. Die Öff-

nungszeiten wechseln je nach Region und Jahreszeit. Samstags sind die meisten Läden ganztags geöffnet; Ruhetag ist der Sonntag sowie ein Nachmittag in der Woche, der von Ort zu Ort unterschiedlich festgelegt wird.
Museen sind im allgemeinen von 9–14 Uhr, sonn- und feiertags von 9–13 Uhr geöffnet. Montag ist Ruhetag. Manche Museen sind Ostern und am 1. Sonntag im Juni geschlossen, fast alle am 25. April und 15. August.
Kirchen sind im allgemeinen von 9–12 Uhr und von 16–18 oder 19 Uhr geöffnet. Die Öffnungszeiten wechseln mit den Jahreszeiten.

ORGANISIERTE WANDERUNGEN

Wanderreisen in der Toscana werden von verschiedenen Reiseunternehmen veranstaltet, z. B. von: Deggau-Reisen, Kunst und Wandern, Konviktstr. 21–23, 79098 Freiburg, ✆ 07 61–2 20 55, Fax 2 60 43.
Wandertouren für Individualreisende und Kleingruppen werden organisiert von: Born & Hennig Wanderreisen, Graf-Haeseler-Str. 27–29, 28205 Bremen, ✆ und Fax 04 21–49 05 89.

Das Unternehmen kümmert sich um Hotelreservierungen und Gepäcktransport. Desweiteren liefert es Kartenmaterial sowie genaue Routenbeschreibungen für Wanderungen in der Toscana und anderen Regionen Italiens.

RADFAHREN

Zum Radfahren ist die Toscana hervorragend geeignet – aber nicht überall: In vielen Gegenden liegen die Steigungen für durchschnittlich trainierte Radler über der Schmerzgrenze und mancherorts ist der Autoverkehr so stark, daß das Radeln keinen Spaß mehr macht. Hauptstraßen sind unbedingt zu meiden, zumal es in der ganzen Region keine Radwege gibt. Andrerseits findet man zahlreiche kleine Straßen fast ohne Autoverkehr, zu schweigen von dem für Mountain-Biker geeigneten Netz der *strade bianche,* der nicht asphaltierten Schotterstraßen.
Fahrradverleih: 18-Gang-Mountain-Bikes verleiht Rental Bike, Via dell'Opio nel Corso 18, 53045 Montepulciano, ✆ und Fax 05 78–7 16 3 92.

7-Gang-Tourenräder und Mountain Bikes erhält man bei Ernst Hutmacher, Podere Massa Vecchia, 58024 Massa Marittima, ✆ 05 66– 90 38 85.

SCHLANGEN

Schlangen gibt es in Italien, wie im gesamten Mittelmeergebiet, überall. Nur wenige von ihnen sind giftig, und auch diese beißen nur, wenn man ihnen sehr nahe kommt (z. B. auf sie tritt). Man sollte aber zum Schutz, zumindest in unübersichtlichem Gelände, feste, die Knöchel bedeckende Schuhe tragen.

Aufmerksamkeit ist darüber hinaus geboten, wenn man sich an Steinmauern und Steinhaufen – beliebten Aufenthaltsorten von Schlangen – niederläßt sowie (bei großer Hitze) an Wasserstellen. Nahezu alle Schlangen verschwinden bei der Annäherung von Menschen eiligst – wenn sie genügend Zeit und Platz dazu haben.

TELEFON

Die meisten öffentlichen Telefonzellen funktionieren sowohl mit Münzen als auch mit Telefonkarten (*schede telefoniche* zu 5 000 oder 10 000 Lire, in Tabacchi-Geschäften erhältlich).

Vorwahl aus Italien:
00 49 Deutschland
00 41 Schweiz
00 43 Österreich

Inlandsauskunft Italien: 12
Auslandsauskunft: 176

UNTERKUNFT

Die **Hotels** am Wege sind jeweils bei den Wegbeschreibungen genannt. Vollständige regionale Hotelverzeichnisse sowie die Anschriften von Hotels in den großen Städten bekommt man bei Fremdenverkehrsämtern (s. unter »Auskunft«).

In den touristischen Zentren der Toscana (Florenz, Chianti-Gebiet, Siena, Teile der Südtoscana) ist von April bis Oktober die **Vorbestellung** der Hotelzimmer immer empfehlenswert. In abgelegeneren Gebieten wird man außerhalb der Hauptreisezeiten (Ostern, die Tage um den 25. April und 1. Mai) meist ohne Reservierung unterkommen.

ORTS- UND SACHREGISTER

Aglieta 146
Alpi Apuane, s. Apuanische Alpen
Apennin 16, 144, 150
Apuanische Alpen 16, 144, 145
Arezzo 13
Arno-Tal 13
Arpicella 94, 95

Badia a Coltibuono 83, 84
Bagno a Ripoli 43
Bagno Vignoni 102, **105**, 192, 193, 194
Basciano 89
Bibbiano 60
Bigallo 43
Bolsena-See 163, 164, **167**, 168, 180, 207
Brunello di Montalcino 183
Buonconvento 189, 190, 191, **191**

Cadirossi 117, 201, 202
Caggiolo 193
Campiglia Marittima 137, **139**
Cantoniera di Látera 210
Capanne 204
Capo Vetra 198
Capodimonte 211, 212, **213**
Carrara 148
Casa di Leonardo 46
Case Nuove 77
Castel Mugnana 71
Castellina in Chianti 80, **82**, 86, 174, 176
Castello di Verrazzano **74**
Castelmarino 135
Castelnuovo dell'Abate 96, 99, 191, 192
Castiglione d'Orcia 195, **196**
Cavone 120, **122f.**, 205
Cerbaie 114
Chiana-Tal 160
Chianti **66,** 67, 72, 79
Chianti-Wein 13, **79**
Chiócchio 67, 71
Chiusi della Verna 153
Chiusure 188
Colle di Val d'Elsa 58, 59
Collelungo 135

Colline Metallifere 16, 92
Colognole 74
Colombaio, Hotel 80
Colonnata 148, 149
Compiobbi 35, 36, 40, 42
Consorzio Del Gallo Nero 79
Contoreggio 160
Cortona 156, 157, 158, **159**
Costilati 94
Crete 13, 92, 93
Crocino 139

Edelkastanienwald 20
Eichenwald 18
Eremo (Kloster) **196**
Est-est- est 168, 169

Fanum Voltumnae 167
Faschismus 25
Fiesole 34, **37**
Fiora-Brücke 206
Fiora-Tal 118
Florenz **32,** 34
Foce Luccica 149
Folonia, etruskische Nekropole 124
Fonterutoli 89
Fornacino 188, 190
Fosso del Putrido 201
Fosso del Puzzone 126
Fra Viaco 208
Frássini 108
Frührenaissance 24

Gaiole in Chianti 83, 84
Gatto d'Oro 199
Geschlechtertürme 54
Ghiaccioni 129
Golf von Baratti 129, 132
Grádoli 164, **166**, 207, 210, 211
Greve 72, **74**, 75, 77, 174

I Lecci 196
Il Troppolo 143
Italien, Königreich 25

La Fonte 43
La Staggia 89
La Verna (Kloster) 153, **154f.**
Lago di Bolsena, s. Bolsena-See
Lago di Mezzano 208, **210**

Látera 207, 208
Le Cassette 151
Le Coste 168
Lente 126
Limentra 150
Lucarelli 75, 77, 80, 82, 174

Macchia 17, **136**, 140
Madonna del Camicione 198
Madonna del Monte 140, 142, **143**
Marciana (Marciana Alta) 140, 142, **143**
Maremma 16, 92
Maremma (Naturpark) 17, 133, **136**
Maremma Pisana 137
Marroneto 199
Marta 168, **169**
Mezzadria 25
Montalcino 96, 99, 185, 189, 191
Monte Amiata 13f., 197, **199**
Monte Bisenzio 211, **212**
Monte Calvario (Etruskergrab) 80, **82**
Monte Calvino 139
Monte Céceri 35, **37**
Monte Labbro 200, **201**
Monte Nona 145, 146, 147
Monte Oliveto Maggiore (Kloster) 180, 185, **189**, 190
Monte Penna 153, 154
Monte Pilli 44
Monte Procinto 145
Montefiascone 167, 168, **169**
Montefioralle 74, 77
Montemassi 110, **114**
Monti dell'Uccellina 136

Nachkriegszeit 25

Ölbaum 48
Olimena 190
Olivenöl 49
Ontignano 40, 41
Orcia 193
Orcia-Tal 102, 105

Paiatici 42
Palazzetto 107
Palazzo 195
Panzano 75, 77, **78**
Passo dei Pecorai 72

Petricci 201, 202
Pienza 24, 93, 94, **95**
Pietrafitta 80, 175
Pietrasanta 145
Pistoia 150
Pitigliano 124, **127**, 206, 207
Podere San Lorenzo 63
Poggio Crociferro 45
Poggio Crocione 188
Poggio La Bella 201
Poggio La Croce 150, 152
Poggio Lecci 134
Poggio Murella 202, 204, 205
Pomonte 140, 143
Poppiano 73
Populonia 129, 131, **132**
 - Nekropole Populonia **132**
Pozza di Catama 199
Pratini 134
Prato 13

Quattrostade 89

Rifugio Antella 69
Rifugio Forte dei Marmi 146, 147
Ripa d'Orcia 102, 104, 192, 193
Risorgimento 25
Rocca d'Orcia 192, 195, **196**
Roccalbegna 115, **117**, 201
Roccatederighi 110, **114**
Römische Herrschaft 23

Sambre 40
Sambuca Pistoiese 150, 152,
San Donato in Collina 43, 45, 67, 68
San Galgano 106, **109**
San Gimignano 50, 51, 52, **54f.**, 58, 60
San Girolamo **65**
San Leolino 77, 78
San Lorenzo 35
San Magno 165, 211
San Martino 70
San Martino in Valle 73
San Martino sul Fiora 118, 205, 206
San Polo in Chianti 69
San Quirico 131
San Rabano (Kloster) 134, **135**
Sanguineto 160
Sant'Agapito (Kirche) 211
Sant'Antimo (Kirche) 96, 98, **100f.**

Sant'Antimo (Kloster) 100
Santa Fiora **199**, 200
Santa Lucia 60
Sassofortino 110, **114**
Saturnia 202, 204
 Sconfi 208
Scovo 175
Semproniano 115, 117, 202
Settignano 34, 35, 36, 40, 41
Siena 86, 91
Sovana 118, 120, 121, **122f.**, 124, 206
Stadtrepubliken 24
Stazzema 145, 146, 147
Steineiche 18
Steineichenwald, immergrüner 17
Suvereto 137, **139**

Taubenturm 85
Taviano 150, 152
Terenzano 36
Terontola 160
Tomba del Tifone 120, **122**
Tomba della Sirena 121, **123**
Tomba Ildebranda 120, **122**, 205
Torreone 158
Toscana, Großherzogtum 24
Trasimenischer See 156, 157, **162**
Tregole 88
Tuoro 160, 162
Tuszien, Markgrafschaft 23

Val di Cava 189, 191
Vergheto 149
Vernaccia di San Gimignano 13
Versilia 13
Via Cassia 188, 191, 194
Via Francigena (Frankenstraße) 23
Vignalia 90
Vignoni 102, 104, **105**
Villa a Tolli 98
Villa Le Barone 77
Vinci 46, **47**
Vivo d'Orcia 194, 196, 197
Volterra 50, 61, **64f.**

Wildschweine 21

Zypresse 19

PERSONENREGISTER

Barna da Siena 55
Bartolo di Fredi 54
Benvenuto di Giovanni 65
Bicci di Lorenzo 37

Dante 155
Della Robbia, Andrea 154f.
Della Robbia, Fam. 78
Della Robbia, Giovanni 65
Dickens, Charles 178
Domenico di Michelino 65

Etrusker 22f., 122, 159

Flaminius, G. 162
Fontana, Carlo 169
Fra Angelico 159
Franken 23
Franziskus von Assisi, hl. 153, 154
Fugger, Johannes 167

Guidotti, Galgano 109
Ghirlandaio, Domenico 55
Giovanni da Verona, Fra' 189
Giovanni da Verrazzano 74
Goethe 178
Gozzoli, Benozzo 55
Gregor VII 121, 122

Habsburg-Lothringen, Haus 25
Habsburger 25
Hannibal 160, 162
Hehn, Victor 167
Heinrich II, König von Frankreich 27
Hesse, Hermann 179
Hildebrand von Sovana 122
Hofmannsthal, Hugo von 178

Langobarden 23
Leonardo da Vinci 47
Lorenzetti, Ambrogio 109, 117
Lorenzetti, Pietro 159, 195, 196

›Maestro di Panzano‹ 78
›Maître de Cabestany‹ 101
Martini, Simone 114
Medici
 - Fam. 24

Register

- Katharina von 27
- Lorenzo dei 192
Meliore di Jacopo 78

Nicolosi 122

Orlando Cattani von Chiusi, Graf 154

Pius II., Papst 178

Ricasoli, Baron 25, 79
Römer 22, 162

Sangallo il Giovane, Antonio da 166
Sanmicheli, Michele 169
Seume, Johann Gottfried 178
Signorelli , Luca 189
Sodoma 189

Taddeo di Bartolo 55
Thoma, Ludwig 179
Tieck, Ludwig 163, 164

Weinheber, Josef 179

227

DUMONT
RICHTIG WANDERN

»›Richtig Wandern‹ mit DUMONT, den ungemein brauchbaren, vielseitig informierenden, praktisch orientierenden besonderen Wanderführern. Die Bände machen einfach Lust, das Ränzel zu schnüren und den vorgeschlagenen Routen zu folgen. Wobei die Wanderungen nicht mit Scheuklappen unternommen werden, sondern sehr viel an Kultur und Geschichte mitgenommen wird.«

Oberösterreichische Nachrichten

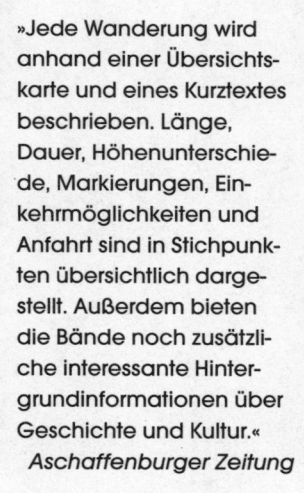

»Jede Wanderung wird anhand einer Übersichtskarte und eines Kurztextes beschrieben. Länge, Dauer, Höhenunterschiede, Markierungen, Einkehrmöglichkeiten und Anfahrt sind in Stichpunkten übersichtlich dargestellt. Außerdem bieten die Bände noch zusätzliche interessante Hintergrundinformationen über Geschichte und Kultur.«

Aschaffenburger Zeitung

Weitere Informationen über die Titel der Reihe DUMONT Richtig Wandern erhalten Sie bei Ihrem Buchhändler oder beim DUMONT Buchverlag • Postfach 10 10 45 • 50450 Köln.